W0333226

Niki Lauda · Protokoll

NIKI LAUDA

PROTOKOLL
Meine Jahre mit Ferrari

In Zusammenarbeit mit Herbert Völker

VERLAG ORAC, WIEN
MOTORBUCH VERLAG, STUTTGART

Farbfotos: Carl Imber
Schwarzweißfotos: Alois H. Rottensteiner (10), Bernd Schilling (9), Erich Kaszay (4), Bild-Zeitung (2), Austria Wochenschau (1), Roger Benoit (1), Oskar Weißengruber (1)

Titelfoto auf dem Schutzumschlag: Bernd Schilling
Rückseite des Schutzumschlags: Thomas Streimelweger

ISBN 385368-843-8
1. Auflage 1977
Copyright © 1977 by Verlag Orac, Wien
Alle Rechte vorbehalten

Schutzumschlag: Bronislaw Zelek
Technik: W. Menches
Satz: Fotosatz Bergler, Wien
Druck- und Bindearbeiten: Wiener Verlag, Wien

INHALT

VORWORT

Mit dem Titel „Protokoll“ wollte ich weder Lückenlosigkeit der Wiedergabe noch Objektivität andeuten.

Ich habe aus einer Vielzahl von ziemlich gleichwertigen Ereignissen (beispielsweise: 60 Rennen in vier Jahren) einige größer gemacht und viele weggelassen – je nach dem Stellenwert, den sie jetzt in meiner Erinnerung haben, und nach der Art meiner Gefühle beim Zurückdenken.

Und Objektivität habe ich natürlich auch nicht gemeint; ich kann nur Subjektives erzählen – einzig und allein aus meinem Blickwinkel.

Was ich mit „Protokoll“ ausdrücken will, ist die Stimmung, in der einer ist, wenn er sich hinsetzt zur Niederschrift eines Gedächtnisprotokolls: Ohne Bemühen um Show oder Korrektur des Geschehenen.

Niki Lauda
Oktober 1977

I. TEIL · MEINE JAHRE MIT FERRARI

Von NIKI LAUDA

Der Alte hatte mich schon wochenlang sprechen wollen, ich hatte immer Ausflüchte gehabt. Dann hatten wir einen Mittwoch vereinbart, aber plötzlich dauerte es mir zu lange. Ich rief am Sonntag bei Luca an und sagte: „Morgen, ich komme schon morgen. Und ich will eigentlich nicht mehr für euch fahren.“ Luca rief Montag früh, vor dem Abflug, noch einmal zurück und machte fast so etwas wie ein Blanko-Angebot. „Es wird schwer werden“, sagte ich.

Wir trafen einander um vier Uhr Nachmittag im Büro Enzo Ferraris, in seinem Modena-Büro, nicht in Maranello. Es waren da: Der Alte, sein Sohn Piero Lardi, Luca Montezemolo und der Buchhalter Della Casa. Der Buchhalter hatte eine Rechenmaschine vor sich stehen, was mir peinlich war, uj, dachte ich, das ist unangenehm. Sonst war der Finanzmann nie dabeigewesen. Meistens war er auf Urlaub, wenn es Gagen-Verhandlungen gab, und da hatte es immer geheißen: Wir müssen noch mit dem Buchhalter reden. Diesmal hatte man sich also zu einem abgekürzten Verfahren entschlossen.

Ferrari eröffnete das Gespräch, bot mir an, alle eventuellen Mißlichkeiten aus dem Weg zu schaffen, etwa Forghieri künftig daheim zu lassen, er bot mir Privilegien an und sagte, Geld dürfe kein Problem sein.

Ich sagte, daß ich ihm versprochen hätte, zeit seines Lebens für ihn zu fahren. Meine Gefühle hätten sich aber geändert, und ich bitte ihn, mich freizugeben. *Ich will nicht mehr für euch fahren,* sagte ich. Der Alte brauste auf: COSA VUOI? rief er schrill, was willst du? *Nichts,* sagte ich, *das ist es ja, ich will überhaupt nichts. Ich will nur gehen.*

Ferrari bastelte eine Stunde lang an einer Presseerklärung, solang mußte ich warten, denn ich sollte einverstanden sein. Es stand irgendwas Erhebendes von gegenseitigem Dank und so weiter drin. Das war mir egal. Ich gab den Herren die Hand und ging. Ich war beschwingt wie schon lang nicht, locker und fröhlich, als wäre ich frisch verliebt oder als hätte ich eben ein Superding gedreht. Ich fuhr direkt zum Flughafen Bologna. Als ich im Flugzeug saß, hörte ich als erstes die Stimme aus dem Kontrollturm: *Sie haben eine Verzögerung von zwei Stunden. No more priorities, keine weiteren Vorrechte mehr. You left Ferrari, you bastard.* Ich sagte zurück: *Seid ihr verrückt geworden? Gib die Startfreigabe her. Ich bleib' doch ohnedies in Italien. — Okay,* sagte er und ließ mich zur Runway hinausrollen.

*

Eine Woche später sagte Enzo Ferrari in einem Interview: „Lauda ist schlimmer als Judas. Er verkauft sich um 30 Salamistangen an die Konkurrenz."

Ganz so war es nicht. Gerade er sollte meine Preise kennen.

Ich werde aber deshalb nicht streiten mit dem Mann, den viele für die größte Persönlichkeit in der Geschichte des Motorsports halten. In jenen Jahren meiner Karriere, von denen dieses Buch erzählt, spielten Ferrari, der Mann, sein Auto, sein Team, seine Angestellten, eine dominierende Rolle für mich — manchmal erhebend, manchmal erdrückend. Ich habe nichts abzurechnen, denn wir sind quitt. Ich glaube, daß beide Seiten voneinander profitiert haben, hinterhergeworfene Emotionen bringen nichts.

Daß Ferrari in diesem Buch trotzdem immer wieder aufscheint, liegt in der Natur der Sache. Weiter sollte man nichts hinein-interpretieren. Ich erzähle aus meinem Berufsleben, nicht mehr und nicht weniger.

Ein Tag, ein Beispiel

Ich habe am Vortag eine Darmgrippe aufgerissen und bin um zehn schlafen gegangen, ziemlich erschöpft. Der Wecker war auf sechs gestellt, ich wache aber vorher auf. Blick aus dem Fenster: Regen, tiefliegende Wolken, schlechtes Flugwetter. Ich wecke Helmut auf, meinen Kapitän. Ich lasse James Hunt mitsamt seinem Wiener Hasen aufscheuchen, sie fliegen mit uns. Wir sind hundert Kilometer von der Rennstrecke entfernt, am See, wegen der Ruhe. Ich treibe alle an. Ein Auto bringt uns zum Flugplatz, die Wolken liegen auf den Bergen auf. Das Wetter ist belastend, wegen des Fliegens. Wir sehen Colin Chapmans Flugzeug, das bei Sicht null querfeldein davonfliegt. Wir bringen unseren kleinen Jet erst im Instrumentflug nach Osten, fädeln in einem Tal ein und fliegen dann auf Sicht. Die Sicht wird immer schlechter, unten fahren die Autos mit Lichtern. Wir fliegen mit hoher Anspannung. Wir landen auf dem Militärflughafen, viele Leute, Soldaten, aber alles geht blitzartig, ich husch' hinüber in den Hubschrauber, der hebt sofort ab. Regen und Leute, Leute, Leute. Bertl wartet an der Rennstrecke mit einem Schirm, ich renne zur Box. Die Strecke ist überschwemmt, man kann nicht trainieren. Konfusion, die Stimmung ist mies. Das Aufwärmtraining wird angekündigt. Der Wagen steht noch nicht da, ich geh zu Nosetto und sage was ist los, in zehn Minuten fängt das Aufwärmen an. Don't worry, sagt er, but I do worry, sage ich, weil ich will jede einzelne Minute ausnützen, der Regen hat alles verändert. Ich soll nicht nervös sein, sagt er. Dafür sind die Mechaniker nervös, sie schrauben hektisch herum, dabei vergessen sie, den Deckel des Wassersystems zu schließen. Wir kommen erst am Ende des Aufwärmens, nach gut 20 Runden drauf, denn wenn der

Wasserspiegel sinkt, hängt der Temperaturfühler in der Luft, man bekommt keine warnende Anzeige. Wir wissen jetzt nicht, ob der Motor gelitten hat, ob er vielleicht schon angestochen ist. Zum Tauschen ist ohnedies keine Zeit, weil wir nur anderthalb Stunden Zeit haben, zum Tauschen würden wir doppelt so lang brauchen. Im Ferrari-Transporter hab ich Ruhe. Ich lege mich in eine Ecke und warte, esse Kleinigkeiten. Der üble Moment des Rausmüssens: Durch gaffende Menschen, die hin und her stolpern. Mir wird schlecht, wenn ich sehe, wie die Fotografen beim Niederhockerln ihre schweren Taschen auf den Ferrari stellen, auf die Flügeln, die millimetergenau eingestellt worden sind. Ich mach einen Schrei zu meinen Mechanikern, sie sollen aufpassen, alle weg da, weg, weg!

Der Druck ist wegen des Regens noch ärger. Slicks oder Regenreifen, das belastet jeden. Wenn ich die anderen Fahrer anschaue, weiß ich, daß es ihnen auch nicht besser geht. Mit den Slicks kann man auf der nassen Bahn so leicht einen Fehler machen, das Auto ist heimtückisch; es fetzt dich herum und du kannst nichts mehr dagegen tun. Trotzdem muß ich mich für Slicks entscheiden, und ich lasse die Flügel für ein Trocken-Rennen einstellen.

Guter Start, ich nütze die erste Startreihe, bin vorn. Schon in der ersten Ecke spüre ich, daß der Hund nicht ordentlich liegt, daß ich chancenlos bin. Ich könnte mit mehr Kraft und mehr Risiko fahren, um den Nachteil des Wagens auszugleichen und irgendwann auf die Goschn zu fliegen. Heute ist es sinnlos, das Auto niederzuzwingen, ich stelle mich auf die Realitäten ein und fahre sicher — eben mit einem schlecht liegenden Auto. Es ist scheußlich, wenn einer nach dem anderen dich überholt, ich rutsche immer weiter runter, bis zum zehnten Platz. Ruhe, Roland, nur Ruhe, es wird sich schon was ergeben. Ich muß diese Phase jetzt ruhig überstehen, weil sich die Negativa gefährlich addieren: Die Piste ist wegen der Nässe heimtückisch, das Auto liegt schlecht, ich stehe unter Nervendruck und bin außerdem noch wütend, weil mir einer nach dem anderen um die Ohren fährt.

Wütend auch über meine eigene falsche Rechnung: Ich hatte geglaubt, es würde nach fünf Runden trocken werden, dabei dauert es 20 Runden. Ich hätte vorn weniger Flügel einstellen lassen müssen, dann ging es mir jetzt besser.

Mit dem Auftrocknen der Piste kommt mein Auto immer besser in Schuß, ich kann normal fahren, greife von hinten an. Ich sehe Hunts Wagen draußen stehen, verstehe aus der Box, daß Andretti weg ist. Scheckter habe ich schon wieder überholt, war schon 18 Sekunden weg von ihm, als er auch noch das Auto wegschmeißt: Ein Witz, daß er gerade in der einzigen noch nassen Kurve einen Wagen überrunden will. Ein Geschenk für mich, okay.

Jetzt ist nur noch einer vorn, und der interessiert mich nicht, er ist auch kaum zu holen. Ein zweiter Platz paßt bestens ins ganze Bild.

Nachher baut sich alles bis zur Schmerzgrenze auf. Die Hektik, der Schweiß, der langsam auftrocknet und dann kalt und schmutzig auf mir liegt. Die unwürdige Zeremonie, ein Puffen und Schieben, irgendwelche Hände, irgendwelche Häferln. Im Transporter zieh ich den Overall aus, Menschen drücken mich gegen die Ecke. Von der anderen Seite des Wagens brüllt mir Forghieri zu, was ich alles falsch gemacht habe. Wenn ich im Regen so Gas gegeben hätte wie Hunt, hätte ich gewonnen, sagt er. Wenn ich die Flügel richtig eingestellt hätte, hätte ich auch gewonnen, meint er. Ich versuche, ihm was zu erklären, aber er hört eh nicht hin, dann sag ich, er soll mich am Arsch lecken und spring raus, zum Hubschrauber. Da fangen mich die Leute vom Fernsehen noch ab, sagen, ich muß jetzt unbedingt in die Aufnahmekabine. Nein, sage ich, ich kann nicht, ich bin fixfertig, dann gehe ich aber doch, setz mich hin, da funktioniert irgendeine Kamera noch nicht, ist irgendwas nicht fertig, und ich sag, wenn ihr in drei Sekunden nicht fertig seid, müßt's mich vergessen, und die Frau Dr. Kafka ist ganz erstaunt: Normal hockt doch der Lauda brav vor der Kamera — und jetzt ist er auf einmal so verrückt. Es ist ernst: Die Schmerzgrenze ist erreicht, alles in mir ist überdreht und wird immer überdrehter, ich reiß mich noch einmal zusammen und erzähle was fürs Fernsehen, dann renne ich zum Hubschrauber, der bringt mich zum Jet, und sobald ich selbst fliegen kann, winde ich mich wieder auf normal zurück. Das Fliegen ist echt gut, ich werde total umgepolt. In Salzburg steht der Jaguar am Flughafen. Ich fahre zu Marlene ins Spital, erzähle ihr vom Rennen, sie ist happy. Meine Darminfektion ist jetzt wieder ganz arg, ich renn dauernd aufs Klo, habe Magenweh, Kopfweh. Ich fahre nach Haus, dusche den eingetrockneten Schweiß runter, liege um acht im Bett. Ich kann nicht schlafen, oder nur kurz, wache immer wieder auf, denke an irgendeinen Blödsinn. Um Mitternacht nehme ich ein Schlafmittel. Ich wache um sieben auf, erschlagen.

1972 und 1973 waren meine Krisenjahre. Ich hatte mich bei March und dann BRM eingekauft, zwei wahnsinnige Kredite aufgenommen, und im Grund war alles aufgebaut auf dem Optimismus eines Menschen, der so hoch spielt, daß seine Rechnung normalerweise nie aufgehen kann. Es kann nur gutgehen, wenn was „Großes", was Großartiges geschieht.

Daß bei March und BRM nichts Großartiges passieren würde, war mir jeweils nach einiger Zeit klar: Dazu fehlte es an Geld, Technik, wohl auch Organisation und an Klasse schlechthin.

Schon zu dieser Zeit stellte mir mein Cousin Eugen, den ich deshalb Jenzy nenne (was soll man sonst mit Eugen anfangen?) sein Salzburger Büro als Knotenpunkt zur Verfügung. Es wurde zu einem stehenden Ritual, daß ich beim Reinkommen fragte: „Hat der Enzo schon angerufen?", und Jenzy pflegte immer irgendeinen Blödsinn zu antworten: „Nein, heute noch nicht" oder „Telefonstörung" oder sonstwas. Ich habe natürlich nicht echt auf Ferrari gewartet, sondern es war ein abstrakter Schmäh: Ferrari, das war – zum Beispiel – das Große, das sich ereignen mußte, sollte ich je wieder aus meinem Tief rauskommen.

Ferrari war einfach der größte Name, die etablierteste Firma, um so viel größer, ernster und ernstzunehmender als etwa das komische Unternehmen BRM, in dem der alte Louis Stanley Autos und Menschen wie Kaninchen aus dem

Hut zog. Manchmal machte er seine Nummer auch mit Geld, aber das wurde leider immer seltener.

Ich nahm es nur als neue Variation unseres alten Spiels, als im Sommer 1973 Jenzy sagte: „Ferrari hat angerufen." – „So, so", sagte ich, „hat er gesagt, er schmeißt jetzt alle raus und holt den großen Lauda?" Jenzy war aber zu aufgeregt zum Blödeln.

Monte-sowieso hatte angerufen, um Vertraulichkeit und ein Rendezvous gebeten. Der Name stellte sich als Montezemolo raus, Ferrari-Rennleiter, und ich traf ihn im August in London. Luca Montezemolo, eine wichtige Figur meiner Karriere: Jung, groß, elegant, gebildet, ein „Avocato", aus dem Rand der Agnelli-Dynastie stammend. Er hatte eben seinen Fahrstuhl im Fiat-Konzern betreten, und es war klar, daß für ihn ein Knopf in der obersten Etage gedrückt war. Luca ist trotzdem gut, das macht alles natürlich viel leichter mit ihm.

Er sagte, er überbringe mir ein Angebot des Commendatore und fragte, wieviel Geld ich haben wolle. Ich nannte eine Million Schilling pro Jahr, und wir hatten größere Troubles, um das auf Lire zu übersetzen, wir rechneten herum und stellten uns wie Greenhorns an.

Wir kamen jedenfalls überein, daß ich nach dem Grand-Prix von Österreich ins Ferrari-Werk kommen würde. Ich hätte ruhig auch schon vorher kommen können, denn nach einem kurzen Training am Österreichring war klar, daß ich gar nicht antreten konnte: Ich hatte mir zwei Wochen zuvor bei einem Unfall am Nürburgring (Reifenplatzer bei Tempo 250, 400-m-Rodelfahrt an der Böschung) den rechten Unterarm gebrochen, und die Schmerzen waren zu groß.

Ich traf Montezemolo an einer Autobahn-Ausfahrt, er führte mich nach Maranello und auf die Ferrari-Testbahn

Fiorano. Da sah ich exakt das, was der Wiener Journalist Helmut Zwickl später so formulierte: *Ferrari nimmt sich gegen alle anderen Formel-1-Teams aus wie die NASA zu einem Verein zur Förderung des Drachensteigens.* Ja, ich war noch bei den Drachensteigern unter Vertrag und sah plötzlich sozusagen alle Wunder der Technik: Eine eigene Rennstrecke mit automatischer Zeitnahme, mit Fernsehüberwachung und Computern. Ein vergleichsweise riesiges Werk, jede Menge an Monteuren, Ingenieuren und Verwaltungspersonal. Mir war unvorstellbar, wie man in diesem Team keinen Erfolg haben konnte. Okay, Ferrari war tatsächlich erfolglos in jenen Jahren gewesen, aber mir war klar: Dieses Potential war unvergleichlich, daraus mußte sich was machen lassen. Am Nachmittag kam Enzo Ferrari zur Teststrecke, onkelhaft, gütig, nett. Luca dolmetschte, ob ich fahren wolle, ich sagte ja. Zwar hatte BRM eine Option für nächstes Jahr auf mich, aber ich unterschrieb zur Sicherheit gleich bei Ferrari und dachte, ich würde mich bei den Drachenfliegern schon rauswinden können. Außerdem hatte ich kein allzu schlechtes Gewissen, denn Louis Stanley war mit meiner Gage schwer in Rückstand. Trotzdem bekam ich später mit ihm Ärger ohne Ende, er telefonierte meinetwegen sogar mit Agnelli, drohte mir mit Verhaftung und war echt wild. Die Marlboro-Rechtsanwälte bestätigten mir aber, daß es durchaus in Ordnung war, die Option meinerseits zu kündigen – mit der Begründung, daß der Vertrag durch Stanleys Nichtbezahlen hinfällig sei.

Im Spätherbst 73 begann ich meinen Job bei Ferrari: Testen, testen und wieder testen. Das Auto war anfangs unerhört schwer zu fahren und wurde Schritt für Schritt besser. Mit dem Techniker Mauro Forghieri kam es menschlich nur zum Abtasten, Schwierigkeiten gab's keine. Auch mit meinem Partner Clay Regazzoni lief alles okay: Wir wurden zwar nie echte Freunde, aber ich habe ihn immer geschätzt. Er paßt so großartig ins Klischee des Rennsports: Weiber, brutal, klein, untersetzt, Moustache. Er ist der Filmtyp des Champions, die Leute verwechseln das manchmal mit der Realität und meinen: Er ist noch einer aus der alten Garde der Pulverdampf-Piloten. Blödsinn, nichts als Klischees: Clay schaut eben zufällig so aus und nicht anders.

In der Saison 1974 sah es zeitweise so aus, als sei ich schon „oben". Das stimmte nur für das Außer-Sportliche: Ich war meine finanziellen Sorgen los, ich hatte mich aus dem Dschungel meiner Verzweiflungsaktionen rausgewunden. Ansonst wurde die ganze Saison zur Abschlußprüfung meiner Lernjahre – und dabei lernte ich noch immer. Ich lernte verlieren, nicht das normale Verlieren, sondern die verschärfte Art: Zum ersten Mal Trainigsschnellster, zum ersten Mal Dominator eines Rennens (Südafrika), Defekt vier Runden vor Schluß; wieder Trainingschnellster, wieder Dominator (Monaco), wieder der gleiche Defekt am identischen Teil, das man nach Überprüfung wieder eingebaut hatte – mit der Diagnose: In Ordnung. Ich lernte siegen, ich lernte aber auch aus meinen Fehlern, und ich kapierte, daß es eine sonderbare Rechnung gab, in der die Addition von Kleinigkeiten das große Minus ergibt.

Nürburgring. Der Fehler der Mechaniker, die den Wagen nicht mit Regenreifen von der Garage zur Box schieben, sondern schon die heiklen Rennreifen über die verschmutzten Wege rollen lassen. Reifenschaden rechts vorn, man montiert einen neuen Reifen, ich weiß genau: Ich muß achtgeben, muß den Reifen „anfahren". Dann der Zufall: Es nieselt während der Anwärmrunde und wir fahren so langsam, daß der neue Reifen nicht richtig angefahren werden kann, ein Fremdkörper bleibt. Die Ablenkung: Wir haben Probleme mit den

Stoßdämpfern, der Wagen schlägt auf, sollen wir Dämpfer wechseln? Der erste Fehler: Ich verhaue den Start. Der zweite Fehler: Ich bin zu gierig. Ich will Regazzoni vorn nicht wegfahren lassen – wenn er sich gleich vom Start weg absetzt, kriege ich ihn nicht mehr, daher muß ich jetzt dranbleiben an ihm, und daran hindert mich vor allem Scheckter, der zwischen Rega und mir liegt, aber vielleicht mit Rega nicht mitkommen wird. Dritter Fehler: Ich will Scheckter sofort ausbremsen. In diesem Moment addieren sich der Patschen, das Nieseln der Aufwärmrunde, meine Gier, mein schlechter Start und der kalte Reifen zum großen Flop: Beim harten Bremsen reißt es den Wagen nach rechts, exakt in Scheckters Wagen, der Ferrari springt über Scheckters Räder, geht in die Luft.

Es war der Beginn einer Debakelserie, ich kam während der ganzen Saison nicht mehr ins Ziel. Gegen Ende hatte ich schon meine Weltmeisterchancen verspielt und mußte für Regazzoni fahren – ebenso glücklos. Ich erinnere mich an ein Fernseh-Interview, ich sagte: „Ich war in diesem Jahr noch nicht reif, Weltmeister zu werden. Wenn ich nächstes Jahr eine gute Saison habe, dann weiß ich, wozu das alles gut war: Damit ich stark werde, und bereit für Größeres."

Das Größere kam mit aller Wucht: 1975 war jenes unglaubliche Jahr, in dem wir mit dem Ferrari 312 T die gesamte Konkurrenz im Griff hatten. Wir besaßen die modernste und ausgereifteste Konstruktion, wir hatten soviel Testkilometer hinter uns wie alle anderen zusammen, wir waren ab Beginn der europäischen Saison einsam: Bei elf Rennen hatte ich neunmal die Pole-Position, gewann fünf Läufe und wurde mit fast 20 Punkten Vorsprung Weltmeister. Es war das Ergebnis all unserer Arbeit der letzten anderthalb Jahre, wir bekamen zurück, was wir an Hirnschmalz, Geld und Arbeit hineingesteckt hatten. Wir veränderten damit das Gesicht des Grand-Prix-Sports, wir weckten die Drachensteiger auf, gaben das Beispiel für technische Entwicklung und Feinarbeit durch eine intensive Art des Testens, die es vorher im Rennsport nicht gegeben hatte. Ich glaube, wir haben alle jene Leute, die heute so wunderschöne und kluge Autos bauen, damals mitgerissen, haben die Grundlagen geschaffen für jenen Schwung, der das Formel-1-Fahren inzwischen zu einer derart komplexen technischen Angelegenheit gemacht hat.

Damit hatten wir allerdings auch alle Bedingungen für eine Ferrari-Krise geschaffen: Besser konnte es nicht mehr werden. Außerdem wurden durch die fast schon unmäßigen Erfolge völlig neue Probleme an die Oberfläche gespült, die später einmal so weit gehen sollten, daß mir mein Teamchef vor einem Rennen ernsthaft befehlen wollte, den anderen gewinnen zu lassen, „weil du hast schon zuviel gewonnen".

Ferrari, der Rennstall, ist auf der Welt einmalig – und hat auch einmalige Probleme. Sie beginnen beim Mythos des 80jährigen Commendatore, der den Italienern eine derart heilige Gestalt ist, daß sie sich vor ihm auf den Bauch schmeißen. Wenn ich „Ciao, Enzo" sagte, waren die Umstehenden jedesmal schockiert, weil sonst kaum einer unter die Presidente- oder Commendatore-Anrede geht, vielleicht noch „Ingegnere". Seine Umwelt hat Schiß vor diesem denkmalhaften Patriarchen, das ist eine wichtige Quelle von Mißverständnissen und Fehlentscheidungen – man macht dem Alten lieber eine Freude, indem man ihm was Nettes (Unwahres) anstatt was weniger Nettes (Wahres) erzählt. Helmut Zwickl hat in der AUTOREVUE eine hundertprozentig richtige Typisierung dieses Verhaltens anhand folgenden Beispiels aus einer späteren Krisenzeit (Frühsommer 1977) gegeben:

Eine enge Telefonzelle in Silverstone. In der Blechwand ordinäre Sprüche eingeritzt. Wie bei uns, nur in Englisch. Neben mir stand ein Genie: Mit Brille und handgeschriebenem Zettel. Während in meinem linken Ohr der Operator die Verzögerung unseres R-Gespräches nach Maranello mit fortwährenden Sorry-Rufen bedauerte, begann das Genie die Rundenzeiten auf dem Zettel mit einem Kugelschreiber auf- und abzurunden.

Es strich bei Lauda eine Zehntelsekunde weg. Das ist sehr viel in der Formel 1. Und gab bei Andretti etwas dazu.

Mein linkes Ohr vernahm „Sorry, sorry", mein rechtes glaubte nicht richtig zu hören: „So, das schaut gleich besser aus."

Was schaut besser aus?

Das ganze Team. Alle, die Reisespesen und Prosciutto crudo ausgefaßt, Parmesan und einen roten Rennwagen nach Silverstone gerollt hatten.

Das ganze Ferrari-Team stand jetzt besser vor dem alten Commendatore da, der sich wenig später am Telefon meldete.

Mauro Forghieri, das Genie neben mir in der Telefonzelle, stand ebenfalls besser da. Denn ihm war jetzt endlich etwas Neues eingefallen.

Der Trick mit den Zeiten?

Der doppelte Boden gehört zu Ferrari wie der Zwölfzylindermotor. Die Selbsttäuschung gehört zu Ferrari wie der Sprit von Agip. Nein, der Trick war alt. Aber eine Vorderachse, die war neu. Aber auch Lauda stand besser da, sofern das überhaupt möglich war: Nikolaus führte zu diesem Zeitpunkt in der WM. Man konnte mit einem so schlechten Auto wie dem Ferrari einfach nicht mehr besser dastehen.

WM-Leader zu sein, war der Plafond.

Gut, mein Sohn, wird Enzo Ferrari gesagt haben. Nichts ist gut, höre ich Lauda antworten. Alles Scheiße.

*

Ich habe wenig Beziehung zu „historischen Verdiensten“ und zu Legendenkult. Für mich war Enzo Ferrari immer nur der Chef meines Rennstalls, und so habe ich ihn behandelt: Respektvoll, aber direkt. Wenn ich mit ihm reden wollte, habe ich an seine Tür geklopft und bin reingegangen, während es für seine engsten Mitarbeiter jedesmal ein Ritual ist, um eine Unterredung zu bitten. Die Show ist natürlich unheimlich, das muß ich zugeben: Das karge Arbeitszimmer im strengen Dunkelblau, das große Bild des verstorbenen Sohnes, zumeist brennende Kerzen davor, und am Schreibtisch der greise Präsident. Wenn man gestaucht reingeht, kommt man noch gestauchter raus, erdrückt von soviel stiller Größe. Redet man aber ordentlich mit ihm, läuft alles normal: Der Alte ist nicht nur eine Persönlichkeit, sondern auch ein guter, sogar gütiger Mensch – sein Wesen kann durchaus gradstehen für seine historische Größe – „he lives up to it“. Daher habe ich in all meinen Jahren bei Ferrari kein einziges Problem im direkten Gespräch mit ihm gehabt, niemals. Die Probleme haben immer erst angefangen, wenn ich draußen war und die „Berater“ drangekommen sind.

Um als Fahrer bei Ferrari existieren zu können, braucht man politische Stärke innerhalb der Kerntruppe des Chefs. Man braucht einen Mann, der den Commendatore positiv (für den Fahrer, für das Team, für den Gemeinschaftserfolg) programmiert, der ihm das Richtige vorschlägt. Seine Lobby ist deshalb so entscheidend, weil der Alte zu keinem Rennen geht. Er läßt sich nur informieren, und zwar über jedes Detail, er verlangt von jedem Training alle technischen Daten, er wird über die Wassertemperatur genauso informiert wie über den Reifenabrieb. Wer ihn informiert, hat natürlich die Riesenchance der Beeinflussung, man kann die Dinge so oder so präsentieren und damit Entscheidungen vorprogrammieren. Wenn einmal was Falsches entschieden ist, wird dabei verharrt: Es wäre gewiß zuviel verlangt, von einem Patriarchen eine 180-Grad-Wendung zu erwarten, das ist einfach nicht drin. Diese politische Stärke innerhalb des engsten Präsidenten-Dunstkreises hatte ich in den beiden ersten Jahren durch Luca Montezemolo. Zwar hat Luca (Jahrgang 1947) seine Macht innerhalb des Konzerns seiner Geburt zu verdanken, aber er zog sich daran hoch und wuchs mit. Luca hatte trotz seiner Jugend direkten Zugang zum Alten und vertraute mir. Nach einiger Zeit bekam er das Gefühl, daß mein technisches „feeling“ richtig sei, und er wurde mein verlängerter Arm beim Präsidenten. Um welche Entscheidungen geht es da? Um Prioritäten in der technischen Entwicklung (programmatisch und im Detail), um Test-Termine und Test-Strecken, um Konzentration oder Auffächerung des Potentials (beispielsweise: Soll da oder dort ein dritter Pilot starten?) und um all jene Fragen, die auf der Kippe stehen (gegenüber der Sportbehörde, in Sicherheitsfragen).

Montezemolo hatte auch Format genug, um als ausgleichende Kraft zwischen mir und dem Ingenieur Mauro Forghieri zu wirken. Mauro war einer der Hauptgründe meines Ausscheidens von Ferrari, aber ich muß eine Menge für ihn sagen: Er ist ein guter Kerl, nett, sogar lieb, und er ist ein technisches Genie. Schade nur, daß er wahnsinnig ist: Er schnappt über, verkennt Realitäten, verbeißt sich darin, ist dann keinen Argumenten zugänglich und hat vor allem die psychologische Feinfühligkeit einer Sandviper. Er hat eine wichtige Sache sein Leben lang nicht begriffen: Daß man irgendwann einen Menschen einstufen muß und diese Einstufung dann nicht ununterbrochen ändern soll. Wenn der Ferrari gut geht und alles gut läuft, hält er mich für einen guten Fahrer, vielleicht den besten. Haben wir Ärger, dann bin ich ein Idiot, dann soll ich mir anschauen, wie großartig Reutemann oder Andretti oder Brambilla Gas geben. Bei der kleinsten Mißlichkeit beschuldigt er den Piloten. Er kapiert nicht, daß ich eine gewisse Klasse habe und diese Klasse immer bringe (von minimalen Schwankungen abgesehen, aber es geht hier nicht um Kleinigkeiten). Statt bei Problemen die gemeinschaftliche Arbeit zu intensivieren, baut er sich erst einmal ein Feindbild auf und beschießt es. Der Fahrer, noch dazu der technisch engagierte Fahrer, braucht daher einen Katalysator zwischen sich und Forghieri, ansonst wird der Reibungsverlust für alle Seiten zu groß. Wie schon gesagt: Ich halte Mauro Forghieri durchaus für ein technisches Genie, aber es ist einfach zu schwierig, mit ihm zu leben.

Sommer 1975, dieser unvergleichliche Spätsommer: Der Computer Lauda, der Techniker Lauda, der Rechner Lauda, der kalte Lauda ist fast schon Weltmeister. Vor allem aber ist der Computer verliebt. „Aktion Ibiza" läuft mehrmals in diesen Wochen, streng geheime Missionen, dazu braucht's einen verschwiegenen Piloten, Marlene und mich. Ich habe die Öffentlichkeit ausgebremst, kein Journalist weiß Bescheid. Es sind die schönsten Tage meines Lebens.

Dann Monza und der endgültige Weltmeistertitel. Konsequenz: Das berufliche Jahresziel ist erfüllt, ich werde nächstes Jahr mehr Geld verdienen. Keine Feiern, höchstens die ganz-ganz kleinen zu zweit, ein paar kräftige Umfaller mit Freunden. Ehrungen öden mich an: DESWEGEN bin ich nicht Weltmeister geworden. Die offizielle Ehrengabe der Sportbehörde, ein sogenanntes Tafelservice für 12 Personen, findet bald irgendeinen Liebhaber, der mehr damit anfangen kann als ich: Was tu ich mit den riesigen Platten? Ich käme mir vor wie ein Oberkellner mit dem pompösen Zeug: Nehmen noch Fisch, Gnädigste?

Ich überdenke meinen Marktwert neu, natürlich. Jedes öffentliche Tier hat seinen Marktwert. Meiner wird um 30% nach oben korrigiert. Sonst ändert die gewonnene Weltmeisterschaft nichts in meinem Leben, absolut nichts. Ein Tag auf Ibiza gibt mir mehr als alle Ehrungen miteinander. Meine Bekanntheit hat längst den Plafond des Erstrebenswerten erreicht und überschritten. Jede weitere Steigerung des Star-Images ist nur Plage, man muß sein Leben entsprechend einrichten, vor allem darauf achten, daß nicht auch das Private „öffentlich" wird. Da ist besonders in jenen Wochen schwierig, in denen ich in einem Hotel in Salzburg wohne: Aus der Wohnung, die ich gemeinsam mit Mariella Reininghaus gehabt hatte, bin ich ausgezogen, mein Haus ist noch nicht fertig. Ich dementiere das Blitzblaue vom Himmel runter. Marlene Knaus? Ja, ich kenne sie. Sonst nix. Ich will kein Illustrierten-Held werden, kein Udo Jürgens. Über mich soll man als Sportler schreiben, nicht als Gesellschaftsmensch oder Liebhaber oder was weiß ich.

Bei Ferrari ist Forghieri am Durchdrehen. Unser Testprogramm für das Rennen in USA geht vor die Hunde. Okay, wir sind schon vorher Weltmeister — aber wir müssen ja am Drücker bleiben, sonst fahren wir nächstes Jahr hinterdrein. Forghieri will nur zum Rennen, aber nicht zum Testen nach Amerika kommen. Alles zerbröckelt, das ganze Programm, die Kontinuität.

Forghieri erzählt jedem, wie toll der neue Ferrari wird, dabei steht nur ein Holzauto herum. Das Team ist eingelullt vom Erfolg und drauf und dran, den ganzen technischen Vorsprung zu verspielen.

Der Weggang des Teammanagers Luca Montezemolo fällt mir voll auf den Kopf. Ja, da ist seine Karriere: Er kann nicht ewig bei Ferrari bleiben, muß sich mit seinen 28 Jahren einordnen in den Hauptstrom von Macht und Würden im Fiat-Konzern, aber ich habe immer gewußt, daß ich ihn im Machtkampf bei Ferrari brauche, und er hat mir versprochen, immer für mich einzuspringen. Ich brauche ihn schon zwei Wochen nach seinem Weggang: Er muß dem Alten einheizen, muß den Krach des Jahrhunderts machen, muß die Schlampereien abstellen, Forghieri an die Leine nehmen.

Der Alte ist wütend auf Forghieri, will ihn in den Eiskasten setzen, wie das in seiner Sprache heißt.

Ich gewinne Watkins Glen, den letzten Lauf, eine hübsche Fleißaufgabe.

Montezemolos Karriere-Lift hob ihn durch die Presseabteilung zum Öffentlichkeitssprecher des Fiat-Konzerns. Damit war er auch Chef aller Sportaktivitäten der Firmengruppe, blieb mir also als Feuerwehr erhalten. Trotzdem brauchten wir für die Saison 1976 einen neuen Teamchef bei Ferrari. „Chef" ist ja zuviel gesagt, denn Chef bleibt in jedem Fall Enzo Ferrari, egal wie weit er sich offiziell aus der Firma zurückzieht: Der Rennstall ist sein persönliches Hobby bis zum Tod, soviel ist klar, und es gibt niemanden, der auch nur ganz leise daran rütteln wollte. Der wichtigste Job eines Teammanagers bei Ferrari ist daher das objektive Informieren des Alten und Einflußnahme auf dessen Meinungsbildung. Es gibt wenig Männer, die erstens einmal den „Background" haben, um für diesen teils repräsentativen Job in Frage zu kommen, und es gibt noch weniger, die außerdem was taugen. Montezemolo war natürlich bemüht, seinen Nachfolger noch selbst dem Alten ans Herz zu legen, und klarerweise besprach er sich mit mir. Wir verfielen auf Daniele Audetto, damals Manager des Lancia-Rallyeteams. Er gehörte zur Fiat-Familie, wußte über Sport Bescheid und machte einen guten Eindruck. Ich traf ihn im Dezember 1975 in Rom und erklärte ihm den Job, er benahm sich vernünftig.

Mir war klar, daß sein Job heikel war: Auf der einen Seite waren wir schon auf dem Plafond (als Weltmeister), auf der anderen Seite stand er zwischen dem natürlichen Bestreben nach eigener Profilierung und einer eingeschränkten Handlungsfreiheit, weil Regazzoni und ich einen enormen Erfahrungs- und Informationsvorsprung hatten. Er kann ruhig über mir stehen, ich brauche keinen Hampelmann als Teamchef. Aber wenn er über mir steht, muß er richtig entscheiden, richtig für mich, richtig für das Team, für den Erfolg. Im Moment von Fehlentscheidungen (aus meiner Warte) ist er mein logischer Gegner. Ich habe Audetto psychologisch aufgebaut, habe ihn auf Offenheit und Ehrlichkeit eingeschworen. Nicht umsonst ist der Begriff „Wasserballspielen" ein italienischer Ausdruck, der das Geschäftsleben beschreibt: Die Fouls werden mit den Füßen ausgeführt, unter Wasser, außerhalb des Schiedsrichter-Blickfelds.

Am Anfang ging alles gut. Wir hatten zwar recht verschiedene Ansichten über social life, aber das spielte keine Rolle. Audetto ist ein Gesellschaftstiger: Elegantes Dinieren ist ihm unheimlich wichtig, und er tat sich hart, bis er einsah, daß ich nicht der rechte Partner für seine modischen Auftritte war. Langsam wurde ihm aber klar – vor allem durch die italienische Presse, die ihn respektvoll verehrte –, welch unglaublich wichtiger Job es ist, Rennleiter bei Ferrari zu sein, er wurde sozusagen von seiner eigenen Wichtigkeit übermannt.

Ich hatte Brasilien und Südafrika gewonnen, führte also erneut klar in der Weltmeisterschaft, als wir nach Long Beach kamen. Audetto stand natürlich Regazzoni näher als mir, schon wegen der gemeinsamen Sprache, aber auch wegen Clays intensiverem social life, jedenfalls rückte Audetto mit der abenteuerlichen Idee heraus, diesmal Regazzoni gewinnen zu lassen. *Bist du verrückt?,* fragte ich ihn, *diese Punkte können mir doch für die Weltmeisterschaft fehlen.* Das tat er mit einer verächtlichen Handbewegung ab, als sei die WM schon gelaufen. Jedenfalls habe ich ihm klargemacht, daß er sich solche Ideen aus dem Kopf schlagen könne: Solange die WM noch nicht entschieden ist, muß jeder für sich selbst fahren. Trotzdem gab es in Long Beach das Wunschresultat des Daniele Audetto: Ferrari-Doppelsieg, Regazzoni vor Lauda, aber nicht wegen eines abgekarteten Spiels, sondern weil mein Auto Probleme hatte. Er selbst wurde dadurch natürlich enorm aufgebaut und stolzierte nunmehr noch wichtiger durch die Gegend: Ferrari an erster (ich) und dritter (Rega) Stelle der Weltmeisterschaft – welch großartiger Erfolg.

So glänzend meine Position auch war: Von da an wurde das Leben dichter. Eines von mehreren äußeren Zeichen: Ich heiratete.

Marlene

Die Hochzeit auf dem Standesamt in Wiener Neustadt war ein voller Erfolg: Kein einziger Journalist, nur die notwendigen beiden Trauzeugen, von denen mir einer eine Krawatte mitbrachte, damit ich mich zur Feier des Tages fein rausputzte. Erst zwei Wochen später stand die Meldung in den Zeitungen.

Die Heirat war die logische Fortsetzung der happy days von Ibiza und der Beendigung meiner Fast-Ehe mit Mariella Reininghaus.

Ich war sieben Jahre mit Mariella beisammen gewesen und eigentlich ziemlich sicher, daß wir irgendwann heiraten würden. Mariella war sehr diszipliniert, ruhig, klug, überlegen, unendlich geduldig. Während Test- oder Trainingsfahrten konnte sie stundenlang auf einem Stapel Reifen sitzen, ohne sich zu rühren und ohne ein Wort zu reden – sie war gut in Yoga. Wenn ich einmal pro Stunde vorbeikam und ihr einen Schmatz gab, war sie voll zufrieden – ihre Selbstkontrolle war manchmal schon richtig unheimlich. Sie hatte großen Einfluß auf mich und versuchte, noch mehr zu nehmen. Teilweise ließ ich das gern geschehen, etwa was mein Haus betraf, dessen Baukontrolle sie fast völlig übernahm (wir wohnten damals noch in einer kleinen Salzburger Stadtwohnung). Als sich abzeichnete, daß ich 1975 wahrscheinlich Weltmeister werden würde, begann sie, mich in Richtung „Aufhören“ zu programmieren. Weltmeister-Werden, Schlußmachen, Familie, braver Beruf, das war ihre große

Linie, für die sie sich bei mir stark machte. Ich hatte keine Lust, schon als 26jähriger abzutreten, wobei das Alter die wenigste Rolle spielte: Ich fühlte mich einfach nicht danach und hatte einen Horror vor den endlosen Diskussionen, die sich ergeben würden, sollte ich wirklich als Weltmeister feststehen. Wir stritten immer häufiger, und ich ging immer häufiger fremd im Sommer 75 – ich brauchte einfach kräftige Abwechslung als Kontrapunkt.

Damals lernte ich Marlene Knaus kennen. Sie war die Freundin von Curd Jürgens und als solche die Dame des Hauses bei einer Party in Salzburg. Sie sprach mich an, es funkte. Zwei Rendezvous, ein paar Besuche im Krankenhaus (sie hatte dann Lungenentzündung), ein kleiner Ausbruch aus dem Spital, „Aktion Ibiza", für mich war alles klar. Ich zog aus der Wohnung aus.

An einem Sonntag rief mein Architekt an und sagte, er habe in der Zeitung gelesen, daß ich Mariella verlassen habe. „Das ist eine Gemeinheit", sagte er, „ich habe das Haus für Sie und das Fräulein Reininghaus bauen wollen." Jedenfalls kündigte er an, daß er das Haus nicht fertigstellen werde, überdies sei er beleidigt, weil ich seine Wendeltreppe einen Scheiß genannt hatte. Er hatte eine Wendeltreppe mit durchsichtigem Plastik-Geländer geplant, sehr progressiv, aber es sah aus wie in der Raiffeisenkasse, Filiale Innsbruck. Es stimmt, ich hatte mich nie um das Haus geschert, außer meinem Urteil über die Wendeltreppe und bis auf die Festlegung von einigen Punkten: Vorn wollte ich auf den Fuschler See schauen können, hinten, zum Wald hin, wollte ich schlafen, und dort sollte auch der Swimming-pool sein. Weiters sollte die Garage vier Autos fassen und sollten die Badewannen versenkt werden, weil ich Badewannen-Schwellen nicht mag. Alles andere hatte Mariella mit dem Architekten gemacht, und ich fuhr noch am gleichen Tag hinauf, um ein Bild über die Lage zu bekommen. Ich habe nur Beton und Eisen gesehen. Die Überlegung war wohl gewesen: Technik – Lauda – Rennwagen – Eisen – Beton. Die Garage war so niedrig geplant, daß ein Range Rover nie hineingepaßt hätte, der Architekt hatte wahrscheinlich gedacht, der Lauda fährt eh nur mit niedrigen Ferraris. Ich war jedenfalls entsetzt und aktivierte sofort Marlenes Bruder Tilly. Er ist Maler und beansprucht gewisse Narrenfreiheit, auf jeden Fall hat er Geschmack und weiß, was wo hinpaßt. Er ließ viel Eisen durch Holz ersetzen und viel Beton mit Holz verkleiden, letzten Endes war ich dann sehr zufrieden mit dem Haus. Marlene und ich zogen einige Wochen nach der Hochzeit ein, im Frühjahr 1976. Zur Zeit des Monaco-Grand-Prix verlor Marlene ein Baby.

Marlene ist genau das Gegenteil von mir. Ich bin reserviert, konsequent und auf eine große Linie ausgerichtet. Marlene macht das Leben heiter, ihres und meines. Sie ist so locker, wie ich das nie in meiner Familie oder bei Mariella gekannt habe. Sie hat keine Ahnung vom Rennsport, und ich bin bald draufgekommen, daß ich das gut finde. Sie begleitet mich zwar zu vielen Rennen, aber einzig und allein als meine Begleiterin, ohne irgendeine Funktion. Sie drückt keine Stoppuhren, schreibt keine Rundentabellen, sie hat dafür nichts übrig und würde gar nicht hinpassen zu all den Weibern, die sich dauernd in Szene setzen und jeden Tag besser angezogen auf irgendeine Uhr drücken. Es ist schön, daß sie in meinen Beruf in keiner Weise hineingezogen wird, sie ist nur für mich da und nicht für den Sport.

Sie läßt mir alle Freiheit, die ich gerne habe, sie beeinflußt mich nicht. Sie hängt sich nicht an. Wenn sie fragt „Kommst du zum Essen?“, und ich sage nein, fragt sie nicht, ob ich sie mitnehme. Sie denkt: Wenn ich wollte, daß sie mitkäme, würde ich sie ohnehin fragen. Und ich gehe ganz gern allein ins Fliegerbeisl, zum Beispiel.

Bei all ihrer Lockerheit weiß ich aber, wie sehr Rennen sie belasten, wenn sie dabei ist. Vor dem Start ist sie fix und fertig, ich kenne das an ihren Bewegungen, wie sie herumschleicht wie ein geprügelter Hund. Da hat der Unfall vom Nürburgring natürlich viel ausgemacht. Wenn Mädchen und Frauen einen Rennfahrer begleiten, haben sie viel vom selbstverständlichen Optimismus des Fahrers; das Gefühl des Es-passiert-eh-nix geht auf sie über. Und wenn es dich dann erwischt und sie dich dort liegen sieht, gehen ihr plötzlich die Augen auf. Sie wird dem Rennsport gegenüber nie wieder diese unbelastete Haltung haben können, sie denkt und sieht Dinge, die früher nie für sie existierten. Darum will ich sie eigentlich nicht zu allen Großen Preisen mitnehmen, es ist auf die Dauer zu belastend für sie.

Unser Haus liegt rund 10 km von Salzburg in Richtung Fuschlsee, und ich bin jedem dankbar, der es nicht besichtigen kommt, weil es für eine Menge Touristen ein beliebtes Ausflugsziel geworden ist: Gemma-Lauda-schaun. Ich habe wenig Verständnis für Störungen. So klar mir ist, daß ich als öffentliches Tier Pflichten habe, so strikt vertrete ich aber den Standpunkt, daß das „Öffentliche" exakt an meinem Grundstück zu Ende ist. Dort will ich Ruhe, nichts wie Ruhe – und diese Funktion erfüllt das Haus tatsächlich. Es ist ein bißchen groß geraten, manchmal schreck' ich mich ohnedies. Wenn ich allein da bin, weiß ich nicht, wo ich hingehen soll, aber im Grund ist die Dimension schon richtig: Ich wollte nur ein einziges Mal in meinem Leben bauen, und es soll ein Haus für immer sein. Damit ist auch fixiert, daß ich immer in Österreich bleiben will, es gefällt mir hier am besten.

Ich hatte mir vom Enzinger-Wastl den Traktor ausgeborgt, um an der Böschung unterhalb des Swimming Pools zu arbeiten. Das Ding kippte um, überschlug sich und begrub mich unter sich.

Wenn man normal drin sitzt, ist man vom Becken aufwärts tot, weil man weit über die Kotflügel hinausragt, aber mich muß es so günstig zwischen die Kotflügel reingestaucht haben, daß ich nicht die volle Wucht bekommen habe, außerdem war die Erde ziemlich weich, da drückte es mir den Kopf wie in einen Polster rein.

Trotzdem: Meine ganze rechte Seite ist bedient, Rippenbrüche, Blutergüsse, aus liegender Position kann ich mich nicht allein aufrichten. Die Chancen, in zwei Wochen den Grand Prix von Spanien in Jarama fahren zu können, sind minimal.

Lauda überschlägt sich mit dem Traktor, so eine Sensation! Ferrari schickt sofort Sante Ghedini zur Spezialbetreuung: Chauffeur, Leibwächter, Pressechef, Telefonzentrale. Er rennt mit dem Besen vors Haus und verjagt Journalisten. Beim „Friesacher" in Anif haben sich vier italienische Presseleute einquartiert, rufen alle paar Minuten an. Am drüberen Berg hat einer ein riesiges Teleobjektiv aufgestellt.

Unten drehen sie durch. Sabbatini, der Papst der Zeitschrift „Autosprint", macht sich beim Alten dafür stark, den jungen Flammini in mein Auto zu setzen. Italiener müssen zusammenhalten: Eine Chance für Flammini und so weiter.

So eine Schnapsidee, mitten in der Saison einen völlig unerfahrenen Piloten in die Formel 1 zu hetzen! Einige Italiener sind so fanatisch, daß ihnen keiner der Ihren schlecht oder unerfahren genug sein kann, als daß sie ihn nicht als Alternative anböten. Regazzoni, der hat wenigstens einen italienischen *Namen*, erlebt seine Renaissance, sie sei ihm vergönnt, und Audetto steht plötzlich als Kaiser da, weil er es „geschafft" hat, den Rega wieder zum Siegen zu bringen. Mir läßt Audetto ausrichten, ich soll mich schonen und im Bett bleiben. Er ruft immer im Büro an und will mich sprechen, als ob ich dort mein Bett hätte; er schafft es nicht einmal, sich meine Telefonnummer zu besorgen, die ohnedies jeder Ferrari-Mensch weiß, und leider auch ein paar Journalisten. Einem von ihnen habe ich gesagt, die italienischen Rennfahrer könnten nur rund um den Kirchturm fahren, das ist am nächsten Tag in der „Gazzetta dello Sport" gestanden, da hat ganz Italien aufgejault, aber das war mir egal: In dieser Lage mußte man was Kräftiges sagen.

Eine faszinierende Situation: Gestern war ich der Held; kaum liege ich auf der Dack'n, krieg ich meine Watschen. Ein Hauptgrund für das ganze Chaos liegt darin, daß der Alte und seine Leute so wahnsinnig ernst nehmen, was in den Zeitungen steht. Wenn sie nicht wegen jeder Falschmeldung und wegen jeder Stichelei einen Herzanfall bekämen, wäre alles leichter. Wenn Ferrari kritisiert wird, werden Telegramme hin und her gejagt, da gibts Berichtigungen und Gegendarstellungen, auf jeden Fall Aufregungen, die immer wieder bis zu den Fahrern durchkommen. Ich habe bald kapiert, wie in Italien die Dinge für einen ausländischen Ferrari-Fahrer laufen: Bei einem Teil der Presse hast du keine Chance, da kannst du fahren wie ein Gott, lauter nette Sachen auf italienisch sagen und immer Spaghetti essen – es wird nichts nützen, sie werden dich zur Sau machen. Daher habe ich mich drauf konzentriert, ein paar vernünftige Journalisten immer gut zu informieren und die anderen, die Ohnedies-Feindlichen, die Geiferer, die Wortverdreher, die Unbelehrbaren, zu ignorieren.

Als sich Montezemolo einschaltet und das Thema „Flammini in Spanien" mit mir besprechen will, sage ich: Wenn ihr nichts dagegen habt und wenn es mit euren Plänen nicht allzusehr kollidiert, wäre es nett, mich gütigerweise in Spanien fahren zu lassen. Da fahre ich zumindest das Training und dann werden wir weitersehen, und wenn euch das nicht paßt, könnt's mich alle am Arsch lecken. Und vielleicht könnt ihr das Chaos wieder irgendwann abstellen, jeder sieht gleich die ganze Weltmeisterschaft davonschwimmen.

Der Arzt sagt, ich müßte mit sechs Wochen zum Auskurieren rechnen. Wenn ich jetzt ein- und ausatme, macht's immer tucktucktuck, aber nach 14 Tagen wird sich das Knacksen der Rippe aufhören, dann werden wir weitersehen. 14 Tage, das kommt genau auf den Termin des Rennens in Spanien hin. Ich kann nichts machen, nicht mithelfen, ich kann nur so ruhig wie möglich liegen und so dezent wie möglich atmen.

Gott sei Dank gibt's auch nette Kerle. John Hogan, der oberste Sportchef von Marlboro, hat mir ein Telegramm geschickt: WORLD LAWN MOVER CHAMPION. SORRY TO HEAR THAT YOU LOST CONTROL MAYBE MODEL WITH REDUCED POWER WOULD DO BETTER IN FUTURE – CSI SERIOUSLY CONSIDERING ADAPTING NEW FORMULA FOR NEXT SEASON – MANDATORY REQUIREMENTS WILL BE ROLLOVER BAR, SEATBELTS EXPERIENCED DRIVER AND POWER LIMITED TO 10 HORSEPOWERS – ALL

SWIMMING POOLS AND POOL SIDE TREES TO BE SURROUNDED WITH ARMCO – SEE YOU ON POLE IN SPAIN – HOGAN. Wie gut das tut, mitten im Chaos auch was Nettes zu erleben.

*

Das Wunder: Willy Dungl. Ein Masseur und Heilpraktiker, der ein Genie ist – zumindest in bezug auf die Resultate, die er bei mir erzielt.

Kurzfassung zweier langer schmerzhafter Wochen, einer Menge Dungl-Tricks und kräftigen Zähne-Zusammenbeißens: Ich fuhr in Spanien, wurde Zweiter hinter Hunt. Dann Erster, als sie ihn disqualifizierten (wegen Überbreite seines McLaren), dann wieder Zweiter, als die Berufung alles umstieß. Wie auch immer: Das Chaos war überstanden.

Es trat nun das Phänomen der Fadesse, der Lauda-Übersättigung ein: Ich gewann einfach zuviel und mußte mir sagen lassen, ich sei schuld, daß der Sport fad würde. Ich war niemals bereit, über solche Blödheiten zu diskutieren – wem wäre schon geholfen, wenn der Beste den Zweitbesten siegen lassen würde? Trotzdem wurde ich beim nächsten Rennen, in Zolder (Belgien), von unserem famosen Teammanager wieder damit konfrontiert. Als ich die beste und Regazzoni die zweitbeste Trainingszeit gefahren war, grübelte Audetto an einer „Stallorder“, was meiner Meinung nur dann akzeptabel ist, wenn sehr schwerwiegende taktische Gründe, etwa eine echte Entscheidung in der WM, dafür sprechen, ansonst ist es ein Blödsinn und natürlich ein Betrug am Publikum. Audetto sagte jedenfalls, daß ich Zweiter bleiben solle, falls dem Clay der bessere Start glücken sollte. Er würde mir in diesem Fall bestimmte Tafeln von der Box raushalten, mit

Plus und Minus und irgendwelchem Scheiß. Der gute Audetto hatte wohl so etwas wie einen „Neubauer-Komplex", er glaubte halt, ein großer Teamchef müsse große Strategie spielen. Ich sagte ihm, er könne Tafeln hinaushalten, soviel er wolle, gelbe, grüne, rote Tafeln, mit Plus und Minus und Doppelminus, ich würde überhaupt nicht hinschauen. So geschah es auch, ich gewann das Rennen. Audetto aber hatte für mich die Schmerzgrenze erreicht. Einer von uns beiden würde zum Ende der Saison wegmüssen, soviel war klar.

*

Ich habe das Diagramm des Rennverlaufs von Monaco vor mir liegen. Die Linien, die die Position jedes Autos in jeder der 78 Runden zeigen, haben in Monaco weniger Zacken als anderswo, weil das Überholen so schwierig ist und sich daher weniger Wechsel ergeben. Ich selbst bin nur eine gerade Linie: Startnummer 1, erster am Start, erster bis ins Ziel. Einer jener Siege, die angeblich schon fad sind: Wieder ein Start-Ziel-Sieg, heißt es in den Meldungen.

Ein schöner Start, ich bin vorn. Ein kleiner Schönheitsfehler: Nicht Regazzoni, sondern Peterson liegt direkt hinter mir, von ihm könnte ich allerhand Druck bekommen, aber für den Moment ist keine Gefahr. Seit es die zweite Schikane gibt, ist die Arbeit in Monaco noch härter, das Bremsen-Schalten-Beschleunigen ist zu einem Stakkato geworden, das ungeheure Konzentration erfordert. Ich komme ganz gut weg von Ronnie, aber dann kommt er wieder, wird größer und größer im Spiegel. In der Hafenschikane ist eine Ölspur. Man muß ohnedies langsamer fahren, weil dahinter ein McLaren steht, der von Hunt, offensichtlich mit Motorschaden. Dadurch ist die Ideallinie — von ganz außen rechts zur kommenden Linkskurve — blockiert, man muß links neben dem Auto vorbei. Bis zur nächsten Runde ist der McLaren schon entfernt. Ich denke an die Ölspur aus der letzten Run-

de und: Dort, wo der Wagen gestanden ist, muß ja eigentlich noch mehr Öl sein. Drum nehme ich auch jetzt nicht die Ideallinie, bleibe etwas links, spüre trotzdem ein bißchen Öl, ujujuj, mich zaubert's, aber ich bring den Wagen noch einigermaßen sauber durch. Ich schau in den Rückspiegel: Kein Peterson mehr da, ein heiteres Gefühl.

Die Plage wird deshalb nicht weniger, die Hände und die verkrampften Halsmuskel schmerzen. Ich konzentriere mich mit allem, dessen ich fähig bin, aber der Befehl des Hirns wird immer schwieriger auszuführen. Ungefähr fünfzehn Runden vor Schluß: Ich komme rauf zum Casino und drücke die Zweite statt der Dritten rein. Der Motor jault auf, ich kann schnell korrigieren, bevor was Ärgeres passiert. Das geht wie ein Schock durch den ganzen Körper: Verdammter Idiot, paß auf, reiß dich z'samm, du Trottel! Die Wut über mich selbst gibt mir noch einmal Kraft, die Müdigkeit zu überwinden.

Der kurze Moment der Freude: die karierte Flagge, Sieg. Damit ist die Kapazität des Sich-Freuen-Könnens erschöpft. In der Auslaufrunde muß ich winken und den Rückspiegel im Auge haben, ob nicht einer vorbeiwill. Beim Ausrollen schwappt alles über mir zusammen, der Lärm, die Menschen, das Schieben und Ziehen und Schulterklopfen, Kränze, Pokale, Hymne, Fürsten, Mikrophone, schnell weg, nur weg, ein Wagen ist organisiert, dann der Hubschrauber, dann die „Golden Eagle". Marlene hat ihr Kind verloren, sie braucht mich und ich brauche sie. Und zum Freuen bin ich noch immer zu müde, zu leer, ich habe keine Kraft dazu. Erst das Aufwachen am nächsten Morgen ist schön: Hey, du hast gewonnen. Dann geht die Rotation wieder los, Telefon, Marlene, Termine: Die Freude über den Sieg hat eigentlich keine Chance zum Durchkommen.

*

Ich wurde Dritter in Schweden, hatte Motorschaden in Frankreich und gewann in England, allerdings erst nachträglich durch die Disqualifikation James Hunts.

Talk Show

Zwei Tage nach Brands Hatch ist im Corriere della Sera ein Interview mit dem Alten. Er sagt, seit ich so närrisch auf das Fliegen sei, würde ich mich nicht mehr genug um das Auto kümmern, ich würde meine Arbeit vernachlässigen, ich sei schuld an dem letzten Getriebedefekt und so weiter.

Einen Tag später bin ich bei ihm: So, und jetzt sagst du mir das alles ins Gesicht! Also los: Wann bin ich zu spät gekommen, was habe ich versäumt? Sag mir einen einzigen Tag, an dem ich einen Test versäumt habe, sag eine einzige Aktion, um die ich mich gedrückt habe.

Er wird klein und kleiner, am Ende löst sich alles in nichts auf. So bleibt der Wirbel nur als eines von Beispielen für die Art, Mißerfolge nicht rational, sondern durch nebuloses Herumreden erklären zu wollen.

Die italienischen Zeitungen wollen die Sache natürlich aufschaukeln, rufen mich an: Haben Sie gelesen, der Commendatore hat das und das gesagt, lassen Sie sich das gefallen, was sagen Sie dazu? Ich habe kein Interesse an neuerlichem Chaos und spiele die Sache cool: Okay, der Commendatore hat seine Meinung geäußert. Kritik an seiner Meinung steht mir nicht zu. Und ansonst sag ich nix.

Dann die Verhandlung wegen Vertragsverlängerung. Ich sitze mit dem Alten und dessen Sohn, Piero Lardi, im Hinterzimmer des Cavallino-Restaurants, vis à vis vom Werk in Maranello. Mein Italienisch ist zwar schon brauchbar, aber bei solchen Verhandlungen macht Lardi immer den Italienisch-Englisch-Dolmetsch. Er hätte gern, daß ich auch 1977 bleibe, sagt der Alte, was wäre dazu nötig? Ein Team mit zwei Fahrern, ja nicht drei, sage ich, weil das würde die Kapazität der Techniker und Monteure überschreiten. Und als zweiten Fahrer hätte ich gern weiterhin Regazzoni. Das wird schwer, sagt der Alte, den will ich suspendieren. Wir reden ein bisserl hin und her und ich meine halt immer wieder, für mich wäre es fein, wenn der Regazzoni bliebe.

Auf einmal fragt er, wie es mit dem Geld aussähe. Wieviel ich verlange? Ich nenne ihm die Summe in Schilling: Soundsoviel Millionen Schilling. Er sagt kein Wort, steht auf, geht zum Telefon, ruft den Buchhalter Della Casa an und fragt ihn: Wieviel sind soundsoviel Millionen Schilling? Er wartet auf die Antwort, legt den Hörer auf, kommt zurück und setzt sich mir gegenüber, in aller Ruhe. DANN BRÜLLT ER LOS, wie ich das noch nie erlebt habe, er schreit wie am Spieß: Eine Frechheit, eine Schweinerei, was ich mir erlaube, ich bin verrückt geworden, wir brauchen gar nicht mehr zu reden, wir gehen getrennte Wege, und wenn er Atem holt, übersetzt Piero schnell den letzten Fluch. Ein Dolmetsch ist ein brauchbares Zwischenstück für solche Verhandlungen, da werden die Schimpfworte ein bisserl abstrakter. Ich sage zu Piero, bitte übersetz ihm, wenn wir also getrennte Wege gehen, dann kann ich ja heimfliegen, und Piero sagt, ich soll sitzen bleiben, und das geht hin und her, bis ich endlich sage, Ferrari soll eine Gegenofferte machen. Nein, sagt der Alte, er kann keine Gegenofferte machen, denn er will nur glückliche Fahrer in seinem Rennstall, und seine Gegenofferte kann mich nicht glücklich machen. Also gut, dann kann ich ja wirklich heimfahren, weil wenn ihr meine Offerte nicht annehmt und keine Gegenofferte macht, dann gibt's ja keine Chance. Endlich macht er eine Gegenofferte, ein gutes Viertel unter meiner Forderung, bereits in Lire ausgedrückt. Ich werde wütend und sag zu Piero, erklär ihm, daß mir schon sein Teammanager ein paar Millionen Lire mehr geboten hat, und ob er mich auf den Arm nehmen will? Meine Wut ist ehrlich, ich habe keinen Respekt, weil wir gleichwertige Partner sind: Er will meine Leistung kaufen, und die kostet eben soundsoviel. Was, stimmt das mit dem

Audetto? schreit der Alte, ja, sage ich, ruf ihn doch rein. Er läßt Audetto antreten, fragt ihn, ob die genannte Summe stimme, ja, sagt Audetto, er habe soundsoviel geboten, dann sagt Ferrari zu mir, okay, wenn so ein Wahnsinniger von meinen Angestellten soviel bietet, muß ich mitgehen, und zum Audetto sagt er, wir sprechen uns noch, und läßt ihn abtreten. Aber das ist mein letztes Angebot, brüllt er mich an, er schreit wie ein Stier. Ich zeige guten Willen, komme ihm um ein Prozent entgegen, ganz ruhig. Daraufhin wird er auch ruhig und sagt, ich bin unverschämt, ein Wahnsinn, es ist genug, es ist alles überschritten, seine Nerven, ob ich will, daß er stirbt, daraufhin sage ich zu Piero: Übersetze ihm, daß Ferrari ohne mich nie Weltmeister geworden wäre. Piero: „Das kann ich nicht übersetzen, das tu ich nicht." Ich sag ihm, er soll nicht feig sein, er soll das ruhig sagen, und zwar schnell, und Piero sammelt sich und übersetzt dann mit rotem Kopf. Da fängt der Alte wieder zu brüllen an, es geht hin und her, eine Stunde lang, bis er wieder fragt, wieviel ich verlange, und da gehe ich um weitere vier Prozent runter, mein letztes Angebot.

Dann sagt er: OKAY, EBREO, — okay, du Jude, aber das darf er natürlich sagen, das ist im Preis drinnen. Im gleichen Moment ist er reizend und nett, ein charmanter alter Herr, der angenehmste Gesprächspartner, den man sich vorstellen kann. Ich habe die größte Talk Show meines Lebens gesehen und gehört.

*

Es wird viel über Clay Regazzoni geredet, der Alte ist wütend auf ihn, weil Clay in Monaco das Auto in die Leitschienen geknallt und in Brands Hatch eine Karambolage mit mir verursacht hat. Er hat sofort nach dem Start die Paddock-Kurve zu spät angebremst und wollte bei mir innen durch, was einfach nicht möglich war. Er hat dann mein Hinterrad gerammt, was ich zwar überstanden habe, aber sein Wagen stand quer und wurde von zwei anderen Autos abgeschos-

sen. Clay versuchte, mir die Schuld zu geben, aber das war lächerlich, ich hab es ihm auch gesagt: „Es reicht, wenn du um zehn Zentimeter hinten bist — wer der erste in der Ecke ist, dem gehört sie. Und die, die gesagt haben, ich hätte den Wahnsinnigen vorbeilassen sollen, sollten bedenken, daß die Kurve nach außen hängt — wenn ich da nach links verreiße und nicht meine Linie halte, stehe ich unten in der Wiese in den Leitschienen drin." Ich weiß nicht, ob Clay das akzeptiert hat, ist auch egal, wir haben daraus keinen Streit gemacht.

Jedenfalls: Clay in Ungnade. Und überhaupt, regt sich der Alte auf, muß Clay sich wieder ordentlich benehmen, eine Frechheit, was der aufführt! Dann erzählt der Alte, was er für die größte Schweinerei hält: Als er mit dem Auto nach Modena fährt, sieht er Weiber mit Clay-Regazzoni-Jeans, und er schildert wütend, wie diese Jeans aussehen: Die haben das „cavallo" am „culo", das Pferd am Arsch, das springende Wappen-Pferd Ferraris. Der Alte tobt: Ein Wahnsinn sowas, so eine Frechheit, der Kerl verkauft seine Hosen mit dem Ferrari-Pferd am Arsch!

Clay ist bei diesem Mittagessen dabei, er bleibt ganz stumm. Nur als der Alte ihm an den Kopf wirft, daß er in der Öffentlichkeit über Ferrari losziehe, muckt Rega auf und sagt, das ist nicht wahr. Daraufhin sagt ihm Ferrari, er soll rübergehen zu Ghozzi (Ferrari-Pressemann) und sich die zehn Seiten langen Presse-Ausschnitte anschauen. Das alte Problem: Ferrari und die Zeitungen.

Es gibt dann noch eine Besprechung zwischen Ferrari, Lardi, Forghieri, Audetto, in der es um Regazzonis Schicksal geht. Der Alte ist so wütend, daß er ihn schon für den Nürburgring sperren will. Die Entscheidung fällt aber für Clay: Er darf vorerst weiterfahren, „muß sich aber ordentlich benehmen".

1. August 1976

Nürburgring. Ich stand unter schwerem Beschuß, weil ich mich gegen die Gefährlichkeit des Rings exponiert hatte. Teilweise versuchte man, mich als Feigling lächerlich zu machen, zum Teil gab's Weisheiten von alten Onkeln (Huschke von Hanstein: „Ich bin schon vor 40 Jahren dort gefahren"), grundsätzlich glaubte jeder, was Gescheites sagen zu müssen – mit oder ohne Nachdenken. Feigling oder Nicht-Feigling, es ist doch niemandem gedient, aus dem Rennsport eine Serie von Opferspielen zu machen. Wenn sich bei jedem Rennen zwei Leute erschlagen, wem bringt das was? Schon bei Nützung aller modernen Sicherheitsvorkehrungen werden immer wieder tödliche Unfälle passieren, die die Zulässigkeit unseres Sports immer wieder in Frage stellen werden. Da sollte man nicht das ohnedies hohe Risiko weiter erhöhen, indem man auf unsicheren Strecken fährt. Und der Nürburgring ist unsicherer als irgendeine andere Strecke, einfach deswegen, weil er so lang ist, daß an den meisten Stellen das Einschreiten der Rettungsmannschaften nur mit tödlicher Verzögerung und Verspätung möglich ist.

Für mich ist „Nürburgring" kein Reizwort, ich mache keine Philosophie draus. Ursprünglich habe ich den Ring sogar geliebt, weil ich der ideale Fahrertyp dafür war: Eine Rennstrecke zum „Erarbeiten", zum Tüfteln, zum Immer-weiter-Perfektionieren. Ich war gut am Ring, weil ich ihn gut kannte. Bevor ich das erste Mal – im Formel-Vau – am Ring fuhr, trainierte ich eine volle Woche lang. Ich bin alle

Arten von Rennen am Ring gefahren, bis 24-Stunden-Marathons, und ich habe nie was gegen den Ring gehabt. Das war deshalb, weil ich mich um Sicherheit nicht geschert habe: Ich akzeptierte neben der „normalen“ Gefährlichkeit des Rennsports auch die unnötigen, zusätzlichen Gefahren ohne Nachdenken. Ich versuche, den Zeitpunkt des „Aufwachens“ zu rekonstruieren. Sicherlich erst in der Formel-1-Zeit. Natürlich, ich war auch vorher mit Todesstürzen konfrontiert worden, aber sie waren mir nicht so sehr unter die Haut gegangen, weil immer die Frage offenblieb, ob nicht der Mann selbst einen Fehler gemacht hatte. Vielleicht hatte er am Abend vorher gesoffen und war daher unkonzentriert, vielleicht war er überhaupt ein schlechter Autofahrer, der für diesen Sport gar nicht geeignet war. Auf diese Art drängte ich das Thema zurück. Das änderte sich erst, als ich zur Weltklasse gehörte und erlebte, wie *meinesgleichen* starben: Leute, deren Können ich beurteilen konnte. Wenn man permanent miterlebt, wie Leute sterben, die eigentlich keine Fehler machen, bekommt das Thema eine andere Dimension: Man muß sich Gedanken darüber machen, kann es nicht mehr wegschieben. Die Lächerlichkeit des Feuerlöschers beim Roger-Williamson-Tod: Mit dem Ding konnte man bestenfalls gegen einen Vorhangbrand antreten. Die Leitschienen in Südafrika, die sich öffneten, als Peter Revson dagegenfuhr, die Köpfung des Helmut Koinigg in Watkins Glen: Wenn man damit konfrontiert wird und dann noch alles beim alten beläßt, ist man einfach ein Idiot. Und seit ich aufgewacht bin, werde ich die *unnötigen* Gefahren des Rennsports bekämpfen, egal ob am Nürburgring, in Mosport oder Fuji.

Was die Situation 1976 betraf, akzeptierte ich den mehrheitlichen Beschluß der Rennfahrer, die inkonsequenterweise noch ein letztes Mal zu einem Start auf dem Ring bereit waren – manche kehren gern den Helden hervor, andere haben einfach zu wenig Hirn. Und ich war ebenfalls inkonsequent und gab mich mit der Zusage zufrieden, es würde das letzte Mal sein.

*

Nieseln, kurze Schauer, herbstliche Kühle, Trostlosigkeit. Startverschiebungen, verschiedene Gerüchte über den Zustand der Strecke. Sicher war: Die Bahn war vorwiegend naß. Also Regenreifen. Ich stand zwar in der ersten Reihe, hatte aber einen schlechten Start: Wegen der nassen Bahn war ich mit dem zweiten Gang angefahren, hatte aber zuviel Gas gegeben. Die Räder drehten sich zu stark durch, was beim zweiten Gang noch unangenehmer ist als normal: Wenn man mit der längeren Übersetzung den Punkt des Noch-Greifens verpaßt, bleibt man praktisch stehen. Genau das passierte mir. Eine normale erste Runde, recht rutschig, ansonst aber okay, ich war Neunter oder so ähnlich. Weil es immer stärker auftrocknete, kam ich zum Reifenwechsel an die Box. Ein ordentlicher, schneller Wechsel.

Ich höre ein Rattern, kapiere irgendwann: Hubschrauber, ich bin in einem Hubschrauber.

Ich liege in einem Bett und glaube, daß bald alles aus ist, ich bin müde und will einschlafen und nichts mehr wissen. Überall an mir gehen Schläuche rein und raus, ich höre Stimmen, sehe eine Bewegung, spüre, wie ich wieder wegkippe, dann denk ich nur immer, ich darf nicht ich darf nicht ich darf nicht und ich hänge mich an eine Stimme wie an ein Seil, solange ich die Stimme höre, lebe ich noch, und ich kämpfe und kämpfe und will nicht aufgeben, und dann verstehe ich plötzlich ein Wort FITTIPALDI und ich kann eine Stimme erken-

nen, das ist Grajales, der Arzt, Fittipaldis Arzt, ich kann seinen Tonfall erkennen. Der Erfolg des Namen-Findens reißt mich aus der Resignation: Mir ist bewußt, daß ich leben will.

Ich höre Marlenes Stimme. Ich kann sie nicht sehen, ich kann nicht reden, aber ich kann sie hören, das kurbelt wieder mein Denken an. Ich verstehe meine Situation: Unfall, Krankenhaus, Lunge.

Ich kann also Willen entwickeln, ich verstehe Dinge und kann etwas verlangen — ohne was zu sehen, ohne reden, ohne mich bewegen zu können. Ich verstehe „Lunge absaugen", und daß es wichtig ist und weh tun wird, daß ich irgendwie mitarbeiten muß, dazu bereit sein muß, ich bin dazu bereit, der Schmerz ist grausam.

Ich bin angebunden, blind und stumm. Ein Mann kommt, ich verstehe, er ist Priester. Er leiert einen lateinischen Spruch runter, wie ein Urteil. An einer solchen Letzten Ölung kann man sterben wie an einem Schock, der Priester sagt überhaupt nichts Nettes, macht keine Erwähnung vom Vielleicht-Leben.

Am vierten Tag verstehe ich, daß mein Blutbild und meine Lunge so weit gut aussehen, daß ich leben werde.

Meine Erinnerungslücke beginnt beim Boxenstop, gibt ein kurzes Erinnern an das Hubschrauber-Gefühl frei und reicht ansonst bis zur Wunschlosigkeit im Krankenhaus und der ersten aktiven Regung durch das Erkennen der Stimme von Dr. Grajales. Trotzdem habe ich dazwischen sogar gedacht und geredet. So habe ich erfahren, daß ich im Hubschrauber dem Daniele Audetto eine exakte Angabe machte: Nämlich wo der Schlüssel meines Autos sei, ich habe ihn dem Bilstein-Mann Hugo Emde gegeben. So genau diese Aussage auch war, sie gehört in den Bereich der Lücke.

Ich habe natürlich Filme und TV-Video-Aufnahmen gesehen, viele dutzend Mal. Ich fahre zum Bergwerk runter, nehme die Linkskurve bei Kilometer 10,6 innen, touchiere am Scheitelpunkt an der Beton-Abschrägung. Der Wagen bricht hinten aus, ich steuere gegen und drifte – ziemlich normal, ohne großes Drama. Geschwindigkeit: Etwas mehr als 200 km/h. Dann biegt das Auto plötzlich rechts ab, jedenfalls viel stärker als nach dem Lenkradeinschlag, durchschlägt die Rettungszäune, prallt gegen die Böschung, wird zurückgeschleudert, dabei fliegt der Tank weg. Dazwischen hat mir ein Begrenzungspflock den Sturzhelm vom Kopf geschlagen. Der Ferrari steht quer auf der Fahrbahn, Brett Lungers Wagen rammt ihn und schiebt ihn rund hundert Meter weiter. Merzario, Lunger, Edwards und Ertl retten mir das Leben, indem sie mich aus dem brennenden Wrack zerren. Am großartigsten ist die Tat von Arturo Merzario, der wie der liebe Gott durch die Flammen geht und es schafft, meinen Sicherheitsgurt zu lösen. Seine Tat hat seine Beziehungen zu mir nicht verändert: Er konnte mich vorher nicht leiden und hat mich in der italienischen Presse beschimpft und attackiert, er hat nachher das gleiche getan. Er war also wirklich ein selbstloser Retter: Er hat einen Kerl rausgezogen, den er nicht ausstehen konnte.

Die Verbrennungen an Gesicht, Kopf und Händen waren nicht lebensgefährlich gewesen, wohl aber die Schäden an Lunge und Blut (durch das Einatmen der Dämpfe des brennenden Benzins).

Intensivstation in Mannheim. Am vierten Tag nimmt man mir den Tubus raus, ich kann zum ersten Mal sprechen. Besucher: Marlene, meine Verwandten, alle in grün, mit grünen Mänteln, grünen Hauberln. Ich sage: Wie schauts denn ihr aus? Sie haben keimfreie Kleidung bekommen, haben eine sterile Schleuse passiert. Drinnen hat es 30 Grad. Wegen meiner Verbrennungen und der speziellen Gefahr von Infektionen bin ich innerhalb des großen Raumes der Intensivstation noch einmal abgesichert in einer kleinen Kammer.

Am Donnerstag zeigt man mir einen Spiegel. Ich muß meine

Augenschlitze mit den Fingern spreizen, um deutlich sehen zu können: Der Kopf ist auf das Dreifache angeschwollen, die Riesenmelone steckt direkt auf den Schultern, Hals und Nase sind überhaupt nicht zu erkennen. Da reißt's dich schon ein bisserl, wenn du das siehst. 800 Grad, sagt die Schwester, das macht die Hitze von 800 Grad.

Das erste deutlich ausgeprägte Erfolgserlebnis: Ich gehe herum, eine Schwester stützt mich. Die armen Hunde, denke ich beim Durchgehen, lauter schreckliche Fälle auf dieser Station. Einem ist der Wagenheber abgerutscht, dann fiel ihm das Auto auf den Kopf. Eine Schwester ist über ihn gebeugt und versucht immer wieder festzustellen, ob er irgendwelche Reflexe hat. Sie schreit immer wieder: Machen Sie die Augen auf, machen Sie die Augen auf. Sie schwäbelt stark, eigentlich hört es sich an: Mache Se de Oge of, mache Se de Oge of. Aber er tut nichts.

Die Tage und Wochen nach dem Unfall lassen sich von mehreren Gesichtspunkten her beschreiben, zum Beispiel: Körper, Psyche, Öffentlichkeit, Ferrari.

Körper: Zwischen der Befreiung aus den Flammen und dem Eintreffen in der Intensivstation wurden viele Fehler gemacht, teilweise sogar gegen das Einmaleins der Ersten Hilfe. Danach fügte sich aber alles optimal: Großartige Ärzte, großartige Bedingungen, ein starker Lebenswille meinerseits – und Glück, natürlich. Bei Verbrennungen der Lunge geht es um Leben oder Sterben, bei „Leben" gesundet man dann relativ rasch. Die Verbrennungen waren mehr ein kosmetisches Problem. Die wichtigsten Hauttransplantationen – vom rechten Oberschenkel ins Gesicht – wurden bald nach meiner kritischen Zeit gemacht und verliefen recht gut.

Ich halte das Krankenhaus nicht mehr aus. Ich bekomme schwere Dosen Valium und schlafe trotzdem nur zwei Stunden. Das Verständnis der Ärzte ist grandios: Sie glauben mir, daß ich mich nur zu Hause erholen kann. In einer Geheimaktion werde ich vermummt aus der Klinik gebracht und nach Salzburg geflogen. Anrufer werden vertröstet, tagelang wissen nur eine Handvoll Leute, daß ich schon wieder daheim bin. Ich schlafe auf Anhieb sechs Stunden — daheim ist es unvergleichlich. Ich habe keine Illusionen über meinen Zustand: Ich humple am Stock dahin, habe Schmerzen an den Stellen, wo die Haut abgeschabt wurde, und sehr schön bin ich auch nicht, weil ich den rechten Oberschenkel jetzt im Gesicht trage. Aber das erschüttert mich nicht.

Danach wurde der Rhythmus überraschend schneller: Ich brauchte jedenfalls nur sechs Wochen zur körperlichen Wiederherstellung, wohl auch deshalb, weil ich einen Praktiker und Trainer wie Willy Dungl hatte und weil ich so gierig war, ins normale Leben zurückzukehren, daß ich jede Art von Aufbauprogramm auf mich nahm, in Salzburg und auf Ibiza, wo das Meeresklima als Helfer dazukam.

Psyche: Die Tatsache, daß ich lebte, war um so vieles eindrucksvoller als der Schrecken über mein Aussehen, daß meine Verbrennungen nie zu einem schweren psychischen Problem wurden. Ich entschied nur nach meinem körperlichen Zustand, nicht nach der Ästhetik, als ich mich entschloß, wieder unter Leute zu gehen. Die mochten schockiert sein, das war deren Problem. Jeder Gehandikapte hat ein Recht darauf, einen Beruf auszuüben, und die Gesellschaft sollte ihn eher dabei unterstützen als ihn daran hindern. Ich traf jedenfalls die Entscheidung, daß die kosmetische Seite der Unfallfolgen zweitrangig sei.

Familie: Marlenes Anwesenheit im Spital hat mir unendlich geholfen — ich habe mich daran hochgezogen. Diese Tage haben auch mein Verhältnis zu meinen Eltern und meinem Bruder wieder enger gemacht.

Öffentlichkeit: Was die Fans betraf, war das Echo enorm, zu 99% positiv, ermutigend, teilweise rührend. Menschen boten mir schriftlich oder telefonisch Haut und Ohren an, teilten mir Erfahrungen von Verbrennungen und Transplantationen mit. Ein kleiner Bub schickte mir einen Spielzeug-Ferrari, weil er gehört hatte, daß meiner verbrannt sei.

Was die Journalisten betraf, muß man stark differenzieren. Die Hyänen von ihnen benahmen sich jenseits des Vorstellbaren. Welche Mittel drangesetzt wurden, um ein Foto meines aufs Unkenntliche angeschwollenen Kopfes zu machen! Das Krankenhaus war belagert, es gab Einschleich-Foto-Attacken und Bestechungsversuche an Krankenschwestern. „Bild" zog wochenlang eine Lauda-Blutoper durch. „Bild"-Schlagzeile: *„Niki Laudas Kampf mit dem Tod, ‚Mein Gott, wo ist sein Gesicht?'"* Und im Text: *„Niki Lauda, der schnellste Rennfahrer der Welt, hat kein Gesicht mehr – es ist rohes Fleisch; die Augen quellen heraus ..."* Dazu zwei hübsche Fotos meines völlig bandagierten Gesichts, natürlich auf Seite 1. Zwei Tage später erfuhren „Bild"-Leser die gute Nachricht mit der Schlagzeile *„Niki Lauda kommt durch ... aber wie lebt ein Mann ohne Gesicht?"* Aus dem Text jenes Artikels: *„Wie kann er ohne Gesicht weiterleben? So grauenhaft es klingt: Auch wenn sein Körper wieder ganz gesund ist, wird er sich ein halbes Jahr nicht unter Menschen trauen. Erst Anfang 1979 wird sein neu geformtes Gesicht fertig sein. Nase, Augenlider, Lippen sind dann geformt. Dieses Gesicht wird seinem früheren Gesicht kaum noch ähnlich sehen. Nur an seiner Mimik und an seiner Sprache werden Freunde den Rennfahrer erkennen."*

Ferrari: Die Reaktionen waren teils rührend, menschlich bewegend, teils chaotisch, teils gemein. Daniele Audetto, der Ahnungslose, gab zur Sicherheit gleich einmal ein Statement ab, daß der Unfall durch einen Fahrfehler zustande gekommen sei. Dabei war das Wrack in einem derartigen Zustand, daß überhaupt keine Schlüsse – so oder so – gezogen werden konnten. Und die erst später gelieferten Schmalfilme von Amateuren geben auch keinen hundertprozentigen Aufschluß, deuten aber doch gewiß viel eher auf die Wahrscheinlichkeit eines Defektes hin. Ich habe jedenfalls immer gesagt: Ich weiß es nicht, ich habe keine Erinnerung. Audetto hätte ebenfalls die Wahrheit sagen müssen: Daß die Ursache einfach nicht feststellbar sei.

Ein wichtiger Aspekt allerdings ist zuwenig kommentiert worden – oder falsch. Vor allem von seiten der englischen Konkurrenz wurde Kritik daran geübt, daß der Ferrari Feuer gefangen habe, daß der Tank weggebrochen sei und so weiter. Es mag sein, daß es besseren Feuerschutz gibt als beim Ferrari, aber ich glaube, daß man bei verdammt jedem Formel-Rennwagen, der mit Tempo 200 in eine Böschung einschlägt, damit rechnen muß, daß der Tank nicht heil bleibt. Viel wesentlicher scheint mir zu sein, daß ich Gliedmaßen weder verloren noch gebrochen habe, daß ich überhaupt lebe: Die robuste Konstruktion des Ferrari hat mir das Leben gerettet. Ich kann mir kein anderes Auto des Formel-1-Jahrgangs von 1976 vorstellen, das seinen Fahrer nach all diesen Aufschlägen und Kollisionen noch am Leben erhalten hätte. In diesem Fall ist der Eisenrahmen, der das genietete Aluminium stärkt, voll zum Tragen gekommen. Den Luxus von soviel Robustheit (und Nachteil höheren Gewichts) hat sich damals nur Ferrari geleistet – und daß ich mich heute noch dafür bedanken kann, ist ein enormes Verdienst der Ferrari-Techniker.

Was die Treue-Beweise des Ferrari-Teams in meiner Krankenhaus-Zeit betraf, reichten sie von Versicherungen à la Dein-Wagen-bleibt-ewig-dein bis zu Blitzverhandlungen mit Fittipaldi und Peterson, um mich zu ersetzen. Aus Pietät oder aus Wut über eine Entscheidung der Sportbehörde (Anerkennung des Hunt-Sieges von Jarama), vor allem aber aus innerem Chaos und Ratlosigkeit heraus gab Ferrari den Rückzug seines Teams aus dem Formel-1-Sport bekannt, womit niemandem gedient war, mir am allerwenigsten. Dann wurde klar, daß man nur einen oder zwei große Preise nicht beschicken werde, vor allem nicht den österreichischen. Als Gipfelpunkt des Chaotisierens rief Audetto mehrere österreichische Journalisten an, sie sollten eine Absage des Rennens in Zeltweg bewirken, man müsse verhindern, daß die Gegner des „wehrlosen“ Niki Lauda in seiner Abwesenheit WM-Punkte bekämen.

Der Kraftakt war eine logische Sache: Die hundertprozentige Ausrichtung auf körperliche Wiederherstellung, in Salzburg und auf Ibiza, immer mit Willy Dungl, immer unter ärztlicher Kontrolle, war die einzig vernünftige Aufgabe jener Wochen. Was hätte ich sonst tun sollen? Im Bett liegen und in den Spiegel schauen?

Meine erste Pressekonferenz war widerlich. *Was hat Ihre Frau gesagt, als sie Ihr Gesicht gesehen hat?*, wollte einer wissen. Da kann man nur heulend aufstehen und weggehen – oder blöde Antworten abgeben. Ob Marlene was von Scheidung gesprochen habe, ob ich Komplexe hätte, was mit meinem Ohr geschehen werde – auch die primitivste Form von Takt hört sich offensichtlich auf, wenn man mit Lauda redet. Für mich wäre es logisch, einen Krüppel normal zu behandeln und nicht auf seinem äußerlichen Defekt herumzureiten. Wenn sich die Leute manchmal über meine „Kälte" und „Härte" wundern: Man muß sich zu verdammt viel Härte zwingen, um Situationen wie diese durchzustehen. Auf die Frage, wie ich mit meinem Aussehen fertig würde, habe ich gesagt, daß ich mein Gesicht nicht brauche, sondern nur meinen rechten Fuß – welche andere Antwort soll man denn so einem Idioten geben? Und da spürt keiner, daß man sich mit solchen Antworten nur auf die Fragen einstellt, statt dessen glaubt jeder, den „harten Hund" in mir interpretieren zu müssen.

Für mich war beschlossene Sache: Wenn's nichts weiter ist

als mein Aussehen – dadurch lasse ich mich nicht vom normalen Leben abhalten.

38 Tage nach dem Unfall meldete ich mich bei Ferrari zurück. Ein bißchen Melodrama bei der Ankunft und den wartenden Fans, vor allem aber Ratlosigkeit: Sie alle, vom Commendatore angefangen, wußten nichts mit mir anzufangen. Ich paßte nicht in ihr Schema: War ich krankhaft ehrgeizig? War ich pietätlos, weil ich die Menschen mit meinem Kopf schreckte? War ich schädlich für den Beruf, weil mir der Berufsunfall ins Gesicht geschrieben stand? Und außerdem: Welche Art von Lauda war ich jetzt? Ein neuer, natürlich. Feig geworden? Übergeschnappt? Komplexbeladen, daher unberechenbar? Wie sollte man mich anschauen? Sollte man meine Verbrennungen offen oder verstohlen kontrollieren? War ich ein Angeschossener, der – statt liegen zu bleiben – nach vorne taumelte, um sich den Fangschuß zu holen?

Nur die simpelste Lösung schien schwer begreiflich zu sein: Ich fühlte mich subjektiv fit, hatte dazu objektiv die Bestätigungen der Ärzte und suchte raschen Anschluß an mein früheres Leben.

Ferraris Ratlosigkeit wurde auch dadurch gesteigert, daß man bereits Carlos Reutemann als Lauda-Ersatz verpflichtet hatte, man war jetzt peinlich berührt, daß ich wieder Unruhe in ihre Pläne gebracht hatte. Quasi: Beim Lauda kann man sich auf nichts verlassen. Was sollte man plötzlich mit einem Drei-Fahrer-Team anfangen?

Jene Tage wurden für mich zu einem wesentlichen negativen Schlüsselerlebnis bei Ferrari – wie üblich, nicht durch franke Rede, sondern im Untergrund, im „Wasserballspiel". Der Alte sagte mir nicht offen ins Gesicht, daß er meinen Start in Monza nicht wünsche, aber er hielt es mir später als meinen größten Fehler vor. Ohne mein frühes Comeback hätten wir die WM „mit Stil" verloren, wären sozusagen die moralischen Sieger gewesen, denn ein im Bett Liegender ist ja wehrlos. Diese Chance verbaute ich, indem ich mich so früh stellte. So kraus gehen manchmal die Gedanken bei Ferrari, überlagert von der krankhaften Sorge, wie man wohl im Urteil der Umwelt, der Zeitungen, der Geschichte dastehe. Meinungen über die Sache werden wichtiger als die Sache selbst, dadurch werden die Wege verschlungen und trickreich, weil man ja gar nicht weiß, wohin gezielt wird.

Nicht nur Ferrari war durch meinen Entschluß, sechs Wochen nach dem Nürburgring in Monza zu starten, überfordert. Seriöse Journalisten, sonst durchaus auf meiner Seite, überfielen mich. Ein Beispiel aus der Wiener „Presse":

Hirnverbrannt?

Wie er sein linkes Ohr verpacken will, weiß er noch nicht. Einem Wiener Journalistenkollegen vertraute er an, „das paßt noch in keinen Sturzhelm, weil die Narben bloßliegen. Da wächst keine neue Haut nach. Es schmerzt noch höllisch". Vielleicht hilft der bereits bestellte Spezialhelm mit einer Art eingebautem Kopfhörer?

Niki Lauda hat Sorgen. Sein Schädel ist kahl, das leichte krause Haar abrasiert. Für einmal griff ein Sportler nicht aus aerodynamischen Überlegungen zur Schere — Laudas Kopfschmuck (leicht gekraustes Haar) versengte bei einem unerwünschten Zwischenfall am 1. August auf dem „grüne Hölle" benannten Nürburgring in der Eifel. Während Tagen bemühten sich einige Ärzte, Nikolaus Lauda, geb. 22. 2. 1949, am Leben zu erhalten. Die Verbrennungen am Kopf des verwegenen Automobilrennfahrers waren offenbar hohen Grades. Hauttransplantationen waren notwendig, doch jetzt geht's wieder. Nur zeigen will sich der leicht verstümmelte Vollgasprofi der Öffentlichkeit noch nicht. Er versteckt sich vor Neugierigen. Zu den vorstehenden Zähnen noch Brand- und Operationsnarben, keine Augen-

brauen und ein blutverkrustetes Ohr. Man versteht seine momentane Zurückhaltung, teilt seinen Schmerz.

Zusammen mit seinem Heilmasseur reist Lauda dieser Tage inkognito auf eine sonnige Mittelmeerinsel; ein Rezept, das schon manchem Rheumatiker Heilung gebracht hat. Anfang nächster Woche will der mutige Mann sich aber wieder stellen, sich in seinen „schnellen Sarg" zwängen und in Fiorano Testfahrten absolvieren. Denn sein Ziel ist klar: in Monza möchte Lauda zur nächsten Herausforderungsrunde antreten. Noch immer leicht lädiert, vielleicht noch immer mit Blutkrusten am linken Ohr, aber „mit normalem Blutbild", wie er sich ausdrückte.

Die Frage, ob bei Laudas Feuerprobe in der Eifel nicht zufälligerweise nebst den Kopfhaaren auch vereinzelte Hirnzellen Schaden nahmen, scheint geklärt, Lauda ist der Meinung, er stehe jetzt über den Dingen wie nie zuvor.

Hirnverbrannt!

*

Das erste Einsteigen in den Rennwagen. Ich mußte improvisieren mit dem Sturzhelm, die Knorpel meines verbrannten Ohrs waren wahnsinnig empfindlich, ich mußte sie mit Schaumgummi polstern. Da standen alle rum und schauten ganz verlegen bis feierlich, wie ich in das Auto einstieg, wie ich angeschnallt wurde, wie ich wegfuhr. Kein besonderes Gefühl: Das Auto war eine alte Gurke, schlechter Motor, die Bahn war verschmutzt. Ich fuhr 40 Runden, spürte nichts Erhebendes, nichts Neues, nichts Abnormes. Aber diese paar Runden in Fiorano hatten nicht viel zu sagen: Auf der Hausstrecke fährt man „abstrakt", es fehlt das Ernste, das Feindliche des Kampfs. Als Fingerübung waren die Runden aber okay.

Freitagtraining in Monza: Soviel Regen und Wasser auf der Bahn, daß alles irregulär war. Ich hatte Angst und erfand Ausreden, um an die Box zu kommen. Das hatte nichts zu sagen, die Verhältnisse waren grotesk.

Um die Dinge ein bisserl komplizierter und die Demütigungen ein bisserl offensichtlicher zu machen, verlangte der Veranstalter, ich müsse mich einer ärztlichen Kommission stellen. Ich mußte nach Mailand, einen schielenden Augenarzt, einen ermatteten Kreislaufarzt und einen angestochenen Psychiater über mich ergehen lassen. Beschluß der gelehrten Herren: Ich bin fit. Samstagtraining: Die echte Schwelle, die wahre Probe. Da war die ganze übliche *pressure* eines solchen Tages plus „Schwelle". Herantasten, das sagt sich leicht. Dort, wo die Formel 1 wirklich schnell wird, ist nichts mit Tasten: Wenn ein Formel-1-Wagen rutscht, gibts nur Beherrschen oder Nicht-Beherrschen. Als der Ferrari das erste Mal rutschte, erschrak ich. Das ist eine furchtbare Art, darauf zu reagieren, und ich dachte an einen Piloten, der einen Absturz überlebt hat, jetzt zum ersten Mal wieder im Flugzeug sitzt und sich bei einem Luftloch erschreckt am Sitz festhält. Dieses Erschrecken war untragbar. Ich sagte zu mir: Herrschaften, so kann man nicht Auto fahren. Dann wartete ich ganz bewußt auf das Wegrutschen und begann mit der Zentimeterarbeit des Driftens. Das Ausfeilen fiel mir dann nicht mehr schwer, denn das Wichtigste war hinter mir: Ich hatte die Schwelle geschafft, bewegte mich also wieder auf meinem normalen Niveau.

Tags darauf wurde ich im Rennen Vierter, was einige Leute ganz gut fanden.

Zwischenspiel

Unruhige Tage. Ich hatte noch Schmerzen an den verbrannten Stellen am Ohr und am Handgelenk; als eine Folge der Hauttransplantationen bekam ich Schwierigkeiten mit dem rechten Auge. Nichts Ernstes, aber ich brachte es beim Schlafen nicht ganz zu, weil sich die eingesetzte Haut gespannt hatte und jetzt „zog“, da bestand die Gefahr des Austrocknens der Pupille.

Es gab auch was Positives: Ich hatte automatisch ein unangenehmes Handikap auskuriert, das mir als Andenken vom Traktorunfall geblieben war. Ich war morgens, kurz nach dem Aufstehen, nie in der Lage gewesen, die linke Hand zu bewegen. Es hatte sich wohl um irgendeine Nervensache am Rückgrat gehandelt, jedenfalls hatte mich dieses komische Handikap ziemlich gestört. Nach dem Nürburgring-Unfall war es weggeblasen. Man sagt ja: Wärme heilt.

Ich machte schnell die Flugprüfung und war froh, als ich sie schaffte. Kein sehr passender Zeitpunkt, haben manche gesagt, ob ich keine anderen Sorgen hätte? Ich hatte schon die letzten zwei Jahre die Prüfung immer wieder verschoben, weil ich eben zuwenig Zeit gehabt hatte, jedesmal hatte ich die nötigen 30 Praxis-Stunden beisammen gehabt. So auch in diesem Jahr, und diese Flugstunden wollte ich nicht wieder verfallen lassen. Schließlich flog ich schon längst munter mit Zweimotorigen in ganz Europa herum (wenn auch mit einem Piloten auf dem Nebensitz) und hatte noch nicht den kleinsten Flugschein. Drum war ich erleichtert, als die unsaubere Situation durch die erfolgreiche Prüfung geklärt wurde.

Bei Ferrari hatte Clay Regazzoni die Kündigung bekommen, Reutemann stand als neuer Mann für 1977 fest. Regazzonis Abgang tat mir leid: Wir hatten uns ausreichend verstanden, und unter ausreichend meine ich, daß wir zwar keine Freunde waren, aber nie Ärger miteinander hatten.

Ich setzte mich beim Alten für Clay ein, hatte aber keine Chance, man war eindeutig verärgert und ungnädig. Ich glaube, daß letzten Endes einige Interviews Regazzoni den Hals gebrochen haben, er hat ein paarmal ziemlich klar seine Meinung über die sportliche Führung Ferraris gesagt, und das ist Selbstmord in diesem Team, dem das Zeitunglesen so wichtig ist. Die Kündigung war natürlich verpackt in rote Rosen, man wolle seiner freien Entscheidung für die nächste Saison nicht im Wege stehen und so weiter, „er ist frei" und ähnlich rührende Statements. Ein glattes Engagement-Ende bei Ferrari ist noch den wenigsten Fahrern gelungen, Theatereffekte gehören einfach zur Show, und dann wird die Realität derart von der Show überlagert, daß die Außenstehenden nicht mehr unterscheiden können. Und die Schauspieler selbst können's wohl auch nicht. Zehn Jahre zuvor war John Surtees, Weltmeister des Jahres 1964 auf Ferrari, zum Abschuß freigegeben worden – aus mehreren Gründen, darunter wegen zu freizügiger Kritiken in der Presse. Ferraris Pressemann Ghozzi hatte den Auftrag, Surtees nach dem Großen Preis von Belgien die Kündigung zu übergeben. Nun gewann aber John zufällig dieses Rennen, und Ghozzi traute sich einfach nicht, die Kündigung zu übergeben und fuhr heim. Also würde man ihn bei nächster Gelegenheit, das war Le Mans, feuern. Mitten im Training sagte Rennleiter Dragoni, Surtees solle jetzt aussteigen und Scarfiotti, also einen Mann der zweiten Reihe, fahren lassen. Surtees brauste auf und wollte wissen, was los sei. Wir reden nach dem Training darüber, sagte Dragoni. Als es soweit war, war Surtees noch immer wütend und sagte, er ließe sich sowas nicht gefallen. Bitte sehr, sagte Dragoni, dort ist die Tür. Surtees war gefeuert.

Zurück zum Herbst 76:

Clay war jedenfalls nicht zu halten, fuhr aber noch vertragsgemäß die Überseerennen. Dort brachen die Ferrari-Wunden voll auf. Wir hatten durch meinen Unfall einen argen Rückstand im Testen, es war keine Spur mehr von der früheren Ferrari-Überlegenheit. Dazu noch Aufhängungsschaden in Kanada, jedenfalls kam ich nur mit vier Punkten (durch einen dritten Platz in Watkins Glen) heim. Dafür mit einem demoralisierten Team, das der Überlegenheit James Hunts ratlos gegenüberstand. James hatte beide Rennen gewonnen, sein Rückstand auf mich waren noch lächerliche drei Punkte. Daß die Entscheidung beim letzten Lauf, in Fuji (Japan), fallen würde, lief gegen meine Pläne: Ich hätte diese Saison gern vorzeitig abgeschlossen. Aber wir rissen uns alle noch einmal zusammen, testeten eine Menge in Italien, bekamen eine modifizierte Vorderradaufhängung und waren durchaus in *fighting spirit,* als wir rüberflogen.

Fuji

Regen, Regen, Regen. Erstes Aufwärm-Training, nur versuchsweise. Ich komme gleich zur Box, weil es Wahnsinn ist, hier zu fahren. Alle Fahrer außer dreien sind gegen einen Start. Reden, Verhandeln, Streiten, hin und her und her und hin: Rennleitung, Teamchefs, Fahrer. Zweites Aufwärmtraining, da fahren nur einige Leute, ich nicht.

Es ist der reine Irrsinn, bei soviel Wasser zu fahren: Du verlierst jeden Orientierungssinn, weil du nichts siehst, bekommst Aquaplaning, es dreht dich um und du weißt nicht warum. Du kannst mit deinen Händen und deinem Kopf das Auto nicht mehr beherrschen, weil du in Situationen kommst, in denen nichts mehr geht. Du fährst auf der Geraden und biegst plötzlich ab, links, rechts, verkehrt zurück, du kannst gar nicht sagen wohin.

Hektik und Streitereien, Argumente hin und her, das Fernsehen, man müsse doch an das Fernsehen denken. Auf einmal sagen sie: Es ist zwei Uhr vorbei, und um fünf wird es finster, also müssen wir jetzt starten. Ein Wahnsinn: Da debattiert man fünf Stunden, überlegt hin und überlegt her, und plötzlich gelten all diese Gedanken nicht mehr, weil es halb drei ist. Start in fünf Minuten, sagen sie. Es regnet jetzt weniger, angeblich ist auf der ganzen Strecke das Wasser mit Bürsten weggekehrt worden, aber das war nur ein ohnmächtiger Versuch, der nichts Grundsätzliches geändert hat.

Aufwärmrunde vor dem Start, wir fahren ganz langsam. Neben mir kreiselt Watson plötzlich in die Wiese hinaus: Aquaplaning. Bäche rinnen über die Bahn, auf diesen Bächen schwimmst du wie Papier hinunter und fängst dich irgendwo wieder. Eine einzige Über-

legung motiviert mich: Vielleicht bekommen wir bald eine trockene Spur, das könnte eventuell helfen. Aber am Start wird der Regen wieder ärger.

Du kannst das Auto kaum halten. Du siehst zwar: Jetzt kommt ein Bach über die Straße, du kannst dann ganz rechts zum Pistenrand fahren und runterschwimmen, alles mit Tempo 150, und dann, je nachdem wieviel Wasser gerade drin ist, erfängst du dich früher oder später, vielleicht noch auf der Bahn, vielleicht in der Wiese, vielleicht in den Leitschienen.

Ich fahre langsam, halte mich aus den Pulks raus, damit mir keiner reinfährt, stelle die Sinnlosigkeit dieses Fahrens fest. Ich will nicht einmal langsam weiterfahren, selbst beim Langsamfahren kann es dich wegspülen. Ich komme nach der zweiten Runde zur Box, Forghieri beugt sich über mich und fragt, was los sei. Ich fahre nicht, sage ich, weil das Wahnsinn ist, so geht das nicht. Er schlägt blitzartig vor: Wir geben an, du hast Motorschaden. — Nein, sage ich, wenn ich nicht fahre, dann sage ich auch, daß ich nicht fahren will, ich brauche keine Ausrede.

Ich bin überzeugt, daß Forghieri mir damals keine Falle stellen, sondern echt was Gutes tun wollte, als er vorschlug, einen Motorschaden vorzuschützen. Aber im Endeffekt wäre es verheerend für mich gewesen, hätte ich das Angebot angenommen. Spätestens bei meiner Kündigung — und dann noch sechstausend Mal — hätte ich diese Geschichte serviert bekommen: Wir haben ihn geschützt, den Feigling, und das ist sein Dank . . .

Ich stehe an der Box und schaue zu. Nach einiger Zeit hört es zu regnen auf: „Bist eing'fahren" denke ich. Vorwürfe mache ich mir nicht, denn die Entscheidung war richtig. Es hätte gleich in der ersten Runde krachen können, mit Verletzten, Toten, Abbruch. Diese Gefahr war so offensichtlich, daß es im nachhinein unerheblich ist, ob sie sich erfüllte oder nicht. Die Möglichkeit der Katastrophe war einfach zu groß. Das Ende des Regens — unvorhersehbar — war mein persönliches Pech, und so empfinde ich auch: Pech gehabt zu haben, nicht: Einen Fehler gemacht zu haben.

Wir müssen vorzeitig weg, um unser Flugzeug zu erreichen. Marlene, Forghieri und ich sind im Wagen. Wenn Hunt Fünfter oder schlechter wird, bleibe ich Weltmeister. Als wir weggefahren sind, war Hunt in Führung, aber es bahnen sich Reifenwechsel an, alles ist noch drin. Aus dem amerikanischen Sender des Autoradios verstehen wir, daß Hunt zurückgefallen ist. Dann kommt keine weitere Meldung über den Grand Prix. Nach einer Viertelstunde meldet sich der Sprecher mit dem Endresultat, und in exakt diesem Moment taucht unser Wagen in die Unterführung vor dem Flughafen, wir können nichts verstehen.

Erst am Flughafen sagt uns der Ferrari-Importeur Bescheid: Hunt ist Weltmeister. Pech gehabt. Es ist mir in diesem Moment fast egal. Ich kann nicht zum Heulen anfangen, weil der Regen aufgehört hat.

*

Forghieri und ich riefen noch vom Tokioter Flughafen aus den Alten an. Ich erzählte ihm meine Gefühle, meine Gründe, sagte ihm, daß es Wahnsinn gewesen wäre, weiterzufahren. Er war sehr sachlich, sagte aha, jaja, soso, hmm, jaja, addio, er sagte nichts gegen mich oder gegen meine Entscheidung, aber er gab mir auch nicht die kleinste Hilfe oder den kleinsten Trost. Er hat nicht gesagt: Mach dir keine Sorgen – und es wäre schön gewesen, wenn er das gesagt hätte.

Ich konnte mir ungefähr vorstellen, was drüben losging, als Ferrari den Hörer auflegte: Die übliche Hetze.

Ich bekam nur die obersten Wellen des Tumults zu spüren. Offiziell stellte sich ja der Alte hinter meine Entscheidung, aber das half mir intern wenig. Nach all den Tagen und Wochen meiner Unfall-Genesung bekam ich jetzt warm und kalt von meiner Firma, verpackt natürlich, alles unter falschem Namen, die Show verdrängte wieder einmal die Realität.

Natürlich: In ihren Herzen und in ihren Hirnen billigten sie meine Entscheidung nicht. Sogar treue Freunde wie Luca Montezemolo ließen sich blenden, glaubten: Der Lauda ist passé, der kann nicht mehr, der ist zu feig, der ist geschockt. Meine Entscheidung paßte nicht ins Klischee: Fahren-Gewinnen oder Fahren-Verlieren. Aber nicht Fahren-und-Denken-und-Aufhören, das war zuviel für sie.

Der Ferrari-Underground brodelte.

Ich konnte mich nicht viel darum kümmern, denn die Operation rund um mein rechtes Auge sollte nicht länger aufgeschoben werden. Noch während ich in St. Gallen in der Klinik lag, deutete mir Luca Montezemolo an, aus welcher Richtung Gefahr drohte: Sie wollen dich zum Teamchef machen. Und Luca – so ernst war die Situation! – war sogar selbst ein klein bißchen für diesen Plan, er war wankend geworden. Die Idee war abenteuerlich, weil sie alle Ferrari-Sorgen auf meine Kosten lösen sollte. Sie befürchteten, daß ich nicht mehr so gut sei wie früher, drum hätten sie lieber andere Fahrer, aber sie befürchteten zugleich auch das Gegenteil – und daß ich in einem anderen Team ein zu gefährlicher Gegner sein würde. Als Teammanager würde man mich vielleicht auch zum Testen verwenden können, man würde mich jedenfalls unter Kontrolle haben können, ich würde unschädlich sein.

Es war die schlimmste Zeit: Die *pressure* von Japan war noch auf mir, ich hatte Sorge um mein Auge, wußte nicht, ob die Operation gut ausgehen würde – und dazu noch diese Gemeinheit. Ich sagte Luca: Wenn ihr nicht wollt, daß ich für euch fahre, dann entlaßt mich sofort aus dem Vertrag, dann bin ich sofort weg. Teammanager kommt nicht in Frage. Lucas Schwanken war damit wohl zu Ende, er war wieder auf meiner Seite, richtete dem „Untergrund" meine Antwort aus – und damit war dieser Fall erledigt. Nicht aber die allgemeine Haltung Ferraris mir gegenüber.

Kaum war die Augenbinde runter, kaum konnte ich wieder sehen, flog ich sofort nach Bologna, um mich zurückzumelden und die Zukunft zu besprechen. Es war klar, daß wir testen mußten, testen, testen und wieder testen, um den technischen Rückstand unserer Autos wieder wettzumachen. Ich war aktiv, die verlorene Weltmeisterschaft war für mich erledigt, für mich zählten nur noch die nächste Saison und die Vorbereitungen dazu.

Als ich nach dem Programm fragte, bekam ich zur Antwort, daß Reutemann in der kommenden Woche in Paul Ricard testen würde. Fein, sagte ich, ich komme an diesem und jenem Tag. Da zogen sie herum und wanden und drehten sich und sagten, es gäbe leider nur ein einziges Auto. Okay, meinte ich, dann teilen wir uns halt das Auto, Carlos soll am ersten und zweiten Tag fahren, ich fahre am dritten. Dagegen wurde nichts Ausdrückliches gesagt.

Ich hatte dann noch eine Pressekonferenz wegen meiner Show, erzählte unter anderem, daß es wieder los ginge, Paul Ricard, und so weiter. Als ich nach Salzburg zurückkam, lag im Büro ein Fernschreiben von Ferrari, mit sinngemäß diesem Text: „Wie wir aus den Zeitungen entnommen haben, planst du in Paul Ricard zu testen. Das geht nicht konform mit unserem Testprogramm. Du hast an jenem Tag in Fiorano zu sein." Es gab nicht einmal eine persönliche Unterschrift, gezeichnet war mit „Rennabteilung".

Hinterfotziger kann man einem Fahrer nicht klarmachen, daß er unten durch ist, daß er jetzt die Nummer zwei ist und kuschen muß. Brutaler kann man einen Gesundgewordenen, der vor Aktivität platzt, nicht zurückwerfen. Ich wurde wahnsinnig, bekam Anfälle: Das durfte doch nicht wahr sein. Während der große Reutemann in Ricard die große Arbeit machte, sollte ich im Sandkasten von Fiorano rumgurken.

Ich rief Enzo Ferrari an und hatte das entscheidende Telefonat während all meiner vier Jahre bei Ferrari. Was das zu bedeuten habe, fragte ich ihn. Ja, sagte er, seit ich – Lauda – die falsche Entscheidung getroffen hätte, kämen jetzt alle Beschlüsse direkt von ihm, er nehme das selbst in die Hand. Falsche Entscheidung, wie er das meine? Monza, sagte er, ich hätte in Monza nicht starten dürfen. Wenn ich aus gesundheitlichen Gründen nicht am Start gewesen wäre, hätten wir die Weltmeisterschaft optisch anders verloren. Ich war unendlich wütend und schrie hinein, daß es vielleicht für einen Italiener guter Stil sei, sich ins Bett zu legen und im Bett zu verlieren, optisch hervorragend, aber wenn ich kämpfen kann, dann kämpfe ich und leg mich nicht ins Bett. Wenn ich die Weltmeisterschaft auf der Straße verliere, dann stehe ich auch dazu. Danke, Wiederhören, und ich knallte den Hörer hin.

Wenig später rief Ghedini an, da ging ein einziges Jammern los: Der Alte tobt, alles ist aus, er schmeißt dich raus. Ruf ihn sofort an, entschuldige dich. Kommt nicht in Frage, sagte ich, ich entschuldige mich nicht.

Ich war kaputt, deprimiert, vor allem aber unendlich wütend. Warum hatte ich all das durchgemacht, hatte mich aus dem Krankenhaus rausgeboxt, hatte jede Minute an meinem Körper gearbeitet, hatte mich bis zur letzten Reserve ausgegeben, um jetzt so abserviert zu werden? Natürlich, wenn der Alte Monza sagte, meinte er Fuji. Wenn ich in Fuji wie der liebe Gott durchs Wasser gefahren wäre, wäre jetzt alles grandios. Ich versuchte, mich in seine Situation zu denken. Okay, er bezahlt dafür, daß Ferrari fährt, daß Ferrari gewinnt. Er bezahlt für eine Weltmeisterschaft, und da fährt der Trottel plötzlich nicht, weil ihm das zu gefährlich ist. Wenn ich jetzt weiter als Ferrari denke, muß ich trotzdem irgendwann auf den menschlichen Aspekt kommen, denn er hat ja einen Menschen unter Vertrag und keinen Affen. Den Affen kann er in den Arsch treten und ihm sagen: Du fährst jetzt. Vom Menschen muß er aber doch erwarten, daß er denkt. Und wenn er mich vorher nicht für einen Idioten gehalten hat, muß er das Resultat meines Denkens auch hier akzeptieren. Wenn ich dann das Ganze noch mit dem Nürburgring multipliziere, wenn ich dazu noch die ganz spezielle *pressure* des Niki Lauda in diesem Herbst 76 berücksichtige, dann gibt es nicht den Funken einer fairen Möglichkeit, mich für Fuji zu bestrafen.

Seine Überlegungen können nicht stimmen, nicht einmal dann, wenn man alles Menschliche beiseite läßt und nur nach den harten Profigesetzen urteilt: Wenn schon, dann haben wir die WM gemeinsam verloren. Nicht nur in Fuji, sondern auch in Frankreich, wo seine Kurbelwelle gebrochen ist, oder in Monza, wo mich mein Teamgefährte Regazzoni nicht vorgelassen hat.

In jenen Tagen war meine Wut auf Ferrari so tief, daß ich mich von da an nie wieder wohl fühlte in diesem Team. Zuviel war zerbrochen. Ich war der Meinung, für Ferrari mehr als das nur Notwendige getan zu haben. Ich hatte mich geöffnet, soweit ich konnte, hatte die totale Mitarbeit geboten. Ich hatte immer versucht, mich aus all den Untergrund-Zores, aus aller Ferrari-Politik rauszuhalten. Ich war bis zur letzten Konsequenz bemüht gewesen, kein schlechtes Wort über Ferrari in der Öffentlichkeit zu sagen, und ich habe das durchgehalten, im Gegensatz zu allen anderen Fahrern – und obwohl es verdammt viele Gründe gegeben hätte, auf Ferrari zu schimpfen.

Da war also der Vertrauensbruch im November 1976. Es half nicht mehr viel, daß bald ein Telegramm kam, das besagte, das Programm sei geändert worden und ich werde in Paul Ricard erwartet. Er hatte zurückgezogen, hatte Angst bekommen. Natürlich flog ich runter. Es regnete dann, und ich kam nicht zum Testen, aber ich hatte mich prinzipiell durchgesetzt: Ich hatte mich nicht als „erledigt" und als Nummer zwei kalt abschießen lassen.

Auch auf Nebenfronten gab es troubles. Ich traf den Chef der Mineralwasserfirma Römerquelle, um den Sponsor- und Werbevertrag für nächstes Jahr zu unterschreiben. Ich war ein braver Vertragspartner gewesen, hatte als Sieger von Monaco vor den Fernsehkameras zu Römerquelle und nicht zu Champagner gegriffen, hatte mich jedenfalls um guten Gegenwert fürs Geld bemüht. Nun sagte der Mann: Ich zahle Ihnen für 1977 weniger, *weil Sie werden ohnedies nur hinten nachfahren.* Ich dachte kurz nach, kam zu dem Schluß, daß es schon zu spät sei, um einen anderen Hauptsponsor für 1977 zu bekommen, und unterschrieb zu den schlechteren Bedingungen. Ich unterschrieb auch, daß ich ein Pönale zahlen müsse, sollte ich irgendwann in diesem Jahr eine andere als die Römerquelle-Kappe am Kopf haben ... außer auf Siegespodesten, denn dort müssen wir Goodyear-Kappen tragen, solange uns Goodyear mit Reifen bedient.

So hatte ich also eine weitere Vorführung: Wie sie alle versuchen, dich aufs Kreuz zu legen, wenn deine Position ein bißchen schwächer ist. Das mit der Kappe war ja eine Bombensache für ihn: Meine Stirn, meine Kopfhaut und meine

Ohren sahen so böse aus, daß er sicher war, ich würde mich niemals ohne Kappe zeigen – er würde also Superwerbung bekommen. Beim Fernsehen, bei den starken Lampen im Studio, war mir dann allerdings zumeist so heiß, daß ich die Kappe ablegte, was anfangs die Leute etwas verschreckte. Aber erstens wuchsen die Haare mit der Zeit nach, zweitens wurde die Stirnhaut etwas besser, drittens gewöhnte man sich.

Ein Jahr später, als ich wieder oben war, unterschrieb ich nicht mehr für Römerquelle.

*

Das Lob des Weltmeisters: James Hunt. Er ist mir von allen Fahrern der liebste. Ich schätze ihn, ich mag ihn, er ist der einzige, den ich privat halbwegs gut kenne. Er ist locker, easy, steht über den Dingen. Er tut, was ihm Spaß macht, und das mag ich. Die ganzen Querelen, die McLaren und Ferrari 1976 miteinander hatten, berührten James und mich persönlich nicht. Da ging es nur um divergierende Interessen, jeder mußte auf seiner Seite kämpfen, klar, aber das hatte nichts mit uns beiden Menschen zu tun. Er ist ein großartiger Fahrer, weil er überragendes Talent hat. Wenn er ausgeruht ist, ist er der schwerste Gegner.

Audetto war wegen seines Chaotisierens, etlicher Blackouts und seiner Neigung zu großer Regie untragbar als Teammanager geworden. Auch für den Commendatore, der ihn nach dem Fuji-Flop schon allein als äußeres Opfer-Zeichen gefeuert hätte – also gab es in diesem Punkt keine großen Meinungsverschiedenheiten. Ein Sozialfall war Audetto auch nicht: Ein Job als Fiat-Sportdirektor, Chef des Rallyeteams, wartete.

Der Posten des Ferrari-Teammanagers wurde nominell aufgeteilt zwischen Sante Ghedini, einem sehr verläßlichen Mann der Praxis, und einem Neuen, Roberto Nosetto. Nosetto bekam den Job, weil er sich wohl schon 20 Jahre lang bei Ferrari angedient hatte: Ferrari ist sozusagen der Komplex seines Lebens, er sagte, er habe immer nur das Ziel gehabt, bei Ferrari zu arbeiten, Ferrari sei sein ein und alles. Er ist ein Mann, der für Ferrari *sterben* würde, und das ist der Fehler, denn für Ferrari soll man nicht sterben, man soll lieber mit Ferrari *kämpfen,* damit was Gescheites rauskommt. Nosetto war für mich noch ärger als Audetto, denn bei ihm multiplizierte sich alles mit Grün. Er ist so abergläubisch, daß er nur grünes Zeug trägt, wenn möglich von der Kappe bis zu den Schuhen. Grenzen setzt ihm nur die Team-Uniform (mit gelbem Ferrari-Anorak). Wenn ich ihn anschaute, wurde mir grün vor den Augen. Als Teammanager war er eine Witzfigur. Sein Aberglaube ist jenseits des Erträglichen. Vor dem Grand Prix in Schweden war das Team am absoluten Tief angelangt, wir waren so schlecht wie noch nie: Reutemann stand auf dem zwölften, ich auf dem fünfzehnten Startplatz. Ich könnte mir vorstellen, daß dies der Minus-Rekord in der gesamten Geschichte des Hauses Ferrari war, ärger geht's für ein Team dieses Namens nimmer. Wir waren Statisten, unsere Autos hoffnungslos. Vor dem Start, als ich bereits fix und fertig im Wagen saß, beugte sich Nosetto über mich und wollte mir einen grünen Stoffetzen ins Cockpit schieben: „Das bringt dir Glück, damit gewinnst du", sagte er. Ich schrie ihn an, *sei froh, daß ich angeschnallt bin, sonst würde ich dich erschlagen.*

Nosettos Aberglaube verbietet es ihm, ein Auto zu fahren, das in irgendeinem Zusammenhang mit der Nummer 7 steht. Wenn er irgendwo einen Leihwagen bekommt, in dessen Nummernschild ein Siebener aufscheint, versucht er, den Wagen zu wechseln. Wenn das nicht möglich ist, klebt er den Siebener auf der Nummerntafel zu.

Der Mann war indiskutabel, gegen Saisonende hörte er für mich zu existieren auf, es sei denn als vorbeihuschender grüner Fleck.

Psychologisch war die Atmosphäre im Team also nicht besser geworden. Reutemann war da auch keine große Hilfe, wir hatten einander vom ersten Tag nichts zu sagen; außerhalb des Notwendigen hatten wir null Kontakt.

Der Anfang war naturgemäß besonders schwer. Reutemann hatte Heimvorteil, man rechnete damit, daß er mich bei den Großen Preisen von Argentinien und Brasilien in Grund und Boden fahren würde. Vor der Abreise nach Argentinien gab mir Forghieri den Tip, mir Reutemanns Fahrweise genau anzuschauen, *beobachte ihn im Training, in Buenos Aires ist er unschlagbar.* Ich hatte eindeutig die Rolle des Halbblinden, des Halbtrottels. Abgesehen von der psychologischen *pressure* empfand ich die Situation sogar ein bißchen reizvoll: Da wartete eine richtige Aufgabe, eine *challenge.*

Leider waren die Möglichkeiten, in Buenos Aires eine Menge von Reutemann zu lernen, wesentlich beschränkter, als sich Forghieri das vorgestellt hatte. Ich war von Anfang an im Training schneller als Carlos. Als Reutemann dann auch noch sechs Fangzäune umlegte und den Ferrari zerknitterte, war das Ferrari-Weltbild recht gestört. Im Rennen spielten dann unsere beiden Autos die erwartete inferiore Rolle. Ich schied in der 20. Runde mit Defekt an der Einspritzung aus, Carlos kämpfte sich von hinten durch ein Feld von mehr oder weniger angeschlagenen Autos und wurde Dritter hinter Scheckter und Pace.

Als ich heimkam, sah ich in den Augen meiner italienischen Freunde noch immer den Unglauben über die Trainingszeiten, sie faßten es nicht ganz, daß Reutemann mich nicht niedergebügelt hatte. Na ja, erstes Rennen der Saison und so weiter. Natürlich, sagte ich, es wird schon werden.

Dann kam Brasilien – und Reutemanns großes Feuerwerk. Nach eher mittelmäßigem Herumgurken während der ersten Trainingsabschnitte bekam er einen neuen Heckflügel, der das Auto mit einem Schlag wesentlich besser fahrbar machte. Er stand in der ersten Startreihe, kämpfte im Rennen James Hunt nieder und wurde ein strahlender Sieger. Der erste Ferrari-Triumph seit vielen Monaten, enorme Begeisterung! Ich war als Aschenputtel bestätigt: Dreizehnte Trainingszeit (meine bis dahin schlechteste bei Ferrari), ein dritter Platz im Rennen ohne die geringste Chance, jemals in Schlagdistanz zu den Führenden zu kommen.

Der psychologische Druck des Abgeschrieben-Seins hinderte mich nicht am Denken, am Analysieren der Situation. Und diese Analyse sah kurzgefaßt so aus:

Dreizehnter Trainingsplatz (gegenüber Reutemanns zweitem) klingt zwar deprimierend, hat aber erklärbare Ursachen. Zuerst Handling-Probleme, wie sie auch Carlos hatte, dann – am Samstag – platzte der Benzinschlauch und ich saß mitten in der Scheiße. Vom Benzinbad-Auto stieg ich in einen Reservewagen um, der noch schlechter lag, hoffnungslos. Und dann gab es nur einen einzigen dieser neuen Heckflügel. Carlos gelang der Sprung nach vorn erst in dem Moment, als er den Heckspoiler hatte.

Kritischer als dieses optische Tief des 13. Startplatzes schien mir der gesamte Entwicklungsstand unserer Autos zu sein. Es ist ja keine generelle Lösung, wenn Forghieri im letzten Moment einen Heckflügel aus dem Hut zieht. Es war klar, daß die Autos auf jeder Strecke andere Probleme hatten. Die generelle Lösung glaubten wir vorgezeichnet zu sehen. Im Bereich der Aerodynamik, also nicht in den Aufhängungen und Reifen. Trotzdem war alles so unklar, so verworren und von Zufällen abhängig, daß ich unsere Lage gesamthaft für ganz schlecht hielt – obwohl Reutemann in der Weltmeisterschaft führte.

Ich hatte eine ernste Aussprache mit dem Alten und wurde energisch: Für das nächste Rennen, Südafrika, müsse an Ort und Stelle ausgiebig und in aller Ruhe getestet werden, und zwar von mir. *Wenn sich jetzt auf der Entwicklungsseite nichts tut, werden wir nie wieder Rennen gewinnen.* Enzo Ferrari glaubte mir in diesem Moment, und er bewilligte ausgiebige Tests in Kyalami. Mit Lauda.

Es wurde eines meiner besten Rennen, mein größter Sieg.

Kyalami

Ich wache auf und habe das schöne Gefühl, heute zu gewinnen: Ein angenehmer Tag. Ich weiß auch, warum alles so angenehm ist: Weil ich kein schlechteres Material habe als die anderen, weil ich mit denen da vorn mitfahren kann. Das ist mir vom Training her klar. Ich stehe in der zweiten Startreihe und keiner außer mir weiß, daß ich „underrated" bin, daß dieses Auto eigentlich in die erste Startreihe gehören würde, im Training bin ich etwas unter meinem Wert geschlagen worden, aus nebensächlichen Gründen, wie: Zuviel Verkehr in den entscheidenden Runden und so weiter. Unter solchen Umständen ist es angenehm, in der zweiten Reihe zu stehen, ein süßes Geheimnis.

Die explosionsartigen Instinkthandlungen des Starts. Als sich alle eingefädelt haben, bin ich Zweiter, gut. Das reicht für den Moment, es paßt in den Ablauf des Tages. Vorne Hunt, hinten Scheckter, zwar ziemlich massiv im Rückspiegel, aber noch nicht wirklich drohend. Man wird aufpassen müssen. In der S-Passage ist Hunt unheimlich schnell, da fährt er mir davon, beim zweiten Mal ist das eindeutig. Gerade dort will ich ihn aber nicht wegkommen lassen, weil kurz darauf der Eingang in die Gerade folgt, die beste Überholmöglichkeit, und dort muß ich immer ganz knapp dran sein. Wenn er einen kleinen Fehler macht, nützt mir das gar nichts, wenn ich zwei Wagenlängen dahinter bin, da könnte ich die Situation nicht nützen. Um für alle Fälle parat zu sein, muß ich ihm richtig im Arsch sitzen, also muß ich das S genauso schnell fahren wie er, auf den übrigen Teilen der Strecke gibt es ohnedies kein Problem. Ich konzentriere mich auf das S und überwinde mich, genauso schnell wie er zu fahren. Ich sitze ihm jetzt richtig im Genick. In der siebenten Runde ist es soweit: Er touchiert *den Randstein, macht einen kleinen Schlenker. Ich weiß, jetzt muß er kurz vom Gas, ich bin schon da, bleibe kurz im Windschatten und hab ihn schon. Ich führe, ich bin vorn — zum ersten Mal seit ewig, seit dem Unfall.*

Jetzt aufpassen, kalt bleiben. Ich muß die Lage nützen, Dampf machen, Abstand schaffen. Ich fahre ein paar Runden voll, komme auf viereinhalb Sekunden weg von Hunt. Ich sehe ein neues Zeichen von der Ferrari-Box: Scheckter ist Zweiter. Unangenehm, weil neu. Es könnte jedenfalls bedeuten, daß Scheckter bisher nur durch irgendwas aufgehalten war und eigentlich der schnellere Mann als Hunt ist, vielleicht kommt von ihm stärkere pressure als von Hunt. Ja, ich bekomme mehr Druck, Jody kommt auf drei Sekunden ran. Auf der Geraden ist ein kleiner Buckel. Im Moment als ich rüberkomm, sehe ich irgendwas auf der Bahn liegen, schaut hart und metallisch aus. Ein kleiner Schlangler ist noch möglich, aber ich spüre den Schlag: Ich hab das Ding berührt. Sonst ist momentan nichts spürbar. Ich öffne den oberen Teil des Gurtschlosses, dadurch kann ich im Sitz ein bißchen höher rücken und bekomme bessere Sicht auf die Schnauze. Ich kann jetzt auf den vorderen Flügel sehen, bemerke aber keine Veränderung. Ich schnalle mich wieder fest. Die Situation draußen verstehe ich nicht: Ich habe Trümmer gesehen, aber erst ein paar hundert Meter später zwei Autos draußen. Gedanke: Pryce und Laffite sind zusammengestoßen. Aber die Trümmer, wieso sind die Trümmer weiter vorn?

In der nächsten Kurve schiebt der Ferrari wie verrückt geradeaus. Also ist doch der Flügel hin, denke ich, drum untersteuert der Kübel jetzt so furchtbar. Daß ich was berührt habe, ist mir klar. Aber wie arg? Oder ist vielleicht der Querlenker angeschlagen? Ich fahre ein bißchen langsamer. Während dieses Herumruderns ist Scheckter rangekommen, er sitzt jetzt fett in meinem Rückspiegel. Aus, denke ich, jetzt ist es aus. Aber im Moment ändert sich nichts. Vielleicht sollte man was probieren. Ich versuche es noch einmal mit aller Konzentration, aber da hilft nichts, das Auto liegt schlecht, es untersteuert bös.

Box? Bei vielen anderen Rennen würde ich jetzt an die Box fahren, nachschauen lassen, reparieren lassen. Aber der Unfall hat mich härter gemacht, ich habe mehr Reserven für solche Fälle. Ich entscheide: Nicht an die Box, nicht aufgeben, nicht lockerlassen. Erst einmal probieren, meine Schüssel vor Scheckter zu halten. Mein Problem ist das Untersteuern. Wo kann er mich überholen? Nur beim Rausbeschleunigen in die Gerade, dort, wo ich James überholt habe. Alle anderen Teile der Strecke sind so, daß er ohnedies nicht vor kann. Ich muß mich also auf die Kurven vor dem Beginn der Geraden konzentrieren. Ich fahre langsamer in die Ecken hinein. Er kann mir im Hintern sitzen, so dicht er will, es nützt ihm nichts, denn wenn ich langsamer reinfahre, liegt das Auto nicht so schlecht und ich kann früh Gas geben und voll in die Gerade hineinbeschleunigen. Langsamer, noch langsamer in die Kurven hinein, nur nicht ins Schwimmen kommen, und jetzt, VOLL, VOLL, VOLL aufs Gas, sauber rausbeschleunigt, Kontrolle im Rückspiegel: Ja, er ist schon zwei Wagenlängen hinten.

Die Situation ist in jeder Runde gleich kritisch: Ich darf im Kurveneingang nicht zu schnell sein. Sonst kommt das Untersteuern so stark zum Tragen, daß ich vom Gas muß, und dann fehlt mir dieses Loch beim Beschleunigen, darauf wartet Jody nur, wie ich zuvor bei Hunt gewartet habe. Also: Nur nicht ins Schwimmen kommen. Das System funktioniert ganz gut, sogar so gut, daß ich pro Runde eine Zehntelsekunde auf Scheckter gewinne. Ich habe mich voll auf dieses komische Auto eingestellt. Mit der Zeit bin ich Scheckter um drei Sekunden weggefahren.

Rotes Lamperl beim Bremsen am Ende der Geraden. Darf doch nicht wahr sein. Ich schaue weiter hin, aber nichts ist zu sehen. Nächste Runde beim Anbremsen: Patsch, wieder rotes Licht und kein Öldruck. Scheiß. Wieviel Runden noch? 26. Aus, vergessen, das Rennen kannst du vergessen, da hast du keine Chance mehr. Dann denke ich: Na fahr eben, solange es geht. Das ist schwierig, denn es kostet Mühe, sich für nix und wieder nix zu überwinden, die volle Leistung zu geben, wenn du genau weißt: Es hat ja eh keinen Sinn. Trotzdem: Probieren wir's halt. Was kann ich tun, um dem Öldruck zu helfen? Erstens bremse ich am Ende der Geraden um fünfzig Meter früher. Ganz gut. Der Öldruck fällt immerhin nicht weiter, das rote Lamperl kommt aber regelmäßig. Den früheren Bremspunkt muß ich jetzt kompensieren, indem ich wieder schneller in die Ecke reinfahre. Noch pickt Jody nicht in mir drin, ich kann mich also mit vollem Geschäft in die Ecken reinlassen, ich fahre wie eine Sau. In manchen Kurven kupple ich aus. Frühes Gasgeben, früher, früher, noch früher.

Das mit dem Lamperl wird aber schlechter. Es leuchtet jetzt auch schon im Schlangler auf, dann in Linkskurven, jetzt auch in Rechtskurven, ich habe praktisch nirgendwo mehr vernünftigen Öldruck.

Wieviel Runden noch? Zehn. Keine Chance, ein Wahnsinn, das kann sich nie ausgehen. Bitte, bleib jetzt stehen, jetzt sofort, bitte, tu mir das nicht an, eine halbe Runde vor dem Ziel stehenzubleiben. Bleib stehen, du Hund. Aber das Auto fährt noch immer. Ich schaue gar nicht mehr runter, denn sonst wird mir schlecht, wenn ich das rote Licht sehe. Ich scheiß auch auf den Drehzahlmesser, weil ich eh nur noch zehntausend Touren drehe, die habe ich im Gefühl auch ohne Drehzahlmesser, und ich erspare mir damit das schreckliche Rot. Mir fallen nur Schimpfworte ein: Verreck entweder sofort, du alte Sau, oder gar nicht. Noch vier Runden, das gibt noch den Funken einer Chance. Drei Runden, zwei Runden, vielleicht geht's doch noch. Letzte Runde, bitte, du brauchst nur noch in die Gerade einbiegen und dich bis zum dritten Gang beschleunigen lassen, das muß reichen, weil dann nehm ich den Gang raus und rolle ins Ziel, das würde sich ausgehen. Ich spüre das Rot auf meinen Armaturen, aber der Wagen läuft noch, durch die hintere Kurvenfolge, durch den Schlängler, in die Rechte, in die Linke, ins S, er beschleunigt noch einmal aus der langsamen Rechtskurve raus, bei zehntausend spanne ich den Dreier ein, nehme ihn gleich wieder raus, rolle ins Ziel: Der erste Sieg seit dem Unfall!

Ich bremse sofort ab, keine Auslaufrunde, keine Ehrenrunde. Ich springe raus und schaue unter das Auto, um zu sehen, was los ist. Früher hätte ich das nicht gemacht. Früher hätte ich dem Ingenieur Tomaini ins Ohr gesagt: Da ist irgendwas los, irgendein Fremdteil. Aber nach den letzten Monaten bin ich nicht mehr so feinfühlig. Es ist mir egal, ob alle Leute im Fernsehen mitkriegen, daß das Auto nicht in Ordnung war. Ja, der Überrollbügel von Tom Pryces Wagen ist in den Wasserkühler eingefahren. Später kommt das Ergebnis von den Mechanikern: Statt 14 Liter Wasser waren noch drei Liter drin, statt acht Liter Öl nur noch anderthalb. Normalerweise steht der Bock bei solchen Verhältnissen.

Bei der Siegerehrung sagt mir Goodyear-Mann Baldwin, daß Tom Pryce tot ist. Ein Wahnsinnstod: Durch einen Streckenposten, der über die Bahn gelaufen ist. Die Beklemmung über seinen Tod und die Freude über meinen Sieg vermischen sich zu etwas Unbeschreiblichem.

Ecclestone hat einen Hubschrauber organisiert. Ich fliege sofort zum Flughafen, die Swissair startet gleich darauf. In Zürich wartet das eigene Flugzeug. Zu Hause liegt ein Telegramm vom Alten: „Du bist immer Du — so wie vorher, mehr als vorher!"

So ein Blödsinn. Er schickt dieses Telegramm ja nicht wegen mir, sondern nur deshalb, weil sein Auto als erstes ins Ziel gekommen ist. Er gratuliert nicht zu meiner Arbeit, sondern dem Zufall, daß der Bock nicht stehengeblieben ist. Wäre die Maschine in der letzten Kurve zerplatzt, hätte ich aufs Haar genausoviel geleistet gehabt. Aber Telegramm hätte er keines geschickt.

Ich pfeife auf solche Telegramme: Sie sagen nichts über mich aus. Und sie sagen nicht aus, was der Mann wirklich fühlt. Er sollte mir jedesmal Telegramme schicken, das wäre anders. Mich trösten, wenn ich verloren habe, das wäre besser.

Long Beach: In einer Chaos-Runde prügle ich den Wagen in 1:21,63 Minuten über den Kurs, fünf Hundertstelsekunden schneller als Andretti. Darüber nachzudenken ist sinnlos, es bringt nichts, keiner von uns kann fünf Hundertstelsekunden relativieren. Trotzdem gefällt mir die Dimension des Ungreifbaren, des Unrealen im Zusammenhang mit dieser Art des Fahrens: Alles abschütteln und eintauchen in die Chaos-Welt mit ihren verschobenen Bremspunkten und veränderten Grenzen, mit dem Blockieren der Räder, dem Abraspeln der „kerbs", der Randsteine. Für eine Leistung, die du eigentlich nicht richtig ausdrücken kannst, bekommst du dann den Gegenwert in einer Dimension, die du nicht erfassen kannst: Fünf Hundertstelsekunden, herzlichen Glückwunsch, Herr Lauda, Sie sind Trainingsschnellster, 100 Flaschen Champagner und Pole-Position.

Gegen den Wagen gab es also in Long Beach nichts zu sagen, er paßte zu diesem Tag, zu diesem Wetter, zu dieser Strecke. Erste Trainingsbestzeit seit dem Unfall!

Am Renntag spürte ich eine ungeheure pressure, eigentlich unerklärlich. Vielleicht drückte mich die Pole-Position, daraus läßt sich ja so etwas wie *Verantwortung* ableiten: Die Verantwortung, den besten Start zu machen, zu führen, zu gewinnen.

Ich verhaute auch tatsächlich den Start. Ich stand so weit vorn, daß ich steil hinaufschauen mußte, um die Startampel zu sehen. Wer immer hinter mir stand, hatte einen flacheren

Sichtwinkel und konnte sowohl die Ampel als auch den Drehzahlmesser im Auge behalten. Ich konnte nur entweder rauf oder runter schauen, und als ich raufschaute und Grün sah, war meine Drehzahl gerade im Keller. Long Beach ist ähnlich wie Monaco, was das Überholen betrifft: Ohne Goodwill des Vordermannes hat man fast keine Chance vorbeizukommen. Ich machte noch einen Fehler in diesem Rennen, und vielleicht war wieder die *pressure* daran schuld. Man könnte *pressure* vielleicht mit „schlechter Form" eindeutschen, aber so spüre ich es nicht, „schlechte Form" *spüre* ich nicht, aber *pressure,* die ich meine, das ist ein echt wahrnehmbarer Zustand, der mich drückt. Jedenfalls war es nicht mein Tag: Als ich den verpatzten Start gutmachen wollte, indem ich Andretti ausbremsen wollte, bremste ich zu heftig, der Wagen überbremste vorne, dadurch blockierten die Vorderräder und ich holte mir die berüchtigte *Bremsplatte:* Der Reifen ist nicht mehr hundertprozentig rund, es entsteht eine Unwucht und damit Vibrationen, die auf den ganzen Wagen übergehen, vor allem auf das Lenkrad, man dreht an einem Preßluftbohrer.

Ich wurde Zweiter hinter Andretti und mußte mir dann in Italien anhören, das Rennen verhaut zu haben – diesmal stimmte es, ich hätte besser fahren können, ich hätte gewinnen können, wenn ich fehlerlos gewesen wäre.

*

Jarama, Training zum Großen Preis von Spanien, Linkskurve: Uj, ein Schlag im Kreuz, ein teuflischer Schmerz, ein Knacks. Ich schaffe es gerade noch bis zur Box, kann kaum atmen. Grajales! Der Arzt muß her. Mit Hubschrauber ins Krankenhaus.

Der Schmerz war so diabolisch, daß mir noch im nachhinein das Kotzen kommt über die Mutmaßungen wegen der „mysteriösen“ Verletzung. Abgesehen davon, daß die klinische Erklärung[1] recht einleuchtend war, mußte man mir wohl glauben, daß ich einen solchen Schmerz weder simulieren konnte noch wollte. Es ist Monate später das Gerücht aufgetaucht, die „angebliche“ Verletzung sei ein Streik gegen Enzo Ferrari gewesen, um extreme Forderungen (Geld und Team-Einflußnahme) durchzusetzen. Aus allen Aspekten ist diese Theorie zu blöd, um näher behandelt zu werden.

Mir war rasch klar, daß ich nicht starten können würde, die Schmerzen und die Bewegungseinschränkungen waren jenseits jeder Diskussion. Die Geier kreisten abwartend. Reutemann kam zu meinen Monteuren und fragte unbeteiligt: *Na, was ist jetzt, fährt er oder fährt er nicht?* Die sagten *nein,* da ging Reutemann wortlos zum Transporter, wo ich lag, und kontrollierte mich. Er sah, daß ich bleich und bewegungslos dalag, lächelte, drehte sich um und ging. Sein Gesicht, seine Bewegungen, alles drückte so augenscheinlich die Freude

[1] Beim Nürburgring-Unfall waren die 6. und 7. Rippe angebrochen worden. Weil ich wegen der Lungenschädigung und der diversen Verbrennungen liegen mußte, erfolgte die Ausheilung der Rippenbrüche logischerweise auch in Ruhestellung, was ansonst bei Rippenbrüchen nicht unbedingt erwünscht ist. Bei der „liegenden“ Ausheilung geht etwas von der natürlichen Elastizität verloren, in der die Rippe zum Gelenk steht. In Jarama, fast ein Jahr später, ergaben sich zufällig mehrere Umstände zu gleicher Zeit: Starke Fliehkräfte fixierten mich in einer stabilisierten Position, und als ich durch eine Unebenheit der Piste einen kurzen Schlag bekam, gab es in meinem Körper nicht die geringste „Federung“. Es ergibt sich eine aufschaukelnde Wechselwirkung Muskelverspannung – Schmerz – Nerven, was zu Arbeitsunfähigkeit der Zwischenrippenmuskulatur führt. Der Schmerz geht bis zum Brustbein und ist unglaublich intensiv: Als ob man durchgesägt werden würde.

aus: Einer ist weg, den kann ich vergessen. Ich nehme ihm das gar nicht übel, keiner erwartet eine Mitleidsdemonstration, und wenn ich vor einem wichtigen Rennen höre, der Andretti hat was mit dem Blinddarm und kann nicht fahren, fange ich nicht zu heulen an. Das Geschäft läßt wenig Spielraum für Mitgefühl und Sympathien ... aber deswegen muß man sich ja nicht so plump anstellen wie Reutemann und der ganzen Situation noch ein Extramaß an Härte geben. Reutemann als Teamkollege, das war nie erquicklich, keine einzige Sekunde lang.

Während ich in Salzburg mit meinem Heilmasseur Willy Dungl konzentriert arbeitete, um wieder einsatzfähig zu werden, kam aus Italien das erwartete *psychological treatment.* Ferrari veröffentlichte in einer Presseaussendung, Lauda sei *fragile,* drum breche er sich immer alles. Und der Alte beorderte mich zu seinem Leibarzt nach Bologna, um mich untersuchen zu lassen. Der checkte mich durch und schrieb dann den Befund „gut durchtrainierter Körper". Den Wisch gab er mir gleich mit, ich überbrachte ihn dem Alten mit Grandezza: *Da hast du dein FRAGILE.*

Das Mysterium des Jahres: Die Autos spielten verrückt. Nicht nur bei Ferrari – siehe Tyrrell –, aber bei uns war das Phänomen der schlecht liegenden Autos am schwersten erklärbar, weil wir ja zwei Jahre lang überlegen gewesen waren. Mein Unfall und der Test-Rückstand, in den wir dadurch geraten waren, das allein reichte auch nicht zur Erklärung aus, denn in diesem Frühsommer verrannten wir uns immer weiter.

Da zählen nicht die Resultate der Rennen, denn diese Ergebnisse sind von zu vielen Umständen – auch: Glück, Pech – überlagert, nur die Trainingszeiten geben echten Aufschluß über Stärkeverhältnisse. Und die waren so schlecht wie nie: Ich war in Monaco (einer „Ferrari-Strekke"!) Sechster, in Zolder Elfter, in Schweden Fünfzehnter, in Dijon Neunter.

Die Schwierigkeiten ließen sich zum Großteil auf die neuen Reifenentwicklungen zurückführen. Nach dem Rückzug Firestones und vor dem Einstieg Michelins lebte unser Sport mit dem Monopol Goodyears – und alle Konstrukteure mußten ihre Autos auf die Reifen abstimmen, und nicht umgekehrt. Mit jedem neuen Schritt Goodyears ergaben sich neue Aufgaben, mit denen die einzelnen Teams besser oder schlechter zurechtkamen.

Wir verrannten uns total, da war auch meine eigene Dummheit schuld, ich lag genauso falsch wie Forghieri. Wir entwickelten in die falsche Richtung und kamen immer weiter von der Lösung ab, es war ein klassisches Nicht-Begreifen einer Situation.

Diese Situation kam dadurch zustande, daß das Auto beim Einlenken in eine Kurve zunächst einmal überhaupt nicht auf Lenkbewegungen reagierte, also untersteuerte, dann aber bei gleichem Lenkeinschlag schlagartig vorne zu greifen begann und so plötzlich zu einem abrupt übersteuernden Auto wurde. Es war klar, daß man auf diese Art nicht harmonisch weich fahren konnte, die Zeiten waren dementsprechend schlecht.

Durch das anfängliche Untersteuern glaubten wir, an der Vorderachse zuwenig Anpreßdruck zu haben, daß die Reifen also mit zu wenig Kraft auf den Boden gedrückt werden. So suchten wir nach neuen konstruktiven Lösungen für geänderte Flügel, die mehr Abtrieb erzeugen sollten.

Wir ließen uns auch durch den neuen Lotus irritieren, der ja ganz auf Nutzung der erlaubten Breite und auf optimalen Anpreßdruck konstruiert ist. Durch immer weiteres Erhöhen des Anpreßdruckes verrannten wir uns zu immer neuen Modifikationen der Flügel und kamen immer ärger in die Scheiße. Die Rennen von Belgien und Schweden wurden zu absoluten Tiefs, der Leistungsdruck wurde immer größer, damit auch die rein menschlichen Schwierigkeiten mit Forghieri immer ärger.

Wir testeten immer weiter, immer weiter, bis wir plötzlich in Dijon kapierten, daß wir in die falsche Richtung gearbeitet hatten. Diesen schmalen Bereich der optimalen Haftung von Rennrädern hatten wir bereits weit überschritten. Optimale Haftung ist nämlich nur dann möglich, wenn die Seitenwände der Reifen richtig arbeiten und sich dadurch die Karkasse von innen erwärmt. Der Reifen muß also bis zu einem gewissen Grad walken, was über die Fadenverschiebungen der Karkasse diese erwünschte Erwärmung von innen heraus ergibt. Nur so hat der Reifen den bestmöglichen *Grip* und erlaubt durch seine Elastizität rundes und weiches Fahren in Kurven. Wird der Reifen nicht von innen über die Seiten- und Karkassenbewegungen, sondern von außen zu schnell über die Lauffläche erhitzt, bleibt er steif und unelastisch und führt zu den Schwierigkeiten, die wir gegen Mitte des Jahres hatten. Durch die zu hohe Anpreßkraft, die wir zu dieser Zeit an der Vorderachse fuhren, wurden die Seitenwände so stark zusammengedrückt, daß die Reifen eben nicht mehr richtig arbeiten konnten.

Das klingt heute simpel in der schematischen Kurzfassung, aber es war damals irrsinnig schwer zu erkennen. Sofort, als wir verstanden hatten, worum es ging, drehten wir unsere ganze Strategie um und arbeiteten in der anderen Richtung. Schon beim nächsten Rennen, in Silverstone, waren die Ferrari wieder flott – von da an waren unsere Autos grundsätzlich okay.

Mit Forghieri gingen die Schwierigkeiten allerdings weiter, denn mit der grundsätzlichen Lösung allein ist es nicht getan. Jede Rennstrecke bringt neue Fragen und Probleme. HEUTE liegt das Auto schlecht, HIER liegt es schlecht – GESTERN, DORT lag es ja noch gut – wieso? Man arbeitet mit allen Mitteln, vom schlichten Menschenverstand bis zur Computer-Auswertung jeder denkbaren Gegebenheit, aber es gibt keine absolute Sicherheit, daß das heutige Sieg-Auto auch morgen, auf der nächsten Strecke, gut fahrbar ist. Durch die immer höhergestochene Technik ist das Zusammenwirken von Faktoren wie Pistenbelag, Kurvenfolge, Temperatur, Reifen, Fahrwerk und Aerodynamik so kompliziert, fast geheimnisvoll geworden, daß jedesmal neue subtile Feinarbeit notwendig ist. Diese Abstimmung erfordert enge

Zusammenarbeit zwischen Technikern und Fahrern. Im Arbeitsverhältnis mit Forghieri entsteht Reibungsverlust durch Hysterie und überdrehte Emotionen. Wenn alles gut geht, wenn das Auto ordentlich liegt und alles programmgemäß vor sich geht, ist Mauro der reizendste Mensch, ein charmanter, netter Partner. Tauchen aber Komplikationen auf, führt die gemeinsame Arbeit zur Gemütsverdunkelung, zur seelischen Aufreibung aller Beteiligten.

*

Als im Ferrari-Team alles auf der Kippe stand, als wir jedes Quentchen unser Kapazitäten brauchten, um die Technik wieder voll in den Griff zu bekommen und den Aufwärtsschwung auch tatsächlich zu Ende zu führen, waren politische troubles natürlich das letzte, was ich im Team brauchen konnte. Drum kam ich in eine schwierige Situation, als der Alte von mir wissen wollte, wie ich mir die Zukunft vorstelle, ob ich auch nächstes Jahr für ihn fahren würde. Immerhin kursierten schon Gerüchte, daß ich Ferrari verlassen würde, die italienischen Zeitungen legten ihr übliches Schäuferl nach und machten den Alten mißtrauisch. Ferrari wollte mich unbedingt halten, daher würde er beleidigt sein, wenn ich ginge. Im Moment mußte ich alles tun, um die volle Arbeitsfähigkeit des Teams zu erhalten – wenn ich jetzt was Falsches sagte, würden die Emotionen derart durchbrechen, daß das ganze Programm gefährdet war. Panik-Vermeiden war das Gebot der Stunde. Und es gab nur ein einziges Beruhigungsmittel: Ich versprach dem Alten, für ihn zu fahren, solange er lebe. Das war unfair, keine Frage, aber es war die nackte Notwendigkeit: Zucker für die Emotions-Löwen.

Training, erste Ausfahrt, erste Kurve: Ich drehe am Lenkrad, und es tut sich viel zu wenig, der Wagen untersteuert wie verrückt, dann übersteuert er. Weiter hinten an der Strecke ist eine schnelle Folge, die VOLL verträgt, immer, nur heute nicht, jetzt nicht, mit diesem Auto. Ich kann nicht voll reinfahren, weil das Auto vorne so leicht ist.

Ich komme zur Box und sage Forghieri, daß es größeren Ärger gibt: Mit diesem Auto kann man nicht fahren. Unmöglich, sagt er, das bildest du dir ein, schau den Carlos an, der fährt anderthalb Sekunden schneller als du, der ist Sechster und wo bist du? Ich fahre jetzt nicht auf Zeit, sage ich, wozu auch, wir müssen zuerst das Auto hinkriegen. Er sagt so und so und so, ich sage nein, nein und nein, wir streiten. Der Spezialmotor, den ich hatte, hätte besonders gut sein sollen, dabei geht er auf der Geraden um 3 oder 4 km/h langsamer als der normale. Also wechsle ich das Auto, nehme das alte Trainingsauto, das geht *schlecht und* liegt *schlecht, ich bin wütend. Forghieri hört kaum zu, er ist überhaupt schlecht im Zuhören. Ich sage, ich habe Übersteuern in langsamen Ecken, er machte ein paar Vorschläge, auch: Ich geb' dir hinten mehr Flügel. Bist du verrückt, sag ich, dann hab ich in den schnellen Ecken, die hier überwiegen, so ein Untersteuern, daß ich insgesamt noch langsamer bin. Er fängt zu jaulen an. Ich möchte noch mehr Flügel vorne haben, da jault er noch einmal und geht weg. Die Zeit wird knapper, die Mechaniker führen meine Änderung aus. Aber die ist genauso schlecht, ich habe mich auch verrannt, das Auto wird nicht besser. Forghieri ist zurückgekommen und plärrt mich an: Siehst du, hättest du auf mich gehört, hättest du mir gefolgt! Wir sind mitten im Training, und ich frage ihn: Was willst du machen? Bitte, hier ist das Auto, nimm es und mach, was du willst. – Er fängt an, baut das ganze Auto um, weniger Flügel vorn, hinten steifere Federn, obwohl wir das ganze Jahr die Federn nicht umbauen, weil es ein Blödsinn ist, wir wissen, daß diese Federn okay sind. Andere Stoßdämpfer, andere Flügel, andere Reifen, mir wird schon schlecht vom Zuschauen, so kann die Lösung nicht ausschauen.*

Der Umbau ist fertig, ich fahre los. Ich merke schon bei der Boxenausfahrt, beim ersten Lenkraddreher, daß sich nichts verbessert hat. Ich fahre die Runde zu Ende und komme sofort zurück, also ohne gestoppte Rundenzeit. Forghieri tobt: Keine Rundenzeit, keine Rundenzeit, schreit er, mit dir kann man nicht arbeiten. Ich sage: Warum soll ich in zweieinhalb Minuten hier herumgurken, wenn alle anderen einsfünfzehn fahren. Er jault wieder auf, schreit, daß ich nur aus Justament keine Zeit fahren will, daß ich das nur mache, um ihn zu ärgern. Das Streiten macht uns beide fertig, und ich sage: Bitte geh weg, laß mich jetzt machen, was ich will. Das hilft auch nicht viel, der Tag ist bald um und ich bin anderthalb Sekunden langsamer als Andretti — vierte Startreihe, wenn nicht morgen noch was Großartiges geschieht.

*

Das letzte Training: Ich habe mir das Trainingsauto genommen und es so modifizieren lassen, wie ich mir das vorgestellt habe, rein gefühlsmäßig. In der letzten Stunde ist es sinnlos, über weitere Modifikationen nachzudenken, jetzt mußt du nur Gas geben, so verrückt wie nur möglich. Es ist die letzte Konsequenz des Rennfahrens, es ist das bewußte Überschreiten von normalerweise gültigen Grenzen. Man muß über die Randsteine raspeln, das bringt Hundertstel und Zehntel; Randsteinfahren gehört zu diesen Chaos-Runden dazu. Wenn man rauffährt, beutelt es den Wagen derart, daß sich jede Art von Situation ergeben kann — mit ein bißchen Pech. Das sind dann die Unfälle, bei denen sich die Leute nicht erklären können: Wie kann er denn an dieser Stelle in die Leitschiene krachen, wie ist das überhaupt möglich? Ein Dreher auf der normalen Piste ist vergleichsweise harmlos, man kann sich zumeist ungefähr ausrechnen, in welche Richtung man kreiselt, hat eine gute Chance zum Korrigieren, bremst dann und steht irgendwo. Bei den Chaos-Runden ist alles verschoben, alles anders, ich knalle den Randstein rauf und knalle runter, und die Schläge sind so schwer und wuchtig, daß das Lenkrad die Hände prellt, und ich spüre, daß nur eine lächerliche Winzigkeit den Wagen noch in der Richtung hält, ein kleiner zusätzlicher Rumpler würde ihn rausfliegen lassen.

Ich bin um sieben Zehntelsekunden schneller als am Vortag, das heißt zweite Startreihe, das ist gut genug. Forghieri keift in der Box: Schau, schau, wieso geht's denn jetzt auf einmal, da siehst du ja, daß der Wagen in Ordnung ist. Ich deute auf den linken Fuß und sage: Daran ist nur der Haxn schuld, ich bin gefahren wie ein Wahnsinniger, verstehst du, aber das Auto ist nicht besser. *Und es hat doch erst dann Sinn, so verrückt zu fahren, wenn man erst einmal alle Möglichkeiten der Technik, alle Chancen der Modifikationen, ausgeschöpft hat. Verstehst du das nicht? Er hört gar nicht zu.*

Die Chaos-Runden belasten jeden Fahrer. Sie sind in den letzten Jahren immer notwendiger geworden, weil bei der Ausgewogenheit der Startfelder der Startplatz immer wichtiger geworden ist. Jeder muß sich drei, vier, fünfmal überwinden, die normale Fahrweise vergessen und alles übersteigern, überdrehen. Der Mensch selbst überdreht sich dabei auch, er taucht in eine andere Welt ein und kann nicht sofort wieder heraus, nur weil sein Körper inzwischen schon wieder an der Box steht.

Ich studiere die Zeiten der Gegner, dabei fällt mir die schlechte Zeit Scheckters auf, er ist nur Fünfzehnter. Was ist los mit Jody, frage ich ein paar herumstehende Journalisten. Die geben zur Antwort: Er hat was im Blick, als würde er jeden erschlagen, der ihm zu nahe kommt, ihn was fragen will. Wir wissen nicht, was los ist, weil wir ihn nicht fragen können.

Also gehe ich zu Scheckter und frage: Was ist los? Warum redest du nicht mit den Leuten? Er sagt: VERSTEHST DU DAS NICHT? ICH BIN GEFAHREN WIE EINE SAU, MIR SPRITZT DAS BLUT BEI DER NASE RAUS. ICH RISKIERE DAS ALLER-

LETZTE UND DANN BIN ICH FÜNFZEHNTER. WAS SOLL ICH EINEM SAGEN, WENN ER MICH FRAGT? ICH KÖNNTE IHN ERSCHLAGEN, ODER MICH UMDREHEN. ALSO DREH ICH MICH UM.

Die Anspannung der Chaos-Runden löst sich leichter, wenn sich irgendein Sinn ablesen läßt, wenn die Zeit in Ordnung ist. Wenn du Pole Position herausgefahren hast, weißt du wenigstens, daß der Wahnsinn nicht umsonst war. Aber wenn du auf dem letzten Loch gefahren bist und dann in der achten Startreihe stehst, neben dem Herrn Patrese, bist du fertig. Du weißt, du bist genauso gut gefahren wie Andretti, der konnte auch nicht cleverer sein, der konnte auch nicht mehr riskieren – aber er hatte eben das bessere Auto an diesem Tag, drum ist er um anderthalb Sekunden schneller. Er ist erster, Scheckter Fünfzehnter, und Scheckter hat das Gefühl, das gleiche geleistet zu haben.

Aus dem Sich-Überwinden, dem Fliegen, aus der ohnmächtigen Wut und Enttäuschung ins Normale zurückzukehren, ist schwierig. Ich bin einmal vor etlichen Jahren in Kanada so wild geworden, daß ich einem Streckenposten den Helm auf den Kopf schlug, weil sich der Mann so verrückt gebärdete und an meinem Auto den Hauptschalter umlegen wollte, dabei aber den Feuerlöscher erwischte. Ich war noch nicht „zurückgedreht", als ich auf den Mann einschlug. Ich bin derart darüber erschrocken, daß mich ein seelischer Zustand so verändern kann, daß ich mich immer unter Kontrolle zwinge: Das Hirn befiehlt die Eindämmung der Gefühle.

Ich weiß, was in Jody vorgeht, wenn er sagt, er kann jetzt nicht antworten, weil er so überdreht ist – und voll von Wut, Enttäuschung und Anspannung.

Im Verlauf von drei Jahren hatte die Fliegerei einen immer größeren Stellenwert in meinem Leben bekommen. Da war zuerst das Lernen auf kleinen und kleinsten Maschinen, dann die eigene zweimotorige Golden Eagle, dann – als sie keine Geheimnisse mehr bot – sogar ein Jet. Ich hatte eine Lösung gefunden, die das Jet-Fliegen finanziell erträglich machte, indem ich Promotor beim Wiener Bedarfsflugunternehmen Dr. Polsterer wurde und dadurch zu sehr günstigen Bedingungen über eine Cessna Citation verfügen konnte. Für einen Jet braucht man zwei Piloten, einer davon war ich, der andere jeweils einer aus der Polsterer-Crew, zumeist Kaar oder Kemetinger.

Bestes Beispiel für meine Geilheit aufs Fliegen: Ich war mit der kleinen Citation (Platz für sechs Passagiere) sogar nach Kalifornien geflogen, zum Rennen in Long Beach. Reine Flugzeit für die Hinreise: 23 Stunden und 17 Minuten, dazwischen aber sieben Stops. Die Stationen: Salzburg – Glasgow – Reykjavik – Nassarsuaqu (Grönland) – Sept Iles (Kanada) – Cleveland – Kansas City – Albuquerque – Long Beach. Berechtigte Frage: Was macht man, wenn man in Grönland einen Defekt hat? Man hat eben keinen, und im übrigen gehört eben eine gewisse Verrücktheit dazu, auf diese Art an die US-Westküste zu reisen, ich fand's grandios.

Ich hatte zweimal in Los Angeles die Northrop-Fabrik besucht und wichtige Leute kennengelernt, zum Selbst-Fliegen hatte es aber nie gelangt, weil alle Northrop-Flüge den Test-Regeln der US-Air Force unterliegen, und da darf eben kein Fremder mitgenommen werden. Anders bei der Pariser Airshow in Le Bourget, wo Northrop seine Modelle vorführte und mehr Bewegungsfreiheit als daheim hatte. Ein weißhaariger Chefpilot nahm mich in einem (zweisitzigen) F-5-Überschall-Jagdbomber mit.

Die Lässigkeit der Ansage, wenn einer im Funk um die Überschall-Genehmigung anfragt, wenn er reinnuschelt: Paris Control, request supersonic ride, wie wenn du Milch holen gehst, aber zur Sicherheit um Erlaubnis fragst. Das Fliegen selbst ist abstrahiert, ich schieb die Pulle rein, er sagt Nase runter, ich geb die Nase runter und spür nichts Besonderes, man sieht die Sensation nur am Band der Digital-Anzeige: Überschall und noch ein bisserl weiter, Mach 1,4, na fein. Der Chef macht ein paar Überschall-Kunststückerl, aber Akrobatik gibt mir nichts, Unter- oder Überschall, da hab ich ein flaues Gefühl, außerdem komm ich mir blöd vor: Alles geht so schnell, daß ich mit dem Denken nicht mitkomme, daß ich Ursache (die Handlung des Piloten) und Wirkung (was das Flugzeug macht) nicht genügend koordinieren kann, und wenn diese Koordination fehlt, bleibt ja nur der reine Zirkuseffekt mit Jö und Aha. Drum sag ich Aus, Aus, das genügt, ich will nur normal fliegen, ohne Kunststücke, das taugt mir. Ich fliege schön herum, ziehe hübsche Kreise über dem Meer, zwischendurch hat der Pilot einen Jumbo im Radarvisier und erklärt, daß, wenn er jetzt Bordwaffen hätte, und wenn er jetzt abdrückte . . . und dann sagt er, daß er mir EINES doch zeigen muß, das muß ich sehen, um das sei kein Herumkommen. Zwischen zwei Wolkenschichten stellt er den Flieger auf senkrechten Steigflug, wir stehen auf den Triebwerken, fliegen geradeaus nach oben. Wenn man so kerzengerad aufsteigt, wird man langsamer, irgendwann hört sich ja der Schub der Maschinen auf. Ich kann mitschauen, wie die Geschwindigkeit abnimmt. Der Pilot sitzt über mir, unter mir Paris, und die speed geht immer weiter zurück. Das Triebwerk wird immer leiser und leiser und leiser, im Kopfhörer wird das Atmen des Piloten immer deutlicher ahh-ffff, ahh-ffff, ansonst ist alles ganz ruhig, sein Atmen ist jetzt das weitaus stärkste Geräusch. Natürlich weiß ich, daß es kritisch wird, wenn ein Flieger zu langsam wird, da kippt er hinten weg, trudelt ab. 100 Knoten, 70, 60, 50, 40, und der Pilot sitzt exakt über mir und pfaucht in die Kopfhörer, ahh-ffff, ahh-ffff, ahh-ffff, alles ist schrecklich ungemütlich, ich hänge in den Gurten und weiß nicht, was kommen wird. Endlich haben wir null Geschwindigkeit, wir stehen in der Luft, „Look", sagt er, „cero speed" –, ich schrei rein „And now?", und er sagt ganz sanft „I put the nose down gently", tatsächlich schiebt sich ganz langsam die Nase vor, der Flieger kippt oder trudelt nicht im geringsten, die Nase zeigt hinunter, jetzt sitz ich über dem Piloten und schau auf Paris, wir haben noch kein Gas, dann beschleunigen wir langsam. Beim zweitenmal würde ich lachen darüber, es lustig finden, beim ersten Mal habe ich Angst gehabt, das Nicht-wissen-was-kommt war unangenehm.

Ich fliege zurück, mache den ganzen ILS, er macht die Landung.

ZU DEN FOLGENDEN BILDSEITEN

1 Der erste Überschlag (Frühjahr 1969 in Wien-Aspern): „Ich war verrückt, geil aufs Fahren, ich wollte überholen, wo man nicht überholen kann ..." Man beachte den jungfräulichen Overall, der Laudas Marktwert im zweiten Jahr seiner Karriere widerspiegelt: Null

2 Herziger Wiener Bub aus gutem Haus: 1969

3 Formel-2-Saison bei March (1971)

4 Sieben Jahre lang an Nikis Seite: Mariella Reininghaus

5 1973: Unter Louis Stanley im BRM-Team

6 Vier Jahre lang Laudas Chefmechaniker bei Ferrari: Ermanno Cuoghi

7 1975: Mit Enzo Ferrari (oben), Mauro Forghieri (unten links) und Luca Montezemolo (Mitte)

8 Erstes Auftauchen Marlenes an der Rennstrecke: Anfang 1976

9 Die zweimotorige Cessna Golden Eagle (unten, Niki mit Cigarillo) war nur eine Zwischenlösung vor der Citation (oben)

10 1. August 1976, Kilometer 10,6 auf dem Nürburgring: Der Ferrari bog plötzlich nach rechts ab, durchschlug die Rettungszäune, prallte gegen die Böschung, wurde über die ganze Fahrbahn zurückgeschleudert und fing Feuer

11 Rettung durch einen Streckenposten, Guy Edwards, Brett Lunger und Arturo Merzario, „der wie der liebe Gott durch die Flammen geht und es schafft, meinen Sicherheitsgurt zu lösen ..."

12 Betonung auf Privat: Lauda-Haus in Hof bei Salzburg

13, 14, 15 Chez Niki

16 Die Tankstelle des Bauer-Gustl mit Laudas Pokalen; der Bentley ist nur zum Polieren, Aufheben und Blödeln da; Motorradfahren (Gelände und Straße) als Ausgleichssport

1

Firestone
feh für alle Fälle feh
BLIZZARD SKI
TOTAL LOOK
BP
BP
3
11
ERSTE
ÖSTERREICHISCHE
SPAR-CASSE
BOSCH

STP
Niki Lauda
STP OIL TREATMENT
12
Levi's
STP
FINA

Marlboro
Marlboro-BRM
Marlboro
BRM
16

6

Marlboro
Niki Lauda

Marlboro

HELMETS
agv

Privat!
Privatweg
Durchgang verboten!
Vorsicht bissiger Hund!

Matras

S 132.300

Ein bescheidenes fünftes Plätzchen in Dijon spülte mich an die Spitze der Weltmeisterschaftswertung – eher zufällig, weil die Gegner sich aufsplitterten, Defekte hatten, Fehler machten. Schon ab dem nächsten Rennen – Zweiter in Silverstone – hatte ich mit unserem wesentlich besser gewordenen Auto die Sache im Griff. Es folgte der süße Sieg von Hockenheim, ein Jahr nach dem Unfall. Am Österreich-Ring (Zweiter) und in Zandvoort (Sieg) bröckelten die Gegner weiter ab, ich war so gut wie Weltmeister. Es hatte drei potentielle Gegner in diesem Jahr gegeben: Andretti, Hunt, Scheckter, in dieser Reihenfolge.

Mario Andretti hätte prinzipiell die besten Chancen gehabt, denn er saß im besten Auto des Jahres – wenn an dem Lotus alles stimmte, war wenig dagegen auszurichten. Das Auto war aber nicht verläßlich genug. Es gab Motorschäden, die man vielleicht auf die stärkere Leistung seiner Experimentalmotoren zurückführen kann, vielleicht auch nicht (es zerreißen oft genug auch normale Maschinen), und Mario selbst hat auch Fehler gemacht. Wenn einer im Training (Zolder) um anderthalb Sekunden schneller ist als der Zweitschnellste, darf er auf einen schlechten Start doch nicht so reagieren, daß er gleich darauf eine Kollision verursacht. Damit hat er die überlegenste Favoritenstellung, die ein Fahrer bei irgendeinem Rennen dieses Jahres gehabt hat, einfach weggeschmissen. Und in Zandvoort war er wieder in eine Kollision (mit Hunt) verwickelt.

Wenn Andretti vom Material her der stärkste Gegner des Jahres war, so war es Hunt vom fahrerischen Potential her. Alles in allem war er der stärkste Fahrer der Saison. Ich könnte mich nicht erinnern, daß er einen Fehler gemacht hat, so daß schwer zu beurteilen ist, warum die Sache bei ihm schiefgelaufen ist: Vielleicht hat er sich zu Saisonbeginn zu sehr auf der gewonnenen Weltmeisterschaft ausgeruht, vielleicht aber hat es einfach *nicht gepaßt,* ohne daß man jetzt einen exakten Grund dafür angeben könnte. Auf jeden Fall bleibt James für mich auch in Zukunft der gefährlichste Gegner.

Auch Jody Scheckter war 1977 unheimlich gut, keine Frage. Er hatte das Handikap, mit einem neuen Team, mit einem neuen Auto auf Anhieb zu gewinnen — das ist schwer zu verkraften. Aus dem Nichts zu kommen und gleich Erster zu sein, das ergibt eine ganz schwierige Situation. Dann gab es sicherlich Fehler — bei der Technik und bei ihm selbst. Von einem Moment auf den anderen ist das Auto nicht mehr richtig gelegen und keiner wußte warum, teilweise war die Situation ähnlich wie bei Tyrrell oder auch Ferrari. Dazu seine eigenen Fehler: Eine Karambolage in Schweden, ein verpaßter Reifenwechsel in Zolder, eine ungeduldige und unnötige Überrundung in Zeltweg, die mit Rausschmiß endete; in der damaligen Situation hätte er auch drei Runden später — mühelos — überholen können, es hätte keine Rolle gespielt.

Diese drei — Andretti, Hunt, Scheckter — waren also echte Gegner in diesem Jahr. Über Reutemann habe ich mir eigentlich nie den Kopf zerbrochen.

Da jetzt aber soviel von den Fehlern der anderen die Rede war: Welche Fehler habe ich gemacht? Ich habe den Start in Long Beach verhaut und bin dort überhaupt nicht optimal gefahren, ich hatte ein schlechtes Rennen in Schweden, was allerdings nicht viel Rolle spielte, weil das Auto hoffnungslos unterlegen war. Ansonst habe ich mir nichts vorzuwerfen. Bei solchen rückblickenden Beurteilungen muß man ja auch immer die konkrete Situation berücksichtigen: Es gibt Dinge, die im nachhinein als „Fehler" erkannt werden, aber in der damaligen Situation keine Fehler waren. Natürlich hätte ich in Zeltweg gewinnen können, wenn ich das Wetter exakt vorhergesehen hätte ... aber da wird's zu hypothetisch.

Der Termin des Zandvoort-Sieges paßte hervorragend zu meinen Kündigungsplänen. Ich wollte gern unmittelbar nach einem Sieg klarstellen, daß ich keinen neuen Ferrari-Vertrag machen würde, weil es wieder einmal nicht in deren Schema paßte: Sieg, praktisch Weltmeister, höher oben denn je – und trotzdem geht der Kerl weg? Vier Jahre *pressure* sind genug, vier Jahre psychologisches Heiß-und-Kalt sind das Maximum. Dem Alten kann man das am wenigsten ankreiden: Ein Greis wie er, monumenthafte Persönlichkeit mit versteinerten Prinzipien, ein Commendatore Enzo Ferrari hat alle Rechte, das muß man einfach akzeptieren, sonst könnte man bei dieser Firma nicht einmal einen Monat überstehen. Wenn's weiter nichts gewesen wäre: Trotz all seiner Eigenheiten hätte ich es mit dem alten Herrn tatsächlich bis an sein Lebensende ausgehalten, wie ich es ihm versprochen hatte (als wieder einmal Chaos ausgebrochen war und ich mit allen Mitteln Ruhe ins Team bringen mußte).

Aber die Herrschaft des Alten zusammen mit der Unberechenbarkeit des Ferrari-Untergrunds und den Psycho-Zakken des Mauro Forghieri – das war zuviel für ein fünftes Jahr. Vielleicht ist Forghieri unter diesen drei Kräften die ausschlaggebende, um soviel *pressure* für das Team aufzubauen: Er glaubt so sehr an sich und seine Ideen, daß er sie ohne Rücksicht auf Verluste durchdrückt. Da ist es ganz normal, daß sich ein Fahrer irgendwann nach einem Techniker sehnt, der nicht aus jeder Test-Session eine tragische Oper macht, sondern mit dem man sachlich und emotionslos an der gemeinsamen Aufgabe arbeitet. Nur muß ich zum x-ten Mal festhalten, daß ich an die Substanz des Mauro Forghieri glaube: Er ist ein Genie. Mein Pech, daß ich mich so schwer tue mit Genies.

Dies alles dem Alten erklären zu wollen, ist sinnlos, er würde es nie akzeptieren und mir immer andere Gründe unterstellen. Das beginnt schon beim relativ einfachen Verhältnis zwischen ihm und mir: Er erinnert sich nur, mich „wie einen Sohn" behandelt zu haben und nun vom Sohn verraten worden zu sein – diese Gemeinheit: Sein Fahrer verläßt ihn am Gipfel des gemeinsamen Erfolgs. Daran, wie er mich nach Fuji zur Sau gemacht hat, würde er sich wahrscheinlich gar nicht mehr erinnern. Daß er im Begriff war, mich fallen zu lassen, aus mir einen „Teammanager" zu machen, das fällt ihm rückblickend sicher nicht ein. Es wäre daher sinnlos gewesen, dem Commendatore mit Hoffnung auf Erfolg zu widersprechen, als er das Thema des „Undanks", des „Verrats", aufbrachte, des „Judas, der sich für 30 Stangen Salami verkauft".

*

Unmittelbar nach meiner Kündigung flog ich nach Turin. Am Abend traf ich Giovanni und Umberto Agnelli, um sozusagen meine Abmeldung vom Fiat-Konzern zu erstatten. Ich erzählte, wie ich die Dinge sehe, welche Gründe ich hatte, sie akzeptierten. Klare, saubere Verhältnisse.

Tags darauf mußte ich zum üblichen Voraus-Test nach Monza, wo zwölf Tage später der Grand Prix von Italien stattfinden würde. Natürlich wäre es grundsätzlich diplomatischer gewesen, erst nach dem Rennen von Monza zu kündigen, aber auf Diplomatie hatte ich in dieser Situation keinen Wert gelegt, ich würde die Tage von Monza schon heil überstehen, davor hatte ich keine Angst. Und Ferrari so etwas wie einen Racheakt zuzutrauen – lächerlich!

Als ich zu diesem Routine-Test kam, war ich vollkommen gelöst, glücklich über die vollbrachte Kündigung, glücklich, daß ich eine neue Zukunft vor mir hatte. Es waren ungewöhnlich viel Leute in Monza,wenn man die Nebensächlichkeit dieses Auto-Abstimmens bedenkt. Auf dem Boxendach lagen ein paar Fans, einer schnappte plötzlich über und schimpfte auf Ferrari, *ohne Lauda wird's euch schlecht gehen,* und Forghieri schaute ganz verschreckt rauf, andere wieder schrien, daß es höchste Zeit sei, daß der Lauda wegginge, die Stimmung ließ also einiges für den Grand Prix erwarten.

Italienische Journalisten umkreisten mich, sie hatten offensichtlich meine Kündigung nicht bewältigt und suchten noch nach Erklärungen. Irgendwann wurden ihre Kreise immer enger und dann hatten sie mich regelrecht eingekreist, ich mußte Rede und Antwort stehen. Wahrscheinlich wegen meiner Freude über die klaren Verhältnisse war ich besonders aufgekratzt und richtig in Fahrt, mir war jedenfalls nicht nach trockenen Statements, sondern nach etwas zumute, was man „österreichisches Schmähführen" nennt. Als die wesentliche Frage fiel – *Warum?* – sprach ich einen alten Journalisten an, fragte ihn, wie lang er verheiratet sei, er sagte vierzig Jahre. Ich fragte ihn, ob seine Frau noch schön sei, ob sie noch eine gute Figur habe, er wurde verlegen und sagte nein. Dann fragte ich ihn, ob er sie trotzdem liebe, er sagte ja. Okay, sagte ich, *du liebst sie, das ist fein. Aber angenommen, du liebtest sie nicht, würde es dann was helfen, wenn sie ihren Busen straffen und ihre Falten liften ließe? Nein,* sagte er, *das würde nichts helfen. Siehst du,* sagte ich, *so ist es mit meiner Liebe zu Ferrari.*

Die Liebe gibt es nicht mehr, und das hängt nicht mit dem Äußeren zusammen. Daher würde es auch nichts nützen, wenn sich dort vieles ändern würde, es wäre nur ein „lifting", das mich nicht glücklich machen würde.

Ich weiß nicht, warum ich damals so blumenreiche Vergleiche verwendete, ich hätte sie klugerweise unterlassen sollen. Das Ganze wurde jedenfalls von den Zeitungen völlig verdreht gebracht und lief in dieser verdrehten Form offensichtlich über die internationalen Agenturen, jedenfalls bekam ich sogar in Deutschland die Rechnung dafür serviert: Ich sei vulgär und behandle die Frauen wie Fetzen. Mein ganzer Vergleich wurde in der Zeitungs-Fassung gekürzt auf die Aussage: „Wenn eine Frau älter wird und einen Hängebusen bekommt, verlasse ich sie." Ich weiß nicht, ob hier absichtlich manipuliert wurde oder ob vielleicht mein mangelhaftes Italienisch an der Fehlinterpretation schuld war. Als Beispiel gebe ich einen typischen Brief wieder, den ich danach aus Deutschland erhielt:

Herr Lauda,
ich bin Österreicherin und in Bayern verheiratet. Seit einigen Wochen verfolge ich nun Ihre diversen Interviews, die in deutschen Zeitungen erscheinen. Und ich muß sagen, ich muß mich als Österreicherin für meinen Landsmann schämen. „Denkt mal an das Verhältnis zwischen Mann und Frau, das schon viele Jahre dauert. Dann geht's mit der Frau physisch abwärts, ihr Busen wird schlaff — da hört doch die Liebe auf." TZ vom 1. 9. 77.

Wenn bei Ihnen eine Verbindung von Mann und Frau nur auf einem schönen Körper beruht, auf festem Busen und tadelloser Figur, dann weiß man, was man von Ihnen als Mensch halten darf. Wenn Ihre Frau, die ja noch hübsch und jung ist, mal Kinder haben sollte, dann hört ab dem Zeitpunkt wohl Ihre Liebe auf? Denn eine Schwan-

gerschaft verändert nun mal einen Frauenkörper nicht selten zum Nachteil. (Ich spreche nicht von Nachlässigkeit sich selbst gegenüber.) Bei Ihrer Denkungsart müßten Sie ja Tag und Nacht froh sein und dankbar, daß Ihre Frau bei Ihnen ist. Denn eine Schönheit waren Sie nie, und nach dem Unfall . . . na ja.

Wenn ich Sie mit einem schlaffen Busen vergleiche, muß ich sagen, bei Ihnen hörte sich die Liebe schon im Gesicht auf. Es ist ein trauriges Zeichen für einen Mann, sich so zu äußern. Sympathisch waren Sie mir eigentlich nie. Aber seit ich einige Aussprüche von Ihnen gehört habe, finde ich Sie sehr überheblich und eingebildet. Nur weiter so. 90% der Bevölkerung kann Sie sowieso nicht leiden. Es wäre ja gelacht, wenn Sie die restlichen 10% nicht auch noch vergraulen können. Mir tut es nur immer weh, wenn der Begriff „Österreicher" im Zusammenhang mit Ihnen abwertend gebraucht wird. Sie machen für unsere Heimat keine gute Reklame im Ausland. Ich habe noch nie einen Brief dieser Art geschrieben, weil ich einfach zu viel Arbeit für solche Späße habe. Aber dieser Ausspruch von Ihnen hat alle meine Bekannten und Freunde empört, und ich als Österreicherin konnte nichts dagegen sagen.

Birgit Reiter, 8233 Aufham

Dieser sicherlich ehrlich gemeinte Brief ist ein Beispiel, wie wehrlos ein öffentliches Tier gegen Manipulation ist. Irgendein Journalist reißt Sätze aus dem Zusammenhang, verdreht sie, erreicht eine entgegengesetzte Aussage – und ich bin völlig machtlos dagegen, wenn Hunderttausende Menschen zur Ansicht kommen: Der Lauda ist eine Sau. Da geht es gar nicht um die Hunderte, die empörte Briefe schreiben – denen könnte ich ja antworten, sofern sie einen Absender angegeben haben –, aber bei der anonymen Mehrheit kann ich mich gegen deren falsche Meinung nicht wehren. Daher muß es mir bis zu einem gewissen Punkt egal sein, was die Leute von mir denken, weil ich mich ja sonst in einen Winkel setzen und heulen müßte. Soll ich eine Pressekonferenz geben und sagen, *das mit dem Hängebusen habe ich ganz anders gemeint,* soll ich eine Aussendung machen: *Lauda ist gar kein Computer, er ist keine Maschine, er ist nicht so kalt, nicht so brutal?* Dieser Kampf wäre nie zu gewinnen, daher muß ich es akzeptieren, daß die Leute mich so sehen, wie es ihnen die Klischee-Fabrik vorzeichnet.

*

Der Gedanke an das Rennen in Monza bedrückte mich nicht im geringsten. Manche Leute würden mich halt ein bisserl feindselig anschauen, die Stimmung im Team würde vielleicht nicht großartig sein, aber nach all den Szenen, die ich schon erlebt hatte, würde es letztlich nur eine Lappalie sein. Bloß die Chance, daß sich irgendein Wahnsinniger damit Schlagzeilen verdienen will, indem er mir ein Messer reinsteckt, war durch die Aufheizung in der italienischen Presse ein bißchen größer als sonst. Daher meinte ich zu Ghedini, daß es nicht schlecht wäre, zwei oder drei Leibwächter zu organisieren, nur für jene Situationen, wo ich inmitten der Masse sein würde. *Ich möchte nicht einmal einen Tritt in den Hintern bekommen, geschweige denn was anders,* das sah Ghedini vollkommen ein. In Monza war schon immer das Chaos am gewaltigsten gewesen, nicht zu vergleichen mit irgendeinem anderem Rennen auf der Welt. Mein Konzept war daher: Sich-Raushalten aus dem Chaos, soweit nur möglich, sonst gehen die Nerven vor die Hunde.

*

Bei der Wahl des Quartiers ist es nicht wesentlich, nahe an der Rennstrecke zu wohnen. Nur Ruhe zählt, Ruhe und Abgeschirmtheit. Also wohne ich mit Marlene in der Villa d'Este am Comosee, der Hubschrauber von Walter Wolf bringt mich jeweils hin und zurück. Fünfter Trainingsplatz, okay. Zwischendurch fliege ich einmal in die Leitschienen, weil ich vergessen hatte, daß ich neue (= kalte) Reifen hatte. Unglaublich, daß ein alter Esel wie ich noch so einen Fehler macht.

Vor dem Rennen frage ich unseren grünen Teammanager, ob es irgendwelche Order gibt, ich möchte bloß wissen, ob ich nur gegen Jody Scheckter (meinen einzigen übrig gebliebenen Weltmeisterschafts-Gegner) fahren muß oder ob ich mich auch mit meinem Teamkollegen Reutemann herumschlagen muß. Nosetto sagt: *We want to win the championship as much as you do,* Ferrari ist die WM also genauso wichtig wie mir. Fein, und zur Sicherheit frage ich ihn noch: *Das heißt also, daß Reutemann im Rennen auf meiner Seite ist?* Ja, sagt Nosetto, grün wie immer.

Ich habe in der Früh Starts geübt und war ganz beeindruckt, wie großartig das geklappt hat. Einen Superstart erkennt man nämlich an gewissen Reifenvibrationen, da haben die Reifen soviel grip, daß es sie richtiggehend beutelt. Man darf nur zwei solcher Probestarts machen, sonst leidet das Auto darunter. Bei den Probestarts habe ich 9500 Touren verwendet, das gleiche mache ich im Rennen, aber ich Idiot habe dabei vergessen, daß der Wagen jetzt schwerer ist als im Training. In der Früh hatte ich nur 150 Liter Sprit, jetzt habe ich 180, und die ganze Rechnung mit den 9500 Umdrehungen stimmt nicht mehr, mit zuwenig Drehzahl würge ich am Motor herum und komme nicht optimal weg. Ich fädle mich hinter Reutemann als Fünfter oder Sechster ein. Die Partie wird schneller, und ich merke, wie mir Reutemann bei jedem Beschleunigen um drei, vier Wagenlängen wegfährt, er hat also eindeutig heute den stärkeren Motor. Solang er keinen Fehler macht, habe ich keine Chance zu überholen, aber er wird mir ja helfen, laut Stallregie — oder? Wir sind jetzt Zweiter und Dritter, vorn ist nur noch Andretti, jetzt wär's natürlich günstig, wenn er mich vorließe. Ich warte auf Signale von den Boxen, nichts. Ich ärgere mich grün und blau, weil ich nicht weiß, was er vorhat. Es wäre Wahnsinn, ihn mit vollem Risiko zu attackieren, wenn er eigentlich geplant hat, mich irgendwann ohnedies vorzulassen. Mehr und mehr bekomme ich das Gefühl, daß ich von ihm nichts zu erwarten habe — außer einem Kampf bis zum letzten. Ich sehe, wie bei Carlos ein Auspuffkrümmer davonfliegt, ich kann nicht mehr ausweichen und fahre drüber, es wird aber nichts beschädigt. Dafür verliert jetzt Reutemanns Motor an Leistung, das ist deutlich zu merken, und ich kann ohne Problem überholen.

Ich sehe ein Glitzern auf der Piste, Öl!, mache einen schnellen Schlängler nach links und kann die Schikane auf dem Trockenen anbremsen — kein Problem. Ich schaue in den Rückspiegel und sehe nichts — wo ist denn mein argentinischer Freund? Er hat halt entschieden, keinen Schlängler zu machen und lieber auf dem Öl zu bremsen.

Ich habe ein bißchen Untersteuern, nicht arg, aber immerhin so, daß keine Chance besteht, Andretti anzugreifen. Er ist nicht zu biegen an diesem Tag, ich bin Zweiter, sechs Punkte dazu — so gut wie Weltmeister. Die Abreise ist einstudiert: So schnell wie möglich aus dem Chaos raus, Leibwächter, Hubschrauber, Linate, die Citation, um halb sieben bin ich in Salzburg. Im Autoradio höre ich ein Interview mit unserem grünen Nosetto. Ob es irgendwelche Stallorders bei Ferrari gegeben habe, will der Reporter wissen. Nein, es hat keine Absprache gegeben, *sagt Nosetto,* because we have two intelligent drivers. *Na bitte, das ist die Kurzfassung aller Ferrari-Probleme: Die verschlungenen Wege im Untergrund. Ich habe keine Absprache verlangt, ich wollte nur wissen, ob es eine gibt. Der Team-*

chef sagte einem der Fahrer, es gibt Stallorder, dabei gibt es keine. Was hat er wohl zu Reutemann gesagt? Und was hat Reutemann gedacht? Hätte er mich in der letzten Runde vorgelassen — oder hätte er Ätsch gesagt? April, April? Ich werde es nie erfahren.

Italienische Zeitungen heizten die Gefühle der Ferrari-Leute mir gegenüber auf. Als Resultat dieses Aufschaukelns wurde der Alte in seinen Kommentaren immer wütender, so daß es mit dem erhofften glatten Abgang nichts wurde. Team-Koordinator Sante Ghedini, ein Lauda-„Sympathisant", wurde blitzartig gefeuert, sein einziges Vergehen hatte darin bestanden, immer zu mir gehalten zu haben.

Als ich zum üblichen Routine-Test vor Watkins Glen nach Maranello kam, lief ich dem Commendatore zufällig über den Weg. Er schrie mich an, ob ich noch die Courage habe, ihm die Hand zu geben, na klar, sagte ich, selbstverständlich, und reichte ihm die Hand. Er schrie mit mir herum, daß es eine Gemeinheit sei, wie ich versuche, ihm Angestellte abzuwerben. Was meinen Chefmechaniker Ermanno Cuoghi betrifft, gab ich zu, daß ich ihn zum Weggehen überreden wolle, aber Cuoghi war noch schwankend, er liebte Ferrari, außerdem brauchte er Sicherheit für seine Familie und hatte Angst vorm Übersiedeln nach England. Mit Ghedini allerdings hatte ich nichts zu tun: So sehr ich ihn menschlich schätzte, ich hatte ihm nie ein Angebot gemacht, ich hatte ja auch keinen Job für ihn. Das sagte ich auch Enzo Ferrari, und ich sagte dazu, daß er sicher sein könne, daß ich in der jetzigen Situation aber sehr wohl einen Job für Ghedini finden würde ... im Grund müsse ich ihm ja dankbar sein, Ghedini gefeuert zu haben, eine optimale Sache für mich. Der Alte war derart in Wut, daß er nur unsinniges

Zeug durch die Gegend schrie, worauf ich auch zu schreien anfing. Das endete mit Platzverweis: „Außer für Arbeit" dürfe ich nie wieder einen Fuß auf sein Gelände setzen, daraufhin habe ich während einer seiner Tiraden nach seiner Hand gegriffen, sie geschüttelt, Arrivederci gesagt, mich umgedreht und ihn als Schreienden stehengelassen. Er tat mir leid in diesem Moment, wie er inmitten seiner Leute als hilflos Geifernder stand: Er war nun einfach zu alt, durchblickte die Zusammenhänge nicht mehr, verstand die Situation nicht, fühlte sich unnötig getroffen. Warum mußten all diese Emotionen frei werden, warum mußte immer mehr Porzellan zerschlagen werden, anstatt das Ende meines Dienstverhältnisses als solches zu akzeptieren – nach den normalen Regeln europäischen Geschäftslebens? Man könnte ja heulen: Da lebt man vier Jahre miteinander, kommt trotz aller Differenzen immer wieder auf einen gemeinsamen Nenner, hat gemeinsame Erfolge, und dann wird in ein paar Tagen alles zertrampelt, als sei die ganze Partnerschaft ein einziger Fehler gewesen, vier ganze Jahre lang.

Ich wußte zu diesem Zeitpunkt schon, daß ich zu Brabham gehen würde. Das Aussortieren der Möglichkeiten während des ganzen Jahres hatte etwa so ausgesehen: Es gab vier Spitzenteams – Lotus, McLaren, Wolf und Brabham. Lotus kam psychologisch für mich nicht in Frage, ich bin einfach kein Typ für dieses Team und kann das gar nicht näher erklären. McLaren wäre eigentlich ein tadelloses Team, mit guten, cleveren Leuten, einer guten Organisation und guten Autos. Aber eine Gemeinschaft James Hunt/Niki Lauda würde auf die Dauer nicht gutgehen; Hunts Stellung innerhalb des Teams war bisher zu dominant. Blieben Wolf und Brabham. Mit Walter Wolf verstehe ich mich glänzend, und er wollte mich gern haben, aber letzten Endes hatte ich in das Wolf-Auto doch weniger Vertrauen als in den Brabham-Alfa, speziell jenes neue Modell, das im Herbst 1977 im Erprobungsstadium war. Mit Teamchef Bernie Ecclestone war ich soweit einig, mit der Unterschrift mußten wir solange warten, bis feststand, wer der Hauptsponsor des Teams sein würde – der italienische Molkereikonzern Parmalat. Dort ergab sich auch ein Public-Relations-Job für Ghedini, er würde mir also im bisherigen Naheverhältnis erhalten bleiben.

Mit Cuoghi war die Sache komplizierter. Zwar wollte ich ihn ausdrücklich haben, aber ihm fiel die Entscheidung schwer. Cuoghi war während all der vier Jahre mein persönlicher Chefmechaniker gewesen und damit der direkt Verantwortliche für mein Auto. Er hatte sechs Mechaniker unter sich, von denen jeweils abwechselnd drei Mann bei den Rennen waren. Unter seiner Leitung hat es von 1974 bis 1977 nur drei Mechaniker-Nachlässigkeiten an meinem Auto gegeben, niemals davon im Rennen. Bei Tests in Watkins Glen vor zwei Jahren war die Schraube der Stoßdämpferbefestigung nicht angezogen, der Stoßdämpfer sprang raus, der Wagen kippte fast weg, ich wäre um ein Haar rausgeflogen. Beim Training in Mosport hatte die Crew einmal vergessen, das rechte Hinterrad anzuziehen, das wurde lokker; und dann hatte man 1977 beim Training in Zeltweg auf den Wasserverschluß vergessen. Nur drei Fehler bei insgesamt sechzig Rennen und Hunderten Test- und Trainingstagen, das ist super.

Cuoghi wollte weitere Zeit zum Überlegen haben, er würde mir nach den Rennen in den USA und Kanada Bescheid geben. Okay.

Ich flog nach Los Angeles und versuchte, die nächste Stufe meiner Flugscheine zu erreichen, wobei aber nicht ganz klar war, wieweit die amerikanische Prüfung in Europa gelten würde. Abgesehen davon, wartete ich vorerst vergeblich auf das Prüfungsergebnis, das per Computerauswertung ausgespuckt wird.

Marlene und ich flogen zurück nach New York, wo die BUNTE Illustrierte ein Zusammentreffen mit mir und Muhammed Ali arrangiert hatte. Für die Zeitungsleute war es als Foto-Gag geplant, mir gefiel die Sache, weil mich Clay interessierte. Es war knapp zwei Tage vor seinem Titelkampf gegen Ernie Shavers, er würde mich in seiner Suite im New Yorker Statler Hilton erwarten.

Ein Manager, ein normaler Mensch. Ansonst nur seltsame Typen, die Leibwächter und rauskommenden Gestalten. Ich muß eine Viertelstunde vor der Tür warten. Dann komme ich einen Raum weiter, jetzt stehe ich schon vor dem Schlafzimmer, warte wieder. Ich darf rein: Das Zimmer ist fast verdunkelt, Clay liegt im Bett, die Decke bis zu den Schultern. Eine Frau sitzt bei ihm am Bett, er preßt in meine Richtung WAIT A SECOND heraus, ganz langsam. Nach ein paar Minuten bekommt die Frau einen Wink, sich zu entfernen, ich werde zum Bett gewunken, setz mich neben ihn. Kein Lächeln, er verzieht keine Miene, starrt nur stumpf und redet ganz langsam. Es werden Fotos gemacht, wir reden Phrasen, er spricht ganz langsam, mit Mühe und Fadesse. YOU ARE THE GREATEST OF RACING, quetscht er sich raus, I AM THE GREATEST OF THE BOXING, und dann leiert er lustlos runter BUT I AM GREATER, I AM THE GREATEST OF THE WHOLE WIDE WORLD. Es ist ärger als im Kino: Was ist gespielt, was ist echt? Ist er in Trance? Da liegt ein stumpf glotzender Mann im Bett und preßt die dümmsten Plattheiten heraus. Gehört's zur Show oder — ein elektrisierender Gedanke — ist alles echt?

Die Audienz dauerte rund eine Viertelstunde, ich blieb ratlos: Ich konnte mit soviel Dummheit, soviel Arroganz und einem solchen Maß an Ausgeflipptheit nichts anfangen. Wenn ich bisher berühmte Sportler kennengelernt hatte, hatte es immer eine selbstverständliche Regel gegeben: Man spielt einander keine Show vor. Show-Machen können wir alle, und manchmal müssen wir's in der Öffentlichkeit – aber um Himmels willen doch nicht untereinander. Einem anderen Sportler gegenüber Lieber-Gott-Spielen, das ist doch grotesk. Wir kennen alle die Regeln des Profi-Jobs, wir kennen auch die Schwierigkeiten, beispielsweise: Keine-Zeit-Haben oder JETZT-in-Ruhe-gelassen-werden-Wollen. Es hat ja jeder die gleichen Probleme. Wenn ich dem Franz Klammer sage, du, jetzt habe ich keine Zeit für dich, weiß der ganz exakt, was los ist, er hat auch seine Minuten, in denen ich störend für ihn wäre. Von allen Größen, die ich je kennengelernt habe, war Ali der einzige, der voll in seiner Scheinwelt blieb und mir was vorspielte, sozusagen *von drüben.* Das ist aber noch immer tröstlicher als die Vorstellung, daß alles echt sein könnte, daß Ali tatsächlich so dumm, so arrogant, so apathisch sein könnte.

Watkins Glen, Großer Preis der USA: Ein einziges Pünktchen wird mir genügen, schon hier als Weltmeister 1977 festzustehen. Daher werde ich „taktisch" fahren, natürlich, ich will diese Weltmeisterschaft erledigt wissen, sauber abgeschlossen.

Ich komme vom Glen Motor Inn mit dem Hubschrauber auf die Strecke. Ein Journalist sagt, hast du schon gehört, den Cuoghi haben's rausgeschmissen. Mir ist zum Schlechtwerden, ich muß erst zu mir kommen: Das darf doch nicht wahr sein! Wie weit geht eigentlich der Haß der Ferrari-Leute?

Die Rekonstruktion der Ereignisse sah so aus: Cuoghi wurde in der Nacht von Samstag auf Sonntag von Ferrari angerufen und gefragt, ob er nun bei Ferrari bleibe oder mit mir gehe. Cuoghi sagte, er sei gern bei Ferrari, aber er könne sich noch nicht entscheiden, er wolle noch einmal mit seiner Frau reden. Man gab ihm Zeit, seine Frau anzurufen, die konnte ihm aber auch nicht weiterhelfen. Also sagte er Ferrari, daß er noch um die Entscheidung kämpfe. *Die Entscheidung ist damit gefallen,* hieß die Antwort, *du bist gefeuert.* Es wurde ihm noch in der gleichen Nacht verboten, sich weiter um sein/mein Auto zu kümmern, er solle sich als Tourist betrachten, der nichts mehr mit Ferrari zu tun habe. Cuoghi kam natürlich gleich in der Früh auf die Rennstrecke und heulte sich bei mir aus, der Mann war fertig. Welch ein Wahnsinn, einen Mann, der viele Jahre ein *Ferrari-Mensch,* ein fanatischer Arbeiter für Ferrari gewesen war, so zu behandeln! Ihn so zu demütigen, ihn und mich so zu attakkieren!

Ich mußte mich mit aller Kraft zur Konzentration auf das Rennen zwingen. Es ist scheußlich, Rennen zu fahren, wenn man unter psychischem Druck steht. *Allein wenn ich Nosettos Gesicht sehe, schläft mir schon der Gasfuß ein. Ich muß noch einmal „politisch" fahren, will unbedingt ankommen, damit ich das Thema „Weltmeisterschaft" absetzen kann. Dann habe ich ja mehr Handlungsfreiheit, wenn das einmal erledigt ist.*

Es wurde ein Dutzendrennen, spannend höchstens dadurch, daß die nasse Piste gegen Ende immer mehr auftrocknete, und zwar geradeso, daß sich ein Reifenwechsel nicht auszahlte, die Regenreifen aber schon gefährlich belastet waren. Ich wußte, daß mein linker Vorderreifen am Eingehen war und drehte immer mehr ab. Trotzdem: Ein vergleichsweise problemloser vierter Platz. Ich war Weltmeister.

Der übliche Trubel. Die Mechaniker gratulieren mir, Cuoghi ist auch da, wir umarmen einander — er hat großen Anteil an diesem Titel, er war mein *Mann, nicht nur in diesem Jahr. Rennleiter Nosetto gratuliert nicht einmal, ist auch nicht nötig. Ich werde zur*

Plattform geschleppt, soll neben Hunt, dem Sieger des Rennens, posieren. Man schafft eine Schneise durch die Menge zum Goodyear-Zelt für das offizielle Weltmeisterfoto. Dann zum Wohnwagen, Journalisten, Gratulanten. Ich fühle mich leer, weil das Ferrari-Problem über mir hängt, der Fall Cuoghi, diese immer feindseligere Haltung von drüben. Mir ist völlig unklar, was in den nächsten Wochen passieren soll. Cuoghi sagt, er will sofort heimfliegen, den Commendatore um eine Unterredung bitten und dabei erreichen, daß er in Kanada und Japan mein Auto noch betreuen darf. Er redet sich ein, daß ihm der Alte das erlauben würde. Ich widerspreche ihm nicht, aber im Grunde wissen wir eigentlich alle, daß da nichts mehr zu machen ist, Cuoghi ist erledigt für Ferrari. Nach dem ersten Trubel renne ich zum Hubschrauber, der bringt uns rüber ins Glen Motor Inn. Die Feier des Weltmeistertitels erfolgt, wie man so schön sagt, im kleinsten Kreis. Der besteht aus Marlene und mir.

*

Das Aufwachen am nächsten Tag: Good Morning, World Champion! Ich kann im Moment nichts damit anfangen, der zweite Titel ist keine runde Sache, solange der „Fall Ferrari" noch nicht erledigt ist. Normalerweise wäre jetzt eine Zäsur, man könnte sagen: Fein, das ist erledigt, das Punktesammeln ist vorbei — vom Österreich-Ring an habe ich ja wirklich nur „politisch" in Richtung WM gedacht —, und jetzt, Herrschaften, kommt wieder die Zeit des Gasgebens. Aber wie soll ich mich in Kanada und Japan mit einem Andretti herumbalgen, wenn im eigenen Team Chaos herrscht, wenn ich keinen Chefmechaniker habe, wenn alles unklar ist: Wer testet mit welchen Autos? Welche Rolle spielt Villeneuve, Ferraris neuer Mann für 1978? Welch ein Unfug, ihn jetzt schon einzusetzen, mit drei Wagen ist doch dieses Team hoffnungslos überfordert. Er soll sich für 1978 eingewöhnen, sagen die Ferrari-Leute. Na, dann wär's ja eigentlich gescheiter, ich würde mich bei Brabham für 1978 eingewöhnen, oder? Ich sehe im Moment keine Lösung, ich weiß nur, daß der Ferrari-Vertrag bis 31. Oktober läuft. Ich kann vorerst nur abwarten, nachdenken, aber nicht hier im verregneten Watkins Glen, sondern gleich drüben in Kanada, wo am nächsten Sonntag auf der vergammelten Strecke von Mosport gefahren wird. Marlene und ich hauen gleich in der Früh ab, fahren mit unserem Fiat über die Grenze. Vor der Ortschaft Niagara Falls bekommt Marlene Hunger, wir müssen unbedingt von der Highway runter, in die Stadt reinfahren und was essen. Wir schaffen den Weg unter knappster Umgehung der Niagara-Fälle. Ich bin unheimlich schwach in Sightseeing. Am Nachmittag sind wir an Ort und Stelle, im Holiday Inn von Oshawa.

Abwarten, Herumkugeln, ich habe im Grunde nichts zu tun als mir einzureden, der richtige Mann am falschen Platz zu sein. Ich kann mir einfach nicht vorstellen, wie diese beiden ausstehenden Rennen noch was Vernünftiges bringen sollen, auf der anderen Seite habe ich natürlich Verpflichtungen: Ferrari gegenüber, den Veranstaltern, dem Publikum in Kanada und Japan gegenüber. Der designierte Weltmeister, denke ich, sollte nicht einfach abhauen, weil's ihn nicht mehr freut. Auf der anderen Seite: Der designierte Weltmeister sollte auch kräftig Gas geben können und nicht irgendwo herumgurken, sich just über die Distanz hanteln. Aber wie soll ich kämpfen inmitten dieses Chaos-Teams?

Dienstag: Ich habe mich schon in Europa verpflichtet, dem Sponsor des kanadischen Grand Prix, der Brauerei Labatt, einen Tag lang zu „gehören", sozusagen zur freien Verfügung der Company. Das ist die typische Art von Promotions in Amerika, ich hab das auch in New York gemacht. Die Kanadier wollten zuerst nur 3000 Dollar zahlen, da habe ich abgelehnt. 5000 Dollar sind unbedingt notwendig, um mich für einen solchen Tag zu motivieren, das glaubten die mir nicht, sie wollten handeln. Ich ließ nichts mehr hören, bis ein Telex kam: Ja. Okay also: Ein Mädchen holt mich in der Früh ab, führt mich nach

Toronto und setzt mich in eine Suite des Sheraton-Hotels. Es gibt einen genauen Zeitplan, jede Viertelstunde kommt ein anderer Journalist oder auch eine Gruppe von Journalisten, das geht durch ohne Pause, zwischendurch wird ein Buffet Lunch reingeschoben. Während der Buffet-Zeit sind hauptsächlich TV-Leute eingeteilt, fällt mir auf. Die meisten Fragen gehen mir schwer auf die Nerven, und die Bezahlung für einen solchen Tag sehe ich als Schmerzensgeld für die Überwindung an. Zwischendurch tu ich mir so hart, daß ich das PR-Mädchen bitte, mir von der Ferne mit dem Scheck zu wacheln, das gibt mir Kraft. Irgendwann kommen allerdings französische Journalisten, die ich schon gut kenne. Es tut gut, wieder vernünftige Fragen zu hören, dadurch wird man nach dem Routine-Bla-Bla wieder zum Denken gezwungen — wir haben ein hervorragendes Gespräch, ich glaube, sie sind zufrieden. Am Ende ist auch die PR-Managerin zufrieden und karrt mich wieder heim — fein, es ist ja schön, zufriedene Kunden zu haben.

Mittwoch: Ferrari, Renault und noch ein, zwei Rennställe testen in Mosport. Inzwischen kam die Nachricht, daß Ferrari noch einen Motor und zwei Mechaniker einfliegen lasse, man wolle mir full service bieten, ich würde allen Vorrang beim Material haben, und Villeneuve würde nur dann an den Start geschickt werden, wenn ein Wagen für ihn übrigbliebe. Meine Stimmung bessert sich dadurch nicht wesentlich, die Situation ist einfach zu verfahren. Ich komme zwar zu diesem halbherzigen Testtag, an dem zuerst nur der einsame Renault über den Kurs heult, aber dann zieht Schlechtwetter auf, ich fahre zurück. Villeneuve, Ferraris neuen Mann, habe ich nicht einmal kennengelernt.

Donnerstag: Ich hänge im Holiday Inn herum, kann nichts mit mir anfangen, denke nach, überlege hin und her. Journalisten, die mich an diesem Tag erwischen, haben alle Möglichkeiten — soviel Zeit habe ich an keinem anderen Tag des Jahres. Eine Journalistin vom französischen „auto hébdo" redet mit mir über sogenannte Randgebiete, sie spricht nur Französisch, wir brauchen daher einen Englisch-Übersetzer, der sich bald dreht und windet, so peinlich sind die Fragen. Sie fragt mich über mein Sexleben, ob ich's mit den Groupies treibe, wie oft und ob's mir Spaß macht. Da frage ich mich, was ist wohl der Unterschied zwischen dem Lauda und irgendeinem anderen Menschen, und ob sie wohl die Frechheit haben würde, irgendeinen anderen verheirateten Menschen solche Dinge zu fragen. Ich gebe ihr meine Antworten und sage dann, ich habe, bitte, eine Gegenfrage, und zwar vögeln Sie gern und wieviel Nummern haben Sie letzte Woche gemacht? Der Übersetzer redet an der Sache vorbei, ich sag, er soll nicht feig sein, dann übersetzt er, sie wird rot und windet sich verlegen und lacht nur dumm, sie gibt keine Antwort. Und ich frage sie: Warum stellen Sie dem Lauda Fragen, deren Beantwortung Sie selbst verweigern, weil Ihnen die Fragen peinlich und indiskret sind? Warum verwenden Sie zweierlei Maßstäbe? Sie gibt keine Antwort und zieht mit verlegenem Lachen ab.

Freitag: Um sieben Uhr ist alles klar. Ich spüre eine Darmgrippe. Mit Darmgrippe kann man nicht Rennen fahren. Ich rufe Nosetto an und sage ihm: Ich fahre nicht. Er sagt okay und ruft ein paar Minuten später zurück: Er habe mit Italien gesprochen, man bestehe auf einer Presseaussendung, in der erklärt werde, daß man mir bestes Material zur Verfügung gestellt hätte und daß man Villeneuve nur dann hätte fahren lassen, wenn dies keinerlei Beeinträchtigung meines Einsatzes ergeben hätte. Fein, sage ich, so kann man das schon sagen, ich habe nichts dagegen.

Marlene hört die Entscheidung, wird auf Touren gebracht, um zehn sitzen wir schon im Wagen, zwanzig Minuten später im Lear-Jet. Trotz der Darmgrippe überwinde ich mich zu einem Besuch beim Lear-Werk in Wichita, dann New York, dann die Swissair nach Zürich, dort steht der kleine Jet, wir fliegen nach Salzburg. Ich schlafe am Nachmittag.

Alles ist vorbei, vorbei, vorbei. Wir gehen am Abend aus –

life is easy, zumindest ein paar Stunden lang. Wir kommen um sechs Uhr früh nach Haus, ich schiebe die KTM raus und fahre über die Wiesen. Dann schicke ich ein Telegramm an Ferrari: Aus medizinischen Gründen konnte ich in Kanada nicht starten. Ich danke Ihnen für alle Leistungen, die mir ermöglicht haben, zweimal die Weltmeisterschaft zu gewinnen. Niki Lauda.

II. TEIL

Von HERBERT VÖLKER

Für den ersten Teil des Buches hat Niki Lauda eine Menge Tonbänder besprochen, wir haben dann die fasonierten Abschriften diskutiert und korrigiert. Wir vermißten aber eine zusätzliche Ebene, einen zweiten Blickwinkel. Erstens ließen sich viele Lauda-Kommentare und -Bemerkungen nicht einordnen in den Hauptfluß seiner Wiedergabe der Geschehnisse. Zweitens verlangten manche Selbstverständlichkeiten — aus der Ich-Perspektive — die Ergänzung eines Beobachters, der sich wundert, laut denkt und eine Diskussion vom Zaun bricht.

Wir machten auch diesen zweiten Teil gemeinsam, wir tauschten nur das ICH aus.

Lauda braucht keinen Termindruck, um seinen Abreisen den Rahmen hastiger Aufbrüche zu geben: Er komprimiert unnötige Minuten auf Plansoll, programmiert Hektik und scheucht seine Satelliten in schnellere Rotation. Zufällig war eine Fotografin dabei, als Niki vor dem Holiday Inn in Oshawa den Fiat belud; ein pauschales Ciao für die wenigen Umstehenden, eine freundliche Grimasse zum Abschied. Lauda & Ferrari: Die Vierjahres-Show ist im Finale nicht sehr stark.

Nur drei, vier Journalisten vom engsten Lauda-Umfeld hatten Wind bekommen, einer mault: *Dich kann man nicht einmal ein paar Stunden allein lassen, schon geht alles drunter und drüber.* Richtig: Rhythmusänderungen sind immer drin. Da ist Lauda nun viereinhalb Tage in einem kanadischen Dutzendhotel herumgekugelt, stand sich selbst im Weg, war nicht Fisch und nicht Fleisch, und als der Umwelt endlich klar ist, daß mit einer Entscheidung erst am Samstag zu rechnen ist, greift er am Freitag um sieben Uhr früh zum Telefon und sagt *Ich fahre nicht.*

Die nächsten drei Stunden werden auf full action verdichtet. Viereinhalb Tage Nachdenken billigt er sich zu, aber nach einer gefallenen Entscheidung wird wieder *zeitraffergelebt.* Er gibt sich 180 Minuten für: Erklärungen gegenüber Ferrari, Abfütterung der wichtigsten Journalisten, Organisation eines Lear-Jets für einen New-York-Flug, Planung eines Besuchs in der Lear-Fabrik, Motivation Marlenes zu beschleunigter Husch-Husch-*action* als Kontrapunkt zur Trägheit der letzten Tage, Reservierung der Buchungen von New York nach Europa, Bestellung des kleinen Jets nach Zürich, Kofferpacken, Frühstück, Zahlen, Abfahrt zum Flughafen Peterborough, dort steht der erste Lear.

Lauda geht in die Luft, zurück bleibt ein Grand Prix mit unbesetzter Hauptrolle, zurück bleiben ein Dutzend Ferrari-Menschen, die mit maskenhaften Gesichtern die automatischen Bewegungsabläufe des ersten Trainings vollziehen und dabei weder stören noch beleben, Lauda oder Nicht-Lauda, alles geht ja weiter, nur gedämpfter, farbloser, und die Neugierigen stehen jetzt eben bei den Boxen von Hunt und Andretti.

Zufällig – natürlich zufällig – hat Lauda den *richtigen* Tag erwischt: Einen Tag, der zum Abreisen geschaffen war, zum *Weit-weg-Fahren.* Die Rennstrecke ist vergammelt, die Organisation am Hund, Verzögerungen über Verzögerungen, einer nach dem anderen knallt sich raus, dann satzt der Hesketh von Ian Ashley in die Luft, fliegt über die Leitschienen, mäht eine TV-Plattform nieder, und Ashley liegt zwanzig Minuten im Wrack, bis sie mit Blechscheren jeden einzelnen Körperteil ausgelöst haben. Die Ferraris von Reutemann und Villeneuve, dem Neuen, kommen auf die zwölfte bzw. siebzehnte Trainingszeit, zwischendurch fliegt Villeneuve mal raus.

Die Zurückgebliebenen haben das Gefühl, Lauda wieder einmal nicht einordnen zu können: Ein Rösselsprung im Links-Rechts des Schemas, eine durchaus vorstellbare Aktion, aber zu überraschendem Termin und mit überraschender Aussage, sozusagen die *geplante Affekthandlung.*

Sämtliche Kerben in Laudas Leben passen nicht in den Raster, es sei denn, man erhebt Unberechenbarkeit zum System.

Wie er als erster Rennfahrer mit Kreditgeldern die Verankerung in der Formel 1 schaffte, wie er siegte und wie er aufgab, wie er vom Traktor begraben wurde, wie er halb verbrannte und wie und wann er wiederkam, wie er heiratete, wie er kündigte und wie er abging, das hat alles mit den Gesetzmäßigkeiten Ihres und meines Lebens nichts zu tun.

Rennfahrer nehmen ja ganz gern für sich in Anspruch, „anders" sein zu *müssen,* wie Künstler, die darauf Wert legen, schon *zwangsläufig* in die Verhaltensschemata des „Normalen" nicht hineinpassen zu können. Reibungen mit dem Durchschnittlichen werden somit zur logischen Konsequenz. Stirling-Moss-Biograph Ken Purdy bietet ein großzügiges Pauschal-Motto an: *Greatness doesn't come cheap.* In der Sprache der Dichter und Denker heißt das: *Wo gehobelt wird, fliegen Späne.*

ZIPPVERSCHLUSS ZUR SEELE

Hinweise zum Ausdeuten von Rennfahrer-Motivationen

Ich warf Niki ein Zitat hin. Es stammt von Denis Jenkinson, einem der all-time-berühmten Motorsport-Journalisten, und wurde 1958 formuliert:

„... und ich bin immer wieder zu dem Schluß gekommen, daß durch die Wirkungen der Geschwindigkeit, des Lärms und des Wissens, daß man sich der Gefahr aussetzt, irgendein seltsames geistiges Bedürfnis befriedigt wird."

Lauda dachte nicht lange nach.

Irgendein seltsames geistiges Bedürfnis zu befriedigen — das ist halt sehr hochtrabend ausgedrückt. Mir taugt das Rennfahren, und ich kann das nicht trennen in geistige oder sonstige Bedürfnisse, ich kann nicht sagen, im Hirn habe ich soundsoein Gefühl, im Penis ein anderes und im Hintern wieder ein anderes.

Nun zu den „Wirkungen der Geschwindigkeit, des Lärms und ... der Gefahr", wie es Jenkinson sieht. Den Lärm können wir gleich streichen, der befriedigt sicherlich nichts in mir. Das mit der Geschwindigkeit ist komplizierter. Jenkinsons Ausspruch ist fast 20 Jahre alt, damals sahen die Rennautos noch ganz anders aus und vermittelten sicherlich ein anderes Fahrgefühl als heute. Die damalige „Wirkung" der Geschwindigkeit auf den Fahrer kenne ich nicht, ich kann nur sagen, daß sie — die Wirkung — heute gleich null ist. Die Formel-1-Autos sind dafür gebaut, schnell zu sein. Fahre abwechselnd mit einem Mercedes und einem VW-Käfer, fahre mit beiden Tempo 130. Im Mercedes spürst du viel weniger von der Geschwindigkeit als im Käfer. Dieses Verschwinden des Geschwindigkeits-„Spürens" ist im Grand-Prix-Auto noch zehnmal deutlicher ausgeprägt als im

Mercedes, denn der Formel-1-Wagen wurde ja dafür konstruiert, Tempo 300 zu fahren. Eine Geschwindigkeit, die in einem normalen Auto auf sensationelle Art spürbar würde, kommt im Grand-Prix-Wagen gar nicht zum Tragen, sie erzeugt nichts Aufregendes (noch dazu mit Vollvisierhelm!). Da ich die Geschwindigkeit nicht „fühle", kann ich auch vom Gefühl her nicht unterscheiden, ob ich Tempo 150 oder 250 fahre. Wenn mich jemand fragt, welche Geschwindigkeit ich an dieser oder jener Stelle erreiche, muß ich mich an den verwendeten Gang und die jeweilige Drehzahl erinnern, dann schaue ich auf dem Übersetzungsblatt nach: Fünfter Gang, 12.000 Touren, das ergibt 280 Stundenkilometer. Auf der Geraden — und nur hier erreicht man ja Spitzengeschwindigkeiten — liegen die modernen Grand-Prix-Autos so satt, daß das Auto nichts „tut", es wird nicht „leichter", es „wandert" nicht.

Auch die Kurven erzeugen kein geiles Gefühl. Es gibt natürlich die Fliehkraft, die den Kopf rausdrückt, aber da ist es egal, ob ich eine enge Kurve mit 150 oder eine weite Kurve mit 250 fahre.

Beschleunigen? Ja, das war geil, als ich die ersten drei Minuten im March saß und zum ersten Mal die annähernd 500 PS spürte. Aber mit der Zeit hört man auf, die Beschleunigung als etwas Besonderes zu empfinden.

Stell dir vor, man würde das Rennfahren wirklich als geil empfinden: Da bekommst du beim Wegfahren einen Beschleunigungs-Orgasmus, in der Kurve den Fliehkraft-Orgasmus, auf der Geraden den Geschwindigkeits-Orgasmus, da rennst du emotionell von einem Orgasmus zum anderen und kommst vor lauter Geilheit nicht zum Autofahren. Leute, denen dabei „Bedürfnisse befriedigt" werden, sind Wixer, aber nicht Rennfahrer.

Und wenn man meint, daß „durch das Wissen, daß man sich der Gefahr aussetzt", irgendeine „Befriedigung" erreicht wird, kann ich garantieren, daß das bei mir nicht der Fall ist. Das Wissen um die Gefahr ist natürlich da, aber das ist nichts Positives. Die Entschei-

dung, ob man trotz der Gefahr rennfahren will, trifft man einmal und basta, man kann die Frage nicht immer wieder hervorholen, vielleicht vor jeder Kurve. Obwohl das Thema damit sozusagen weggestellt ist, bleibt natürlich eine gewisse Belastung — die können höchstens Masochisten als schön empfinden.

*

Okay, woraus ziehst du aber dein positives Erleben aus dem Rennsport? Doch nicht nur aus den Schecks?

Die Freude gewinne ich aus der Faszination der Perfektion, nicht aus der Geilheit des Autofahrens. Zum Beispiel eine Runde, die in jeder Hinsicht „paßt", in der alles stimmt, jedes einzelne Manöver — so eine Runde macht Spaß, gibt Befriedigung. Wenn dann der Zeitvergleich ergibt, daß du wirklich gut warst, bist du happy.

Das klingt jetzt schon wieder ein bisserl nach dem Computer-Klischee, aber sicherlich spielt sich dieses Gefühl differenzierter ab. Beschreibe ein Erfolgserlebnis.

Stell dir vor, daß sich pressure aufgebaut hat, der Druck ist immer stärker geworden — weil schon einige Zeit vergangen ist, das Training schon fortgeschritten ist, die anderen schon sehr gute Zeiten gefahren sind, während ich hauptsächlich an der Einstellung des Autos gearbeitet habe. Und ich weiß, ich muß jetzt bald was tun, ES MUSS BALD WAS GESCHEHEN, die pressure wird stärker und stärker. Ich steige ins Auto und fahre drei Runden, damit die Reifen warm werden. Dabei konzentriere ich mich immer stärker auf das JETZT ODER NIE, UND DANN GEHT ES LOS — MIT ALLEM, DESSEN ICH FÄHIG BIN. Trotzdem ist diese Runde nicht optimal, ich registriere kleine Fehler, spüre, daß ich dort noch einen Hauch später bremsen kann, also noch eine Runde, aber da bin ich an einer Stelle zu schnell, komme mit querstehendem Auto aus der Kurve und weiß, das war ein Schmarrn, also noch eine Runde, die letzte, weil länger kann man auf diese Art nicht fahren, also: Reiß dich zusammen, steh nicht quer, mach keinen Blödsinn, brems später, mach das Maximum. Und nach jeder Ecke spürst du irgendwas Angenehmes, weil das so gut geklappt hat, ah, das war die Kurve, die du vorhin verhaut hast, aber jetzt pack ich's richtig, komm schön rein, drifte bis zum Randstein, dort beutelt's mich hin und her, daß das Auto kaum noch zu halten ist, aber ich bleib voll am Gas, besser geht's nicht, da hab ich jetzt eine Zehntelsekunde geholt. Und wenn alle Kurven auf diese Art stimmen, kannst du gleich an die Box fahren: AUS, danke, meine Herren, es hat mich sehr gefreut, schneller geht's nicht mehr, sowas bringe ich nur einmal in diesem Training zusammen, ich kann nicht noch einmal von vorn anfangen. Die Befriedigung ist in diesem Moment sehr groß, und als Bestätigung sagen sie mir in der Box: Neununddreißig-zweiunddreißig, ich bin 1:39:32 gefahren, da setz ich mich hin und bin glücklich und tu überhaupt nichts mehr, obwohl noch eine halbe Stunde lang Training ist, was ist los, fragt Forghieri, was ist denn los? Nix, sage ich, ich kann nicht schneller, und wenn die anderen heute schneller fahren, dann tut's mir leid, dann sind die anderen eben schneller. Aber es kommt ohnedies keiner an die Zeit ran, und ich sitze ruhig da, schaue zu und bin ein glücklicher Mensch.

*

Toreros und Rennfahrer sind immer hochgeschätzte Objekte, wenn es um Gemüt, Seelenleben und Motivation geht. Lauda hat sich dran gewöhnt, daß gescheite Leute gern in seinem Über-Ich, Unter-Ich und auch im Verdrängten-Ich stochern. Obwohl er einen Schmarrn davon hält, macht er alles geduldig mit und zieht – mittlerweile routiniert – den Zippverschluß zur Seele.

Hildegard Knef umreißt in der „Bunten Illustrierten" die generelle Fragestellung in schonungslosem Über-Kitsch:

Sein Lächeln ist offen, obwohl sein Mund klein ist. Seine Augen sind gütig und scheinbar arglos. Seine Ausstrahlung ist attraktiv, männlich, zuweilen rührend.

Irgendwo schimmert in seinen Augen sehr viel Humor. Sie sind groß, weit und hell.

Wo verbirgt sich die Triebfeder, die ihn in den kindergroßen Wagen scheucht — in das tödliche Spiel treibt? Ich ahne es nicht. Kindheitsschocks? Beweisnotwendigkeit? Nicht zu erfassen. Nicht zu begreifen.

Himmel, was scheucht ihn wirklich in den kindergroßen Wagen?

*

Im Schlüsseziehen von Laudas Verhaltensweise auf sein Innenleben kam Peter Handke zum bisher düstersten Resümee. Die Darstellung stammt aus dem Jahr 1975, als Handke für den „Spiegel" mit Lauda sprach. Lauda war recht gern bereit gewesen, sich Handke, dessen Bücher seine damalige Verlobte Mariella sehr schätzte, zu einem Seeleneingriff zur Verfügung zu stellen, selbst innerhalb des Nürburgring-Trubels, denn der Dichter wollte zur Objektstudie auch gleich die Umwelt kennenlernen. Niki war neugierig auf das Ergebnis, wie wenn einer sich bei Freud himself auf die Couch legt. Allerdings, so Lauda, hätte er noch an Ort und Stelle Verdacht schöpfen müssen, denn auf die Frage nach seinen Eindrücken vom ersten Rennen seines Lebens hatte Handke geantwortet, er fühle sich wie in einem Hotelzimmer, in dem er akustischer Zeuge eines Geschlechtsakts im Nebenzimmer werde. Da sei Lauda klargeworden, daß er, Niki, seinem Sport vielleicht in zu schlichter Art gegenüberstünde, wenn er all die Jahre beim Rennfahren nie an

Geschlechtsakte und schon gar nicht an so komplizierte Überlagerungen wie akustisches Mitnaschen gedacht habe. Die Minuten der wahren Empfindung schlugen sich allerdings in Gedrucktem nicht wieder; Handke verschwieg den „Spiegel"-Lesern den geistigen Rittberger zu verkorkstem Sex. Statt dessen ebnete er Lauda zu einem Menschen ein, der nur mit einer „Abfolge von Techniken" lebe, und mit freudlos-dummer Berufsvertrottelung. Was die „Techniken" betrifft, hatte Handke hervorragend beobachtet, ansonst aber zu oberflächlich von Details aufs Ganze geschlossen. Allzu weltfremd klang seine Verwunderung über die Existenz von *technischen Sprachen* (konkret: Slang des Rennsports), als sei er 1900 eingeschlafen und erst jetzt vor dem Tribünenaufgang aufgewacht. Handke vernichtete die Zuschauer: *„. . . am Nürburgring, den zweihunderttausend tragisch wesenlose, nicht einmal gerichtsbekannte Bierbäuche ohne Lebensgeschichte und Frauen mit über der Leere ihres Lebens verschlossenen Gesichtern säumten — als seien sie alle gerade von einer Strafexpedition zurückgekehrt . . .*"und hielt Mariella bösartig den Spiegel vor — immerhin brillant beobachtet und formuliert: *Laudas Freundin Mariella lebt, jedenfalls öffentlich, mit Hilfe einer ebensolchen Ineinanderfolge von Techniken. Da sie aber, anders als er, nicht sachlich in einer Maschine aufgehen kann, sondern nur auf sich selber angewiesen ist, wirkt jede einzelne ihrer Verhaltenstechniken gleichzeitig als eine VORFÜHRUNG dieser Techniken durch ein Modell. Beim Vorbeigehen an den Boxen erscheinen die dort bewegungslos sitzenden, gerade nur die Stoppuhren drückenden und die Rundenzeiten eintragenden Frauen oder Freundinnen der Fahrer als lächerliche und traurige lebende Bilder: lächerlich, wie sie sich, im Bewußtsein ihrer grotesken Überflüssigkeit, an das kleine technische Werk, die Uhr, klammern — traurig, wie sie so in sich verschlossen sich aushalten müssen.*

Kunststudentin Mariella war nicht gekränkt, sie sagte

damals: *Für viele Leute ist es gut, daß einer das kitschige Vorstellungsbild des Rennsports brutal zerreißt. Man kann uns sicher so sehen, wie es Handke getan hat — mit einem Auge, und das sieht nur das Schwarze.* Die Auslotung ihres Niki und ihrer selbst hätte sie sich von Handke *ein bisserl subtiler* erhofft, in dieser Hinsicht habe ihr nur der letzte Satz so richtig was gegeben. *(Manche freilich finden es lebensechter, aus dem Fenster zu schauen — auf die Dauer auch gefährlicher.)*

Lauda selbst trauerte nur verlorener Zeit nach *(warum hab ich ihm drei Stunden lang alles erklärt, wenn er eh nur an einen Geschlechtsakt im Nebenzimmer denkt?)* — und gab auf Nebenfronten Gleiches mit Gleichem zurück (Handke über Lauda: *... mit ziemlich lauter und, wie ein Schwerhöriger, ein wenig quäkender Stimme ...;* Lauda über Handke: *Er redet nicht normal, er wispert einem nur ins Ohr*). Und überdies zog er Konsequenzen aus der Kurzbekanntschaft mit Peter Handke: *Wenn das nächste Mal einer kommt und sagt „Ich weiß überhaupt nichts über Autorennen und kann selbst gar nicht Auto fahren und will über Sie was schreiben", dann sag ich ihm „Fein, schreiben S', wie Sie glauben, aber fragen S' mi nix".*

Diese Absicht vergaß er bald, wie auch das (gewiß nicht vergleichbare) Beispiel Knef — zwei Jahre später — bewies.

*

Im Ausdeuten der Rennfahrer-Motivationen bauen sich aus der Freudschen Ecke die kühnsten Konstruktionen auf.

Der englische Wissenschafter Peter Fuller hat unlängst ein Werk[1] vorgelegt, in dem die Psychoanalyse von Rennfahrern

[1] Fuller, Peter: The Champions; A Psychonalytic Study of the Heroes of Sport, London, Sidgwick & Jackson, 1976 (Deutsch im S. Fischer Verlag, Frankfurt).

ein breites Kapitel einnimmt. Ein Teil davon geht von Voraussetzungen der „heldischen“ Zeit im Rennsport aus, etwa was den Tod Alberto Ascaris im Jahr 1955 betrifft. Auf Grund einer Fülle von Hinweisen, die in Ascaris ausgeprägtem Aberglauben bestimmte Bedeutung erlangten, habe Ascari seinen Tod an jenem Tag vorausgeahnt, habe sich auf der einen Seite dagegen gewehrt, den Tod letztlich aber doch gesucht und gefunden. Der Todeswunsch ergab sich für Fuller daraus, daß Ascari an jenem Tag auf seinen Sturzhelm verzichtete; in der Sprache des Wissenschafters: *... weil seine zwanghafte Ich-Abwehr zusammenbrach und er seinen verdrängten Impulsen einschließlich des libidinösen Kastrationswunsches ausgesetzt war.* Die ganzen Umstände seines Todes sind von Mystik und Aberglauben derart überlagert, daß sie in die heutige Zeit überhaupt nicht übertragbar sind. Nur die Wendung, Ascari sei an jenem Tag für einen Unfall *„psychisch determiniert“* gewesen, läßt einen stolpern. Unwillkürlich, ob man will oder nicht, denkt man bei dieser Formulierung an die Situation vor Laudas Nürburgring-Unfall. Wenngleich die Vernunft sagt, daß mit hoher Wahrscheinlichkeit ein Materialfehler daran schuld war, bleibt bestehen, daß Lauda in den Tagen vor jenem Rennen auf die Möglichkeit eines Unfalls fixiert war. Es gibt dazu viele Zeugenaussagen, hauptsächlich von Journalisten, etliche dieser Aussagen sind belegt. In einem Fall läßt sich ein Lauda-Gespräch noch Wort für Wort wiedergeben, und zwar aus der Abschrift einer Telefon-Bandaufnahme des österreichischen Journalisten Dieter Stappert. Sie stammt vom Abend des 25. Juli 1976, also eine Woche vor dem Unfall.

Lauda: *... und jetzt Nürburgring: Zwei Tag' testen, morgen und übermorgen, Neues gibts nix, eine Buchs'n ist festgegangen im Gestänge, das war zu fest angepaßt. Das Wochenende ist mir echt unan-*

genehm und fad, das wichtigste ist, zu überleben, meiner Meinung nach, ich weiß nicht, was die anderen denken, aber so denk' ich.

Zwischenfrage Stappert: *Gibt es Reserven für den Ring — nicht ganz voll — oder ist es doch so, daß, wenn man dort ist, man doch volles Rohr fahren muß?*

Lauda: *Das ist es ja, man muß, denn sonst kommst dort nicht weiter, und das weiß ich heute, daß ich das muß, aber nicht will ... Wenn mich die Leut' mit einem Pfeifkonzert empfangen, das ist mir wurscht, die soll'n pfeifen, das macht mir nichts, ganz im Gegenteil, laß die Trotteln pfeifen, und wenn an dem Wochenende nichts passiert, das ist ein Wunder, das sag ich dir, dann können wir am Montag alle sagen Vergeltsgott, alle, aber das kapiert keiner außer dem, der sich damit beschäftigt und dann fahrt. Alles was die Leut' reden, ist uninteressant. — Allein was da passiert ist, der letzte Unfall, das ist eine Sauerei, nur ist halt der Herr Rätz oder wie der heißt zuwenig wichtig, jetzt stell dir vor, es verbrennt der Fittipaldi, weißt, was ich mein' —, und das ist ein Wahnsinn, von dem armen Teufel wird keine Notiz genommen. Wenn du das nicht geschrieben hättest, steht das überhaupt nirgends, und das ist der Mord, nach dem Unfall müßte ja alles abgebrochen werden, da sag' ich danke, auf Wiedersehen, mir reicht's.*

Daß er eine Vorahnung des Unfalls gehabt habe, bestreitet Lauda trotzdem: Er sei sich eben sehr deutlich klar gewesen über die Unvernunft, am Nürburgring zu fahren, daher habe er auch darüber gesprochen. An die Möglichkeit, daß es einen, *irgendeinen* Fahrer erwischen könnte, habe er schon gedacht. Ob man nicht doch Fullers These vom *Sich-vorbestimmt-Fühlen* in irgendeinem Teilaspekt auf ihn übertragen könne? *Nein, es war ein Rennen, wie viele andere.*

Dieser Standpunkt Laudas läßt sich natürlich auf zwei Arten interpretieren:

a) er empfindet dieses konkrete Feld seines Innenlebens als

zu intim, um darüber Rede und Antwort zu stehen, und wählt daher die kürzeste Ausflucht;

b) es ist genauso, wie er sagt, was dann nur beweisen würde, wie leicht ein Wissenschafter anhand von Verhaltensweisen eine ganze Theorie konstruieren kann, die gleichermaßen zwingend wie falsch ist. Denn zweifellos läßt sich aus den Lauda-Äußerungen knapp vor dem Renntag eine Parallele zu Ascari aufbauen, wenn man nur will.

*

Der Vollständigkeit halber sollte man die Quintessenz von Peter Fullers Ansicht über die Motivation des Rennfahrens anführen. Der englische Psychoanalytiker ist der Meinung, *daß der Rennsport tatsächlich ein zwanghaftes Symptom ist, dessen tiefere Ursache ambivalente Impulse sind, die großteils dem Kastrationskomplex und der Auflehnung gegen den Vater entspringen. Der Rennsport wird jedoch dadurch gerechtfertigt, daß er kulturell akzeptiert wird und die Betonung auf dem Technischen liegt.*

Dazu Lauda: *„Hoffentlich weiß er, wovon er redet — ich nicht."*

Lauda bringt auch nicht den kleinsten Funken von Verständnis auf, wenn Fuller in der Symbolik Rennwagen = Phallus seitenlang ins Detail geht (die Champagnerdusche des Siegers sei letztendlich die Ejakulation). Lauda: *Jeder soll sich seine Vergleiche ziehen, wie's ihm Spaß macht. Ich habe mich damit weder gedanklich beschäftigt, noch je auch nur das leiseste Gefühl gehabt, daß sich meine Art des Rennfahrens in irgendeinen Zusammenhang mit Sex-Symbolik bringen ließe.*

Beim weiteren gemeinsamen Durchsehen des Fuller-Buches kamen wir zu zwei Passagen, mit denen Lauda wesentlich mehr anfangen konnte. Die erste drückt Fullers Meinung aus: *Das große Bedürfnis des Rennfahrers nach Beherr-*

schung in jedem Aspekt seiner Persönlichkeit kann nichts anderes sein als eine Abwehr mächtiger Impulse, die nach Ausdruck drängen. Obwohl der impulsive Zug, wie die Psychologen demonstrieren, verhüllt ist und als fremd empfunden wird, ist er nicht gänzlich verborgen. Dagegen hat Lauda nichts einzuwenden, er kennt sich selbst gut genug und weiß um seine Impulsivität, die er nur durch jene „Abfolge von Techniken", wie sie Handke beobachtet hatte, so souverän unterdrückt, daß in der Öffentlichkeit das Computer-Bild entstanden ist. Der „befreite" Lauda, außerhalb des Rennbetriebs, außerhalb der öffentlichen Beobachtung, gibt seiner Impulsivität durchaus Spielraum.

*

Eine Stelle des Fuller-Buches juckte mich. Sie betraf die Ergebnisse einer Untersuchung, die zwei kalifornische Wissenschafter an 200 amerikanischen Rennfahrern durchgeführt hatten. Lauda wurde gleich stutzig: *200 amerikanische Rennfahrer, soviele gibt's ja gar nicht.* Natürlich gibt's ein paar tausend, es wird ja keine Angabe über die Qualifikation, über die Klasse der Untersuchten gemacht. Jedenfalls kamen die beiden Gelehrten zu folgendem Schluß: *Der Rennfahrer ist ein bemerkenswert aggressives Individuum mit einem großen Herrschaftsbedürfnis. Er drückt seine Feindseligkeit verbal aus, vertritt seinen Standpunkt mit Nachdruck und greift konträre Anschauungen an. Sein Bedürfnis, Schuld zu fühlen, sich Vorwürfe zu machen und sich selbst zu bestrafen, ist unterdurchschnittlich gering.*

Und wie sieht sich Lauda gegenüber dem kalifornischen Einheitsbild?

Aggressiv mußt du als Rennfahrer sein, sonst fährst du ja nicht schnell. Ein Herrschaftsbedürfnis mußt du auch haben, sonst könntest du ja nicht soviel Energie aufbringen, um besser sein zu wollen als die anderen, um sie beherrschen zu wollen. Verbale Feindseligkeit — na ja, so kann man das vielleicht auch ausdrücken. Ob mein Bedürfnis, Schuld zu fühlen, unterdurchschnittlich gering ist, weiß ich nicht. Ich glaube, das ist aber nur bei Leuten wichtig, die viele Fehler machen. Ich verwende ja alle meine Energien drauf, keine Fehler zu machen — da wär' ich ja nicht sehr erfolgreich, wenn ich dauernd irgendeine Schuld fühlte.

ENTSCHLACKUNG

Das neue Vokabular: Ritter sind out, Opfer sind out, Helden sind out

Als Nuvolari die Targa Florio 1932 gewann, schickte ihm der Dichter Gabriele d'Annunzio dieses Telegramm: „*Du erinnerst Dich, daß ich nur auf einer Hälfte des Gesichts lachte, als wir uns trennten, und ich Dich beauftragte, das sizilianische Rennen zu gewinnen. Und Du hast den Pakt nicht vergessen, den wir im Trauerzimmer geschlossen haben. Bei Deinem Abschied waren wir beide des Sieges sicher, und so, von Kameraden nie getrennt, war es noch schöner. Heute macht Dich Dein unglaublicher Gehorsam zweimal legendär. Auf der Erde, die der große Imperator glänzend nennt, bin ich heute abend bei Dir und Deinen Leuten. Ich umarme Dich.*"

Die heldische Schwüle rund um Nuvolari war das eine Extrem: Ideologisch angereicherter und mit Mystik verdickter Rennsport – jeder Fahrer ein Todesengel. Der von allen Überlagerungen entschlackte Professionalismus nicht nur Laudas, sondern fast aller heutigen Rennfahrer ist das andere Extrem. Laudas Einstellung zu seinem Job

○ ist typisch für die fortschreitende Ent-Ideologisierung des Spitzensports (aller Sparten),

○ enthält nicht das geringste Interesse, sich als Nachfolger einer Tradition zu verstehen,

○ hat keinen Platz für die Dimension des Heldischen.

Lauda sagt *Ich habe nie ein Vorbild gehabt,* und erweckt fast das Gefühl, daß er darauf Wert lege, kein Vorbild gehabt zu haben. Zur Begründung gebraucht er die Kurzform „*I bin i*", er könne nicht fahren wie Jim Clark, nicht denken wie Graham Hill, nicht aussehen wie Jochen Rindt – und kein anderer könne sein wie Niki Lauda. Als er mit fünfzehn Jahren auf elterlichem Privatgrund mit einem alten VW über Rampen sprang, fühlte er sich nicht als Clark oder Surtees, sondern als Niki Lauda. Das würde drauf hindeuten, daß seine Gedanken nie versucht haben, in einer Traumwelt minutenlang fremdzugehen. Wie immer man diese nüchterne Einstellung nennen mag, sie wirkt in beiden Richtungen: Er wollte kein Vorbild *haben* — und nun will er auch keines *sein*. Darüber hat er nicht groß nachgedacht, er weiß nur, daß es so ist, daß er sich nicht berufen fühlt, beispielsweise der Jugend ein Beispiel zu geben. Er fühlt sich natürlich soweit den Konventionen verpflichtet, daß er sich in seiner Eigenschaft als öffentliches Tier keine Entgleisungen leisten wird, aber das hat nichts mit Sendungsbewußtsein zu tun. Er gibt, unbewußt und unabsichtlich, ein Beispiel für die ideologische Entschlackung des Sports.

Höhere Werte, Idealismus, Ruhm der Nation: Die Krücken einer abstrakten Wertvorstellung vom Sport sind für das Gerangel der weltbesten Spezialisten nicht länger anwendbar. Sie marschierten in den ersten zwei Jahrzehnten des Kommerzsports noch verbal mit, nun entdeckt man langsam die Ehrlichkeit, sie ganz daheim zu lassen. Man darf nicht Substanz mit Verpackung verwechseln — natürlich, wir brauchen „höhere Werte", aber wir werden sie nicht im Bereich des Hochleistungssports finden: Nicht Idealismus treibt den 9,9-Läufer, den 8-Meter-Springer, den 50-Sekunden-Schwimmer, den Boxer oder Rennfahrer. Daß der Leistungsvergleich der Spezialisten noch immer gemeinsam mit dem Ideal der Leibesübungen unter den Dachbegriff „Sport" fällt, ist rein von der technischen Seite her zu sehen. Bitternis? Um Himmels willen: Es ist ja noch gang und gäbe, Sportlern falsche Motive unterzuschieben — „kämpft für

Österreich" – man kann nicht deutlich genug damit aufhören.

Lauda ist konsequenter als viele seiner Kollegen – er stellt klar, daß er mit der Masche vom Idealismus nichts zu tun hat, er ist bloß *engagiert, psychisch motiviert* und zieht daraus die Kraft seiner Zielstrebigkeit, im wertfreien Raum – so neutral wie er unpolitisch ist. Als „Vorbild der Jugend" ist er daher ebensowenig „aufbauend" wie fast alle anderen Spitzensportler, Wirtschaftskapitäne, Künstler, Politiker, öffentliche Tiere schlechthin.

Jedes Hineindeuteln von höheren Werten in die optimale Ausübung seines Berufs empfindet er als verkrampft, unecht und unnötig.

*

Richard von Frankenberg, Deutschlands führender Motorsportschreiber der fünfziger und sechziger Jahre, erzählt in seiner Graf-Trips-Biographie folgende Szene von der Mille Miglia 1957, als Trips in der letzten Etappe an Taruffi (beide auf Ferrari) herankam:

Als Trips den anderen roten Wagen vor sich sah, war das für ihn ein großer Ansporn. Nach zwei etwas langsameren Kurven lag er dicht hinter Taruffi, wollte im Beschleunigen vorbeifahren. Da deutete Taruffi auf die Hinterachse, gestikulierte, zeigte mit den Fingern eine vier. Trips fuhr einige Augenblicke genau neben Taruffi, der nach vorne wies und seine Hände bittend zusammenlegte. Es war unserem Wolfgang Trips klar, was Taruffi sagen wollte: Ich kann nur noch im vierten Gang fahren, an der Hinterachse stimmt etwas nicht mehr, laß mich vorne, es ist meine letzte, meine große Chance, einmal diese Mille Miglia zu gewinnen. Und in der nächsten, schnellen Kurve, die man im vierten Gang fuhr, war Taruffi besonders schnell, um

Trips zu zeigen, daß er den Wagen voll beherrschte und jeden Meter dieser Strecke kannte, aber nicht mehr voll beschleunigen konnte.

Von da an blieb Trips, obwohl er Taruffi hinter den engeren Kurven leicht hätte überholen können, hinter dem Altmeister ... Es war eine Geste, die man ihm bei Ferrari nie vergessen hat, eine Geste, die vor allem bei Enzo Ferrari ... einen tiefen und bleibenden Eindruck hinterließ.

Diese Stelle beschreibt also ein vor 20 Jahren geschehenes Ereignis – und hört sich an wie eine Erzählung aus der Urzeit. Abgesehen davon, daß diese Fahrer in kurzärmeligen Hemden, natürlich ohne Gurten, in ihren riesigen Dingern saßen und durch ungeschützte Zuschauermengen fuhren: Wie unglaublich fern ist die Möglichkeit solchen Verhaltens in der Praxis des heutigen Motorsports! Trips verglich den Motorsport mit den Ritterspielen des Mittelalters: *Wir brauchen für einen sportlichen Kampf, wie ihn damals die Ritter führten, ein technisches Mittel ... Es ist Tradition, sich zu bewähren, und wir, in diese technische Zeit ganz hineingeboren, wir suchen uns eben die technischen Mittel dazu, das Motorrad, das Automobil.*

Daß Lauda ebensowenig wie irgendeiner seiner Berufskollegen auch nur ein Stäubchen Ritterspiel-Gedankengut im Motorsport zu sehen vermag, braucht keine Erklärung. Andererseits ragt natürlich Enzo Ferrari noch aus dieser Zeit zu uns herüber und tut sich vielleicht schwer, im Motorsport nur einen technischen Ablauf ohne emotionelle Überlagerungen zu sehen.

Daß im heutigen Ferrari-Team die Ansichten etwas krauser sind und die Entscheidungsfindung verschlungener vor sich geht als bei den englischen Technik-Menschen, ist somit verständlich. Jeder Rennfahrer wird aber überfordert sein, wollte man von ihm deswegen erhöhte „Einfühlung“ in die spezielle Ferrari-Konstellation verlangen.

Lauda fühlt sich der Tradition des Motorsports nicht im geringsten verbunden, er ordnet sich daher nicht in den historischen Fluß von Namen und Ereignissen ein, hat kein Interesse daran, auf „Ahnenforschung" zu gehen, mehr über die Champions von früher zu wissen oder gar Gemeinsamkeiten zu suchen. Am ehesten empfindet er noch für Jim Clark eine gewisse Neugier, manchmal fragt er ältere Journalisten: *Wie war er eigentlich*, denn er hatte ihn nie gekannt, und er hat das Gefühl, daß Clark auch im Vergleich zu anderen Weltmeistern etwas Besonderes war; und eine Zeitlang erzählte er, daß es ihn „gerissen" habe, wenn er Porträts von Jochen Rindt sah – *er hatte einen guten Kopf, er schaute aus wie einer, der was ist, man spürt Persönlichkeit* –, aber das ist alles nur ganz beiläufig. Er *bewundert, verehrt* keinen von ihnen. Er hat nicht das Gefühl, daß alle bisherigen Weltmeister sozusagen seine Verwandten sind, er fühlt sich auch nicht als einer, der etwas *weiterführt.*

*

Die heldische Dimension ist nicht mehr Bestandteil des Rennsports. Das ist im Grund nur eine logische Konsequenz der beschriebenen Entschlackung der Gemüter, bloß ist das Publikum teilweise noch etwas ratlos gegenüber einem, der vorher denkt, das Risiko abschätzt und bei soundsoviel Prozent Risiko nicht mehr bereit ist, sich zu opfern (noch Trips reiht die Bereitschaft des Sich-Opferns unter die Tugenden des Rennfahrers, und Teile der Öffentlichkeit sehen das wohl auch so. Ausgedrückt durch einen Psychoanalytiker – Fuller: *Die volkstümliche Vorstellung vom Rennfahrer bleibt bestehen, weil sich die Fans . . . auch mit jenem Teil des Fahrers identifizieren, der es riskiert, die Herrschaft zu verlieren. Stewart wurde abgelehnt, weil er durch seinen Fahrstil und sein Streben nach Sicherheit diesen Aspekt seiner selbst fast völlig zum Verschwinden zu bringen trachtete.)*

Lauda kann mit der Phraseologie von Tapferkeit und Mut nichts anfangen, er sagt, man soll ihm erst einmal definieren, was das ist: Mut. Eine mögliche Antwort hat der französische Dichter Jules Renard vorweggenommen: „Man hat nicht Mut, sondern Mutmomente (des courages) ... es gibt nicht glückliche und unglückliche Menschen, sondern nur glückliche und unglückliche Augenblicke."

Mut ist also kein Thema für Lauda und seinesgleichen, sie empfinden diese ganze Art von Vokabular kitschig und unnötig: *Es hilft mir ja doch keiner, wenn ich rausmuß und weiß, ich muß jetzt eine Chaos-Runde einlegen und fahren wie ein Verrückter, um Pole Position zu schaffen.*

SEID UMSCHLUNGEN, MILLIONEN

Erzeugt die Liebe der Massen genügend Kraft, um die Massen zu lieben? Public Relations in der Praxis

Mit dem ersten Schilling,
den du vom Publikum nimmst,
wirfst du das Recht weg,
dich über öffentliche Kritik zu beschweren.
Stirling Moss

Laudas Bekanntheitsgrad hat sich durch seinen Unfall enorm gesteigert. Halb zu verbrennen und sechs Wochen später wiederzukommen, das gefällt auch den Amerikanern, die sonst für Formel-1-Sport wenig übrig haben. Ende 1977 war Lauda von allen aktiven Sportlern wahrscheinlich hinter Muhammed Ali der weltweit Bekannteste – mit einem „innewohnenden", also potentiellen Marktwert, den er nur zum geringsten Teil ausnützt. Nicht exakt deshalb, weil er Geld verachtet, sondern weil er für den Sport soviel Substanz braucht (und dementsprechende Regenerationszeit), daß die geschäftliche Vermarktung nur nebenbei mitlaufen kann: Er nimmt mit, was halbwegs leicht mitgeht.

Seine Popularität in Mitteleuropa hat schon 1975 das Maß des Erstrebenswerten überschritten. Lauda: *Solange du ein kleiner Niemand bist, freust dich natürlich, wenn zum ersten Mal einer sagt* Hören Sie, san Sie net der Lauda, *und das wird dann immer angenehmer, du bekommst Privilegien und freust dich drüber und nützt sie aus, bis irgendwann der Punkt kommt, wo es zuviel wird und es dich nicht mehr freut.*

Nur: Er kann sich's nicht aussuchen. Er weiß natürlich

ganz exakt, wie er damit zu leben hat – und schafft es recht gut, offensichtlich sogar besser als etliche weniger prominente Rennfahrer. Außer dem Basisjob – Testen, Rennfahren – und dem Privatleben ist jede seiner Tätigkeiten zwangsläufig öffentlichkeitsbezogen. Dieser Kontakt mit der Öffentlichkeit spielt sich in sechs Bereichen ab: Medien – fixe Sponsoren – Aktionen für diverse Kunden – Rennwagen-Shows – direkter Kontakt mit Fans – Fan-Post.

Im Umgang mit Journalisten liegt eine von Laudas brillantesten Fähigkeiten. Er ist souverän im Beurteilen der Wichtigkeit des Mediums, in der unterschiedlichen Behandlung von Fach- und Nicht-Fach-Journalisten, in der dazugehörigen Show für letztere, in der Ökonomie der Zeiteinteilung, im Verschweigen aller (für ihn oder seine Firma) „unpassenden" Dinge, im Facettenspiel zwischen Wahrheit und der „tagespolitischen" Wahrheit. Da ist beispielsweise der Unterschied zwischen den Veröffentlichungen in diesem Buch und den seinerzeitigen Berichten in der Tages- und Fachpresse – „damals" war es für ihn völlig unmöglich, „alles" zu sagen, es hätte ihn den Job gekostet. Es gab in dieser Zeit nur einen einzigen Fachjournalisten, den Österreicher Dieter Stappert, dem er bedingungslos vertraute und „alles" erzählte, und Stappert wußte dann schon ohne Rückfrage, was zum Veröffentlichen bestimmt war – oft nur ein Zehntel einer mehrseitigen Telefonbandabschrift.

Lauda versucht grundsätzlich, alle Interviews in die Trainingstage vor den jeweiligen Rennen zu pressen, schon aus ökonomischen Gründen, da sind die Berichterstatter sozusagen *angestellt* und können ruck-zuck abgefertigt werden, sie *spüren,* daß die Zeit knapp ist und werden zu komprimiertem Vorgang gezwungen. Mit den echten Fachjournalisten, die was taugen und die sowieso nur notwendige und vernünftige

Fragen stellen (weltweit gibt es bestenfalls zwei Dutzend solcher Leute), läuft ja ohnedies alles problemlos und „zwischendurch" ab, wobei Niki gerade bei diesen Fachleuten unerhört kleinlich ist: Je näher er einen solchen Journalisten kennt, um so kühler behandelt er ihn, wenn er einmal (subjektiv gesehen) einen Fehler in dessen Zeitung entdeckt.

Außer bei Pressekonferenzen oder echten PR-Veranstaltungen schaltet Lauda Hektik ein, sobald er mit einem Journalisten zu sprechen beginnt. Er sagt in jedem Fall, daß er keine Zeit habe, aber auf die Schnelle könne er doch, dadurch wird der Frager zu jedem Weglassen von Verschnörkelungen gezwungen, und Lauda erhöht durch rasches Antworten, teilweise schon in Kürzelsprache, den dynamischen Eindruck und zwingt zu höchster Rationalisierung des Gesprächs. Das ist eine durchaus taugliche Technik, etwa dem Schnellesen vergleichbar: das komprimierte Pressegespräch. Die Hektik-Masche wendet er auch bei jenen wenigen auserwählten Journalisten an, die seine private Telefonnummer besitzen (offensichtlich gibt es aber undichte Stellen, denn jeweils nach ein paar Monaten schwillt der Kreis der Wissenden so weit an, daß die Nummer geändert werden muß). Auf Grund seiner enormen Popularität in Österreich können sich die Motorsportschreiber der Wiener Tageszeitungen nicht leisten, ihn ein paar Tage *frei* zu lassen, er muß fast täglich *kontrolliert* werden, zu kritischen Zeiten sogar mehrmals täglich. Kritische Zeiten sind, wenn eine Veränderung in der Luft liegt (Ferrari-Kündigung, Brabham-Vertrag), wenn Starts unsicher sind (nach Unfällen mit Autos oder Traktoren), wenn es Gerüchte von Heiraten oder Kinderkriegen gibt. Jene Journalisten, die sich dermaßen mit ihm kurzschließen (dürfen), geraten natürlich in die Rolle von Hofberichterstattern. Selbst ein unerhört kritischer, grundsätzlich sogar skeptischer Journalist wie Helmut Zwickl („Kurier"), könnte sich keine Skepsis gegenüber Lauda erlauben, Niki würde ihn daraufhin nicht weiterhin so vorrangig behandeln. (Zwickl war übrigens früher ein Lauda-Gegner und wetterte dagegen, daß Niki hohe Bankkredite ermöglicht wurden, er mußte sich in der Folge bei Lauda erst hochdienen, um in den engeren Kern der Vertrauten aufgenommen zu werden.)

Lästigsein kann manchmal helfen. Eine Reporterin von „Paris Match" wollte ein Interview, Niki wollte nicht. Erstens war ihm nicht danach, zweitens sagte ihm irgendein Gefühl, die Reporterin würde vielleicht dumme Fragen stellen, drittens ärgerte ihn die Störung am privaten Telefon. Jedenfalls lehnte er x-mal ab, die Dame rief aber immer wieder an. Niki: *Das geht mir irgendwann so stark auf die Nerven, daß ich explodiere.* Dieses Explodieren äußerte sich so, daß Niki sich innerhalb einer Sekunde über einen Termin klar wurde und ins Telefon zischte: *Morgen um zehn, punkt zehn, ich geb Ihnen eine Stunde. Adieu.*

Trotz aller Routinemäßigkeit im Umgang mit Journalisten ist Lauda flexibel und kann sich blitzartig auf *Spezialbehandlung* umstellen. Als „Newsweek" ihn um Interviews für eine Cover-Story bat, war Lauda gerade im entscheidenden Stress der Vorbereitung seiner Kündigung bei Ferrari. In solchen Tagen versucht er mit allen Mitteln, Hirn und Gemüt auszuräumen, um sich total auf das Eine konzentrieren zu können. Egal: Für „Newsweek" überwand er sich und stellte sich wunschgemäß zur Verfügung, natürlich mit einem guten Schuß „politischer" Wahrheiten, denn noch war er ja bei Ferrari. Daß „Newsweek" drei bis vier Leute auf ihn ansetzte, störte ihn auch nicht, er akzeptierte sogar einige (für ihn) „dumme" Fragen, die ihn derart anöden, daß der Fragesteller normalerweise für ihn erledigt ist (einer der Reporter kam mit dem alten Schmarrn des Ferrari-Vorwurfes daher, Lauda hätte nach seinem Unfall nicht so bald wieder starten dürfen. Solche Themen, einmal abgehandelt, ausdiskutiert und damit „beendet", sind ein unglaublicher *turn-off* für Lauda). „Newsweek" bekam diese Sonderbehandlung sicherlich deswegen, weil Lauda auf diese Weise eine weltweite Leserschaft erreichen würde, die ansonst keine Beziehung zum Rennsport hat – und für seinen künftigen Beruf im Fluggeschäft kann Lauda jeden Imagegewinn in der internationalen Geschäftswelt brauchen. Es spricht für Niki als Taktiker wie als Menschen, daß die „Newsweek"-Story höchst positiv wurde, abgesehen von zwei Fehlern, an denen er völlig allein schuld war: Er gebrauchte Schimpfworte im Zusammenhang mit seinem Großvater *(pompous bastard)* und mit den Italienern *(goddam fanatical Italian nation)* ... was allein schon genügen sollte, sich neue Gedanken über sein Image der „Computerhaftigkeit" zu machen: So spricht doch nur ein impulsiver Mensch, der die Worte nicht auf die Goldwaage legt. Er meinte es auch nicht so: Für seinen Großvater, den reichen, beherrschenden Lauda, empfand er zwar nicht eine Menge, aber die zitierten Worte sind nichts weiter als Schlampigkeit des Ausdrucks, wie auch beim Thema Italiener: Er gebrauchte bloß sorglos ein Dutzendwort, das jeder von uns gedankenlos dahinsagt.

Gesamthaft wurde die achtseitige „Newsweek"-Story dem Thema Rennsport und Lauda ziemlich gerecht, saubere Profi-Arbeit, zwar ohne wirklich neue Tiefen, aber auch ohne größere Fehler, gesamthaft ein enormer PR-Beitrag für Lauda.

Ähnlich liefen die Dinge auch, als sich wenige Wochen später der „Spiegel" für eine Cover-Story meldete. Lauda hatte zwar die Belastung des Monza-Rennens unmittelbar nach seiner Kündigung am Hals, schaffte aber trotzdem Platz für die „Spiegel"-Leute in seinem Hirn, Herz und Zeitplan. Laudas Satelliten können sich überhaupt nicht erinnern, ihn je bei Foto-Aufnahmen so geduldig und willig gesehen zu haben wie während der Monza-Trainingstage, als eine „Spiegel"-Fotografin ihr Titelfoto schoß. Mit Frauen arbeitet Lauda überhaupt auffallend gut zusammen, solang sie halbwegs hübsch und tüchtig sind. Jedenfalls war das Ergebnis die ganze Mühe wert: Unter „Nicht Gott, aber gottähnlich" erschien eine sehr positive „Spiegel"-Story, richtig auffallend für ein Medium, das für den Rennsport ansonst nur Süffisanz und intellektuelle Überheblichkeit übrig hat. Die „Spiegel"-Reporter ließen sich auch weniger täuschen als andere Branchenfremde, sie deuteten zumindest an, daß es auch den verspielten, impulsiven Lauda gibt, den So-gar-nicht-Computerhaften.

So sehr sich Lauda ärgert, wenn ein Fachjournalist eine (seiner Meinung nach) falsche Darstellung gibt, so wenig kümmert ihn offensichtlich, was in der Boulevard- und Regenbogen-Presse über ihn geschrieben wird. Er arbeitet unter Umständen auch selbst mit und gibt fallweise seinen Namen und die „Ich"-Form her, wenn das Geld stimmt. Er teilt offensichtlich die Medien in zwei Gruppen: Die gleiche Falschmeldung, die ihn bei „Bild" nur eine ärgerliche Grimasse kostet, würde ihn in einer „normalen" Zeitung in Wut bringen. Und so heikel und zurückhaltend er mit Veröffentlichungen aus seinem Privatleben ist: „Quick" darf ohne weiteres seine Love-Stories verkitschen – aber nur gegen horrendes Honorar, sozusagen Schmerzensgeld. Und er grinst bloß, wenn die „Bunte" auf der Titelseite Appetit auf erhebende Lektüre macht: „Wie Niki und Ali Freunde wurden."

Muhammed Ali, hatte Niki in New York befunden, habe sich bei dem kurzen arrangierten Zusammentreffen wie ein Arsch verhalten, aber wie läßt sich sowas verkaufen, wenn man schon das weltexklusive Bild von Lauda und Ali (auf Alis Bett) hat?

Und eigentlich müßte Lauda angewidert sein von der Blutoper, die „Bild" nach seinem Nürburgring-Unfall durchzog, wahrscheinlich war er's auch, trotzdem: Er besuchte die „Bild"-Redaktion ein Jahr später, posierte als Kaffee-Gast. Warum, Niki?

Lauda: *Ich identifiziere den Mann, der fünfundvierzigmal bei mir anruft und mich bittet, zu einem Redaktionsbesuch zu kommen, nicht hundertprozentig mit seinem Blatt. Wenn ich 45 Ausreden verwendet habe und mir keine sechsundvierzigste einfällt, ist mir die Sache so lästig, daß ich sie schnell hinter mir haben will. Und ich weiß, daß es für den Reporter Ramsauer gut ist, wenn es ihm gelingt, mich nach Hamburg zu bringen. Ramsauer selbst kann ja nichts für die „Bild"-Schlagzeilen, er bemüht sich um Objektivität, und das macht seinen Job wahrscheinlich besonders schwer. Er muß dauernd kämpfen und steht unter Druck. So ist er beispielsweise in den Tagen vor dem Rennen in Brasilien 1977 zu mir gekommen und hat gesagt: „Ich habe eine Meldung aus der Redaktion, daß Ihre Frau ein Kind kriegt." Nein, sag ich, meine Frau kriegt kein Kind. Da wird er ganz ernst und verschreckt und sagt: „Bitte, sind Sie ganz sicher? Weil wenn ich heute schreib, daß Ihre Frau kein Kind kriegt, sie aber doch eines kriegt, flieg ich sofort raus." — Da sag ich, passen S' auf, Herr Ramsauer, jetzt reichts, eure Zeitung geht mir auf die Nerven, ich sag Ihnen jetzt amtlich SOVIEL ICH WEISS, KRIEGT MEINE FRAU KEIN KIND, genügt Ihnen das? — Da muß er natürlich ja sagen. — Am nächsten Tag in der Früh ist er schon wieder da, ganz klein und verschüchtert: „Herr Lauda, ich habe eine Riesenbitte. Könnten Sie mir den Satz, den Sie mir gestern gesagt haben, hier auf mein Tonband sprechen, damit ich das dem Redakteur in Hamburg am Telefon durchspielen kann, weil der glaubt mir nicht." – Da krieg ich einen Zorn und schrei in das Gerät: ICH KRIEG KEIN KIND. DAS IST EIN STATEMENT VON NIKI LAUDA IM HILTON HOTEL VON SAO PAULO UND JETZT LECKTS MICH AM ARSCH. – Jetzt kannst du dir vorstellen, wie der Ramsauer bei „Bild" zu raufen hat. Und wenn ich mich überwinde und auf zehn Minuten zu einem Kaffee nach Hamburg fliege, dann nur für ihn, weil er mir leid tut. Aber natürlich auch erst, wenn er so lästig ist, daß ich's nicht mehr aushalt'.*

Immerhin, die Boulevardpresse trampelt zwar in seinem Privatleben herum und schreibt so schauerlich viel Erfundenes – aber *positiv.* Niki ist vom Typ her eine gute Figur für die Soraya-Medien, daher wohl auch seine Gleichgültigkeit gegenüber Kitsch und Käs'.

Was das Steuern seines internationalen Images betrifft, hat Niki die Hilflosigkeit des Stars erkannt. Er ist machtlos, wenn sich irgendein aufgeblasener englischer Journalist links liegen gelassen fühlt und daraufhin in der Zeitung schreibt, das liebenswürdige *Mäuschen* habe sich zur *Kanalratte* gewandelt. Die elementare Wut, die es ihm dann raufstößt, ist fast schon amüsant zu beobachten, in der Sprache seines Image-Klischees müßte es dann wohl heißen: *Der Computer glüht.* Das ohnmächtige Knirschen trägt natürlich zu einem Härtungsprozeß bei, soviel kapiert auch der Un-Prominente, daraus erklären sich auch die (wenigen) hingerotzten Antworten.

Wesentlich einfacher und profitabler als mit Journalisten ist das Leben mit Sponsoren. Die kosten nur einmal richtig Zeit – vor Vertragsabschluß. Simpel und schmerzlos sind Overall-Aufnäher oder Helm-Kleber, wie Parmalat, Marlboro, Raiffeisen, Römerquelle, da muß die Firma den Werbe-Gegenwert rausholen, ohne daß sie den Fahrer groß in der Gegend herumschicken kann. Auch das Tragen von Matras-Pullovern fällt dem Champion nicht allzu schwer. Dazu kommen Goodyear und AUTOREVUE (Kolumne); für Lauda-Sonnenbrillen hält er den Kopf hin, für Lauda-Jeans den Hintern, alles ist mit nur wenig Substanzverlust verbunden. Fiat (nun Alfa Romeo) rechnet sich's zur Ehre an, ein Automobil in der Lauda-Garage unterbringen zu dürfen, just neben dem Zwölfzylinder-Jaguar, den Leyland abstellt – sozusagen aus Sympathie. Auch das Fahren von Honda und KTM geschieht zum Nulltarif und ist nur an minimale Dankesbezeigungen gekoppelt. Gesamthaft sind also die *ständigen* Geschäftsbedingungen die günstigsten, weil sie nicht viel Zeit brauchen.

Für fallweise Aktionen verlangt Lauda prohibitive Preise. Eine Stunde Autogrammschreiben kommt auf die Höhe des Monatsgehalts eines Vorstandsdirektors. Das muß so sein, meint Lauda, denn das kostet ihn echt Substanz, das Anreisen, der Wirbel, die vielen Leute, das Freundlich-schauen-Müssen, das Schreiben inmitten der Hektik der drängenden Leute. Wollte man ihm nur ein Prokuristen-Monatsgehalt pro Auftritt bieten, verzichtet er: *Da entspann' ich mich lieber. Weil es wenig Firmen gibt, die soviel zahlen können, mache ich auch wenig Autogrammstunden.* Und außerdem: *Gutes Geld kann ich nur jetzt verlangen, solange ich oben bin. Kein Mensch ist auf mich neugierig, wenn ich verliere oder aufhöre.* Freie Marktwirtschaft nennt man das bei uns, und bevor man seine Forderungen kaltschnäuzig nennt, muß man sich die Kaltschnäuzigkeit des „Marktes" vor Augen halten, die Einseitigkeit der Spielregeln: Es gelten die Tagesnotierungen des Erfolgs. Warum also Freundschaftspreise?, soweit kann auch ein Kleiner den Laudaschen Gedanken folgen.

Der „Kleine“ tut sich schon schwerer bei der Vorstellung, daß es Lauda keinen höllischen Spaß bereitet, von ihm, dem „Kleinen“, angesprochen zu werden, sozusagen in eine nette Plauderei verwickelt zu werden, man ist ja schließlich unter Bekannten, *ich kenn Sie ja schon so lang, ich seh alle Übertragungen, ich halt' Ihnen immer die Daumen.* Lauda ist genügend professionell, diese Leute nur dann vor den Kopf zu stoßen, wenn der Wirbel, die *pressure*, wie er es nennt, die *Schmerzgrenze* erreicht hat. Ansonsten ist er netter und entgegenkommender, als man sich vorstellt. Wer von uns wollte auf die Dauer damit leben, vor roten Ampeln Käsepapiere ans Autofenster gedrückt zu bekommen. – *Ujegerl, ich hab nix zum Schreiben, ham Sie vielleicht an Kuli?* Und Niki, soviel sei für ihn gesagt, läßt die Scheibe runtersurren und greift nach seinem Kugelschreiber, um ein – zugegeben uninspiriertes – Zickzack aufs Käsepapier zu krixeln. Früher hatte er eine richtig süße Unterschrift: Er schrieb zuerst LAUDA mit einem langen Aufwärtsstrich des L, dann nahm er das oberste Ende des L als Beginn für NIKI – in Blockbuchstaben. Solche Autogramme sind nach mehrstufigen Rationalisierungen nicht mehr drin. Wenn Sie wirklich eine solche Rarität besitzen, würde ich allfällige Duplikate nur gegen Elvis Presley tauschen.

Daß also auf Rennstrecken und bei seinen Racing-Car-Shows das Autogrammschreiben, das Angesprochen-Werden, das Abgetappt-Werden sozusagen in der pauschalen Jahresgage eines Weltmeisters schon inkludiert ist – für diese Erkenntnis ist er Realist genug. Er behält sich nur in jedem Fall die *kurzen Wege* vor: Rascher Auftritt, schneller Abgang. Autogramme, die von ihm im Stadium des Aufbrechens gegeben werden, sollten eine Punze haben.

Daß er nicht auch noch freiwillig und *unnötigerweise* unter die Leute geht, ist jedem selbstverständlich, der auch nur ein paar Stunden lang zum Schweif des Kometen gehörte. Das Meiden von Menschen kann ruhig das Opfer grotesker Umwege erfordern. Beispiel: Er tritt am Montagabend im Wiener TV-Studio auf und soll am Dienstag früh in Zeltweg sein (250 km südlich von Wien) – und benützt dabei selbstverständlich den Privatjet. Anstatt in Wien ein Hotelzimmer zu nehmen, fliegt Lauda am Abend nach Salzburg (300 km nach Westen) und in der Früh die lange Hypotenuse dieses unnötigen Dreiecks in Richtung Südost. Grund: Das Übernachten in Wien geht ihm auf die Nerven. Er mag im Intercontinental nicht angestarrt werden, er haßt den Augenblick, in dem die Mimik des Rezeptionsbeamten einen Doppelaxel springt. Wenn er am Abend nach Hause fliegt und in der Früh noch einmal fliegt, trifft er nur *Flugmenschen,* die sind grundsätzlich okay und machen keinen Auflauf, und er kann in seinem unvergleichlichen heimatlichen Bett schlafen, am vertrauten Waldrand. Seit dem Tag, da Reisen als fortschrittlich empfunden wurde, hat niemand soviel Finesse in das Bemühen gelegt, als Weltbürger *daheim* sein zu können. Auf diese ergreifende Weise offenbart sich uns allen die tiefere Bedeutung eines privaten Jets. Einen Jet zu besitzen und damit *weg*zufliegen, das hat was peinlich Gestriges an sich.

Lauda: *Öffentliches Tier, okay. Aber ich kann ja immer noch wählen, ob ich mich angaffen lassen will oder nicht. Ein bisserl Herumfliegen ist mir das Ruhe-Haben und Daheim-Schlafen wert. Ich komm' heim und bin ich, im Hotel wach' ich in der Früh auf und bin noch immer der Lauda.*

Auf der Rennstrecke bemüht sich Lauda, die Fans zufriedenzustellen. In Grenzen: Stört man ihn bei einem Gespräch, was sehr oft vorkommt, kann's ein knurrendes *Später* geben, und wenn's nicht *sein Tag* ist, kann er so düster und feindselig dreinschauen, daß seine Satelliten ihn automatisch abschirmen. Und dann natürlich die Abgänge: Wer ihm beim Verlassen eine Verzögerung verursacht, kann keine Freundlichkeit erwarten. Auf *Ziele* ist er fixiert, keine Frage.

Mein aller, aller, allerliebster Niki! Du kennst mich nicht, aber ich kenne Dich besonders gut ... Fan-Post: Der heiße Draht des Champions zum Panoptikum einer Idol-Gesellschaft. Der Posteinlauf (hauptsächlich über das Büro der Wiener AUTOREVUE, auch über Ferrari und seine Salzburger Adresse) liegt in der Gegend von rund 2500 Zuschriften monatlich. Angenommen, alle dazugehörigen Büro- und Postarbeiten würden ihm abgenommen, er müßte nur die Texte überfliegen, eine allfällige Kurzantwort diktieren und eine von der Sekretärin hingeschobene Autogrammkarte unterschreiben (Durchschnitt: 90 Sekunden), ergäbe sich ein Arbeitsaufwand von mindestens 60 Stunden monatlich (von den Hilfskräften abgesehen). Somit kommen höchstens *Stichproben* bis zum Adressaten durch, der sich ein paarmal im Monat vor einen Stapel Autogrammkarten setzt und unterschreibt, bis er erste Schmerzen in der Hand spürt (relativ bald), das Postalische wird für ihn erledigt. Ein anderes System ist im Grund undenkbar.

Man kann die Fanpost des Niki Lauda zwar *katalogisieren*, aber kein Bild des *durchschnittlichen Fans* herausfiltern. Die Beweggründe des Schreibens liegen so weit auseinander, daß sich kein gemeinsamer Nenner finden läßt. Wir glauben, zehn verschiedene Gruppen von Briefschreibern auseinanderhalten zu können. Die größte Gruppe (rund 60%) bleibt gesichtslos: Auf den Briefen oder Karten steht nur die simple Bitte um ein Autogramm, ohne Motiv, ohne Ausschmükkung.

Die übrige Post läßt sich sehr wohl unterteilen, man kann beispielsweise nach Altersgruppen vorgehen:

Kinder. Fast einziges Motiv ist der Wunsch, ebenfalls Rennfahrer zu werden.

Sehr geehrter Herr Lauda!

Ich möchte Ihnen zu Ihrem Erfolg in Kyalami, vor Scheckter, herzlich gratulieren. Leider starb dabei Tom Pryce. Sie fuhren ein ausgezeichnetes Rennen. Ich verfolgte es am Bildschirm. Jean Piere Jarier ist der Halbonkel meines Freundes E. S. Wir interessieren uns beide sehr für den Rennsport. Unser Traumberuf ist, Rennfahrer zu werden. Wir gingen 4 Jahre miteinander zur Schule. Jetzt geht er I. Hauptschule und ich I. Mittelschule. Ich bin Klassensprecher meiner Klasse. Ich bin am 10. Februar 1966 als Sohn eines Fahrlehrers geboren. Ich war in der 4. Klasse Klassenbester. Ich sammle Bilder vom Rennsport und habe schon zirka 1300 Bilder. Davon zirka 400 Bilder von Ihnen. Erwin und ich können schon ein wenig Autofahren. Meine Spitzengeschwindigkeit, wo ich alles betätigte, ist zirka 70 km/h. Erwins Spitzengeschwindigkeit ist zirka 40 km/h. Können Sie mir bitte einen Brief mit Autogramm schicken? Die Marke, daß Sie einen Brief zurückschicken können, ist rechts unten. Ich habe 31 Kilo, bin 140 cm groß, habe Schuhnummer 35 und habe einen kleinen Hund. Ich habe mir noch nie etwas gebrochen und bin zirka 1 Jahr Judo gegangen. Ein Foto von mir ist links unten. Können Sie mich bitte einmal besuchen? Können Sie mir bitte auch Ihre Telefonnummer von Salzburg mitschicken? Ich lerne schon seit zirka 2 Jahren eine Jazz-Trompete. Ich verfolge alle Rennen, die im Fernsehapparat übertragen werden. Ich finde es eine gute Leistung (1975 1. in der Weltmeisterschaft, 1976 2., 1977 ?). Ich hoffe, daß Sie 1977 wieder Weltmeister werden. Können Sie mir bitte das Rennen vom Nürburgring von Start an bis zu Ihrem Unfall schildern? Ich hoffe, daß es auch dieses Jahr wieder klappt. Können Sie mir bitte helfen, daß ich einmal Rennfahrer werden kann?

Ihr treuer Fan: H. E. P., Passail

Können Sie mir bitte das Schaltschema Ihres Ferrari (Formel I) aufzeichnen?

Als nächstes kommen die *Jugendlichen,* die einen *Fan Talk* abziehen, wie man ihn sich auch gegenüber Popstars oder Schauspielern vorstellen kann. Drei Viertel dieser Briefschreiber sprechen ihren Helden mit *Du* an – logisch, sie kennen ihn ja gut genug. Die Anteile von Mädchen und Burschen sind ungefähr gleich. Man hat kleine Wünsche, eine Menge Fragen, will aber vor allem ein bisserl *plaudern.* Man gibt Ratschläge, natürlich, und zeigt deutlichen Familiensinn: Die meisten lassen auch die Marlene schön grüßen.

Die Art und Weise, Niki anzuhimmeln, wie sie im nächsten Briefbeispiel eines jungen Mädchens gezeigt wird, ist das, was in der Korrespondenz Laudas einem „Liebesbrief" am nächsten kommt. Echte Liebeserklärungen oder g'schmackige Bildzuschriften von Frauen sind ganz, ganz selten. Daraus könnte man schließen, daß die erotische Ausstrahlung des Niki Lauda auf das Publikum gering ist, zur Sicherheit sollte man aber Nikis Meinung einholen: *Na, das ist doch normal, daß man einem verheirateten Mann keine Anträge macht. Die wissen ja, daß ich verheiratet bin und daß meine Frau gut ausschaut, da kommt doch keine auf die Idee, etwas zu probieren.* – Und wie war das früher, als du noch nicht verheiratet warst? – *Das weiß ich nicht, ich hab ja die Fan-Post eigentlich nie gelesen.*

Mein aller, aller, aller liebster Niki!

Du kennst mich nicht, aber ich kenne Dich besonders gut. Ich bin eine 14jährige Fan von Dir und finde Dich großartig. Ursprünglich bin ich eine Deutsche, aber ich lebe in Rom. Dein erstes Rennen sah ich im Fernsehen, Anfang 1975, aus Montecarlo, vom GP in dem Du den alten Weltmeister Emerson Fittipaldi besiegtest. Ich fand es so toll und entspannend, und seit dem folge ich jedes Rennen, in dem Du dabei bist. Außerdem habe ich auch einen Schweizer Freund, der James Hunt, Emerson Fittipaldi, Jackie Stewart auch kennengelernt hat. Auch den armen Tom Pryce, der mein 2. Lieblingspilot war, nach Dir. Leider habe ich ihn in Kyalami verloren . . .

Du bist und bleibst für immer mein einzigster Formel-1-Star. — Aber seit Deinem schlimmen Unfall im Nürburgring, habe ich sehr viel Angst für Dich. Ich finde, daß Du der mutigste Formel-1-Pilot bist, den ich je gekannt habe. Auf meinem Schreitisch steht ein herzförmiges Bild von Dir. Deine Bücher „Ferrari Mondiale" von 1975, „Io e la corsa", das World Champion 1975 Ferrari 312 B 3 Auto-Modell, in dem ich ein ausgeschnittenes Jubel-Foto von Dir hereingesetzt habe und viele andere Fotos von Dir, bewahre ich ganz geizig. Und dazu ist auch noch mein ganzes Zimmer mit Posters von Dir und von Deinem wunderbaren Ferrari tapeziert.

Ich habe Dich so gerne, aber darf ich Dich etwas fragen: — Neulich las ich in der Zeitung, vom 30. August, daß Du Deinen geliebten Ferrari verlassen möchtest, um im nächsten Jahrgang auf einem, vielleicht Brabham Alfa rennen zu können — Aber warum . . . warum verläßt Du den besten Formel-1-Wagen, den man in letzter Zeit rennen sieht. Das sage ich Dir jetzt nicht, weil der Ferrari ein italienischer Wagen ist, sondern aus technischen Gründen. Dafür möchte ich Dir einen guten Rat geben: Bleib doch bitte im Maranello-Team, denn Du wirst es bestimmt nicht bereuen.

Jetzt wünsche ich Dir allerliebsten ganz, aber wirklich ganz herzlich der einfach großartige Sieger von dieser Weltmeisterschaft 1977 zu werden, und viel Glück, große Erfolge und Lebensfreude in Deiner Zukunft.

Deine Fan aus Rom, Sabrina.

PS: Gib acht, wenn Du mit Deinem Privat-Flugzeug fliegst – Die armen Carlos Pace, Graham Hill und Tony Brise, sind nämlich in letzter Zeit damit ums Leben gekommen.

Lebe glücklich mit Deiner Marlene, und sei immer fröhlich auf Deinem Ferrari,

Nochmals wünsche ich Dir „Alles Gute".

Es gibt auch eine ganz spezielle Art von jugendlicher Fanpost – mit Sonderleistungen. Die Absender legen kleine Geschenke bei, zumeist Zeichnungen, Gedichte oder selbstgebastelte Automodelle.

Gedicht für Österreichs fabelhaften, beliebten und intelligenten Formel-I-Auto-Rennfahrer Niki Lauda, der zudem mit beispielhaftem Mut, Ehrgeiz, Ausdauer und unbändigem Willen ausgestattet ist. (Meiner Ansicht nach bester Auto-Rennfahrer aller Zeiten.)

(gewidmet von M. W., Graz)

Viele glaubten ihn schon tot, Niki Lauda den grossartigen Formel-1-Pilot. Aber das Unfassbare ist geschehen, Niki hat sich erholt von all den Wehen. Obwohl manche ihn schon abgeschrieben, ist er der grosse Fahrer geblieben. Sein Erfolg ist ihm zu gönnen, er mit seinem grossen Können; hat's trotzdem nicht mühlos geschafft, manch Stund er sich hat aufgerafft; bis er ist so weit gekommen, sich die höchste Stufe hat erklommen. Mit viel Willen und auch Fleiss, oft rann von der Stirn der Schweiss, Niki hat sich durchgerungen und sich somit selbst bezwungen. Sicher wissen alle Leut, ohne Talent ging's nie so weit. Obwohl er gilt als Favorit, sind seine Erfolge der grösste Hit. Was seine Freunde gehofft im Stillen, schafft Niki mit seinem Ehrgeiz und Willen. Lauda hat auch Kopf und viel Geist, was sein Umgang mit dem Rennwagen beweist. Auch die Ferrari-Leitung darauf schaut, dass der Wagen wird stets ausgebaut. Nach solch schwerem Unfall braucht es grossen Mut, bis man so weit ist und wieder gewinnen tut. Den

Weltmeistertitel in diesem Jahr, wünsche ich Niki, ich sag es fürwahr. Hut ab vor solch einem Mann, den man auf's allerhöchste achten kann. Ich hoff auch, dass er hat Glück und es ihm geht wohl, Niki Lauda Österreichs grossem Rennfahrer-Idol.

Graz, den 25. August 1977.

Der durchschnittliche *Erwachsenen*-Brief an Niki Lauda will Interessantes aus dem Leben des Absenders erzählen und enthält nützliche Tips, man leistet Lebenshilfe. Wichtigstes: Man will *kommunizieren.*

Sehr geehrter Herr Lauda, liebe gnädige Frau!

Schon lange hege ich den Wunsch, Ihnen einige Zeilen zu schreiben.

Zunächst gratuliere ich zu Ihren Erfolgen im Jahre 1977, welches ja noch nicht ganz abgeschlossen ist. Trotzdem erhoffe ich in Ihnen den Weltmeister '77.

Ich wünsche und hoffe, daß Sie Ihren Unfall ganz und gar hinter sich gebracht haben, nicht zuletzt auch durch Ihr fahrerisches Können, sondern auch durch die Kraft an Ihrer Seite, nämlich die Ihrer lieben Frau. Als Fischemann kenne auch ich die Probleme, die ein so großer Fahrer hat, nämlich das unbekannte Objekt, die Maschine. Sie werden vielleicht glauben, es schreibt Ihnen da jemand, der verrückt ist, aber das stimmt nicht ganz; ich hatte in meinem Leben nur zwei Fahrer, denen ich meine ganze Sympathie entgegenbrachte, das sind Sie und mein verstorbener Freund Alberto Ascari aus Italien. Ich sehe einen wahrhaften Weltmeister vor mir.

Man schreibt, Sie seien ein Computer. Ich verneine das, denn ein Computer fährt nur eine Linie. Sie sind für mich neben Ascari mehr als das.

Neulich sprach ich mit einem Ihrer Landsleute in Italien, u. a. auch darüber, ob man es Ihnen in Deutschland verübeln würde, daß Sie den „Ring" so verurteilen, worauf ich zur Antwort gab, kaum einer, der den Ring kennt, verübelt das Herrn Lauda. Ich persönlich habe Onofre Marimon bei Wehrseifen durch die Hecke fliegen sehen und weiß aus eigenen Fahrten um den Ring, wenn einer Zeiten fährt wie Sie, daß da etwas getan werden muß, wofür auch das deutsche Publikum Verständnis hat. Also, keine Angst, in Deutschland verübelt Ihnen das niemand.

Diese Zeilen mußten einmal von der Zunge. Sie waren schon zu Ihrem Unfall fällig, und ich glaube, daß sie Ihnen ein wenig Kraft geben, auch wenn Sie es vielleicht nicht wahrhaben wollen. Leider kenne ich Sie nur vom Bild, nicht einmal ein Autogramm besitze ich, wofür ich Ihnen sehr dankbar wäre. Sollte aber ein kleiner Termin irgendwann möglich sein, würde ich ihn nutzen, und wäre es nur bei einem Viertel Wein. Bis vielleicht dahin wünsche ich Ihnen und Ihrer lieben Frau alles Gute und ein good-luck für Zandvoort.

Sollte diese Post durch eine Sekretärin erledigt werden, so bitte ich höflichst, Herrn Lauda diesen Brief zum späteren Zeitpunkt noch vorzulegen.

Heinz S., Dortmund

Echte Raritäten sind Briefe, die nicht von Fans, sondern einfach von engagierten Menschen kommen, zu einem ganz konkreten Punkt Stellung nehmen und noch dazu von der ersten bis zur letzten Zeile ernstzunehmen sind. Einer dieser Briefe ist auf Seite 119 dieses Buches abgedruckt, er bezieht sich auf das (verdreht wiedergegebene) Interview Laudas unmittelbar nach seiner Ferrari-Kündigung („Hängebusen“).

Tschechoslowakei: Im Ostblock scheint eine unglaubliche Ausgehungertheit nach Motorsport zu bestehen. Rund ein Sechstel aller Lauda-Fanpost kommt aus der CSSR.

Lieber Niki!

Ich bin schon einige Jahre Ihr fanatischer Fan. Nachdem Sie im Jahre 1972 bei uns in der Tschechoslowakei in Brno am Start waren, bin ich Ihr Fanatiker geworden. Und jetzt, in fünf Jahren, sind Sie der populärste Pilot F-1. Ich bin glücklich, daß ich mich in Ihrer Kunst nicht irrte. Ich möchte sehr Ihres Foto mit der Unterschrift zu haben. Und daher schreibe ich Ihnen. Ich schrieb Ihnen schon vor zwei Jahren, aber ich hatte vielleicht schlechte Adresse (nach Wien). Jetzt weiß ich nur, daß Sie in Salzburg wohnen. Ich glaube, daß Sie den Brief bekommen, weil Sie sehr bekannter Mensch sind. Vielleicht können Sie meine Bitte erfüllen.

Ich war sehr glücklich, wenn Sie im Jahre 1975 den Weltmeistertitel gewinnten. Aber ihre Havarie am Nürburgring, das war sehr unliebe Überraschung. Anfangs bekam man bei uns Nachrichten, daß Sie in Ordnung sind. Bis nach einer Woche erfuhr ich, daß Sie sehr schwere Verwundung erlitten.

Ich schätzte Ihre Geste in Japan ab, wenn Sie aus dieser gefährlicher Grand Prix traten zurück. Der Mensch lebt nur einmal. Wie kann Hunt Freude von dem Titel haben, das verstehe ich nicht. Ich glaube, daß Sie in diesem Jahr den Weltmeistertitel gewinnen und dazu wünsche ich Ihnen viel Glück.

Ich bitte Sie noch einmal, mir das Foto mit der eigenhändigen Unterschrift zu senden. Ich danke Ihnen herzlich. Wenn kann ich noch um etwas bitten, senden Sie, bitte, den Brief eingeschrieben. Viel Erfolge und mehr Glück wünscht Ihnen Ihr Fan aus der Tschechoslowakei.

Zdeněk Bezedek

PS: Entschuldigen Sie, bitte, mein schreckliches Deutsch.

Beschimpfungen. Negative Briefe sind ausgesprochene Einzelfälle, sie sind zumeist anonym. So auch dieser (die Handschrift deutet auf einen älteren Schreiber hin):

„S. g. Herr Lauda!"

Kaum sind Sie dem Totengräber von der Schaufel gerutscht, schreiben die Zeitungen, schlagen Sie eiskalt zu und fahren so wie früher, man hatte nur eines vergessen, James Hunt muß einen Defekt gehabt haben an seinem Wagen, ansonsten wären Sie nie als Sieger aus Südafrika nachhause gekehrt. Daß Sie eiskalt sind, das hätten die Zeitungen in einer anderen Weise schreiben müssen, Sie sind nicht stehen geblieben, hätten Hilfe geleistet, Ihnen war der Sieg und Platz einst wichtiger als ein Kamerad von Ihnen, Tom Pryce. Sie hat man gerettet, ansonsten könnten Sie heute die Kartoffel von unten anschauen, Sie eiskalter Mensch Sie. Sie haben abermals Glück gehabt, als Ihnen ein Stück vom Unfallwagen des Tom Pryce unter Ihren Wagen kam, aber Ihnen nichts passiert, wäre dies einem anderen passiert, wäre bestimmt etwas passiert, oder Sie haben mehr Glück als Verstand in Ihrem Leben, und das können Sie Ihren Kollegen danken, daß Sie noch am Leben sind. Sie glauben, nur Sie sind der Größte, aber es kommt einmal der Tag, wo es auch Sie erwischt, es hat leider den falschen erwischt der sterben mußte, Sie hätte es erwischen sollen, damit einmal Ruhe ist mit der Lauda-Affäre. Ihr Kollege Prüller muß vermutlich mit Ihnen verheiratet sein, so hat es den Anschein, man hört nur Lauda, Lauda, sonst nichts, wenn dieser die Reportage im Fernsehen hat, es ist schon uninteressant zuzuschauen, wenn Prüller die Reportage leitet. Herr Prüller kann sich Ihnen auf den Hut stecken als Souvenier. Ihre Gattin sagt heute schon Sie werden Weltmeister, aber Sie muß noch abwarten, es sind noch andere hier, die das Geld holen und kein Lauda. Vielleicht kann Ihnen die Gattin einen Kranz als Sieger kaufen, den Sie hoffentlich für immer dann haben sobald als möglich. Denn Ihre Siege usw. interessieren mehrere Österreicher nicht. Jahre war Ihnen die Mariella Reininghaus gut genug, dann nicht mehr, aber Gottesstrafe war nicht die vergönnte, Sie hätten tot sein sollen, aber es kommt der Tag, Gottesstrafe ist überall. Zum Schluß Sie haben mehr Glück als Verstand, und ein Sprichwort sagt, die Dummen haben das Glück.

Wir vergönnen jedem anderen den WM Titel, nur Ihnen nicht, Sie aufgejubelte Taube.

(Anonym)

Ein Mann für jedes Alter: Auch die Senioren haben's mit Lauda. Anders als bei jugendlichen Fans sind die Themen je nach Geschlecht der Absender sehr unterschiedlich. Ältere Damen schreiben sehr herzige Briefe, fast immer mit diesem Tenor:

S. g. Herr Lauda!

Obwohl ich eine Frau mit schon 50 Jahren bin, bin ich eine große und begeisterte Verehrerin von Ihnen. Habe mich gefreut über Ihre Siege und habe um Ihnen gebangt als Sie verletzt waren. Meine Freundinnen lachen mich schon aus, weil mein größter Wunsch ist ein Bild mit Ihrem Autogramm, darf ich hoffen?

Vielen lieben Dank und weiterhin recht viel Erfolg wünscht Ihnen herzlichst

E. F., Zell/See

Die älteren *Herren* geben sehr eindringliche Ratschläge, beispielsweise:

Sehr geehrter Lauda!

Die Kronenzeitung berichtete, daß Sie auch die Kunstfliegerei versuchen wollen. Nun, schon einmal sind Sie aus den Flammen gerettet worden und nun wollen Sie neue Gefahren eingehen. Lassen Sie die Finger weg davon, wenn Sie noch einmal Weltmeister werden, so werden Sie genug Geld gesammelt haben, um auch diesen Sport aufzuge-

ben. Tote Rennfahrer haben wir ja schon genug und die jungen Frauen die so ihre Männer verloren haben, sind auch nicht zu beneiden. Rupert Hollaus, Dirtl, Rindt, das sind alles junge Menschen die noch gern gelebt hätten, ich habe selbst mit Rindt gesprochen über die Gefahren dieses Sports und wenige Monate nachher war er tot. Die Gesundheit ist das größte Kapital, Geld ist notwendig nicht aber auf Kosten der Gesundheit. Ich in 76 Jahre alt und habe viel erlebt, aber ich habe mich nie in eine Gefahr begeben, wenn es nicht unbedingt notwendig war. 3 Jahre Rußland und immer wieder mit Glück davongekommen, wie oft dies war, ist nicht zu zählen, und nun bin ich seit 16 Jahren Pensionist und tausche mit keinem Rennfahrer und wenn er noch soviel Geld und alles was dazu gehört errungen hat. Ich könnte Ihnen viel sagen, aber ich hoffe, Sie beachten meine Worte und hören recht bald auf.

Für Zeltweg wünsche ich Ihnen einen Sieg, damit Sie möglichst bald Weltmeister werden und dann Schluß machen.

Mit vorzüglicher Hochachtung zeichnet
F. K., Sieghartskirchen

*

Wie schon gesagt: Die Kommunikation ist einseitig. Lange Briefe, vollgeschriebene Seiten kommen rein, schlanke Autogrammkarten werden retourniert. Abgesehen von der technischen Unmöglichkeit, jedem einzelnen Schreiber *full service* zu bieten: Niki könnte mit dem in Schriftform gebrachten Innenleben seiner Gemeinde nichts anfangen. So wenig er sich einem Fremden anvertrauen würde, so wenig gibt es ihm auch, wenn andere sich ihm eröffnen. Er versteht das Motiv einfach nicht, solches Verhalten ist ihm so fremd, daß es ihn ratlos ließe, dächte er drüber nach. Das Maximum, was er zu bieten hat, ist Gutmütigkeit, nicht Verständnis: *Na ja, wenn der a Freud hat, dann ...* Auf dieser Ebene liegt auch seine Gleichgültigkeit gegenüber Förderung des Motorsport-Nachwuchses. Wenn einer *fragen* muß, wie man Rennfahrer werden kann, oder wenn einem auf dem Weg dorthin geholfen werden muß, dann hat dieser Mann für ihn schon die Qualifikation verloren. Sich-Durchsetzen, das Allein-Kämpfen ist für ihn nicht *Weg* zum Motorsport, sondern bereits Bestandteil dessen. Man kann das Rennfahren nicht aus seiner Umwelt lösen, kann es nicht auf den schieren technischen Vorgang beschränken: Das Sich-Beschaffen eines Autos ist ebenso wichtig wie das Fahren selbst. Mit dieser Einstellung erkennt er seinem Beruf auch das Spezielle, das Unverwechselbare ab: Karriere, da oder dort, im Sport, Beruf oder Geschäft, hat überall die gleichen Regeln.

AM RAND DES WEGES

Privatleben eines Karrieremenschen: Gesetzeslehre von Vorrang und Nachrang

Niki, du fängst unten am Bach einen Frosch. Der Frosch sagt, ich erfülle dir drei Wünsche, wenn du mich freiläßt. Was antwortest du ihm?

Zehn Sekunden Nachdenken, dann sagt Lauda rasch: *Erstens wünsche ich mir ein Kind, zweitens wünsch ich mir, den Berufspilotenschein endlich schon vor mir liegen zu haben, fixfertig umgeschrieben auf österreichische Erfordernisse, drittens wünsche ich mir ein eigenes Frachtflugunternehmen, das schon so etabliert ist, daß es funktioniert. Aber,* sagt er dann, *das alles wünsche ich mir HEUTE, morgen kann alles ganz anders ausschauen.* Also halten wir das Datum fest: 26. Oktober 1977.

Die Antworten könnten den Schluß zulassen: Vielleicht freut er sich – unbewußt – auf den Tag, an dem er wieder ein normaler Mensch wird.

*

Einstweilen jedoch dominiert der Rennfahrer den Menschen. Auch das Privatleben wird überschattet von seinem Standardvokabular: *Substanz, Reserven, aufbauen, abbauen, over the limit.*

Er unterscheidet zwischen zwei Arten von Tätigkeiten: aufbauende und abbauende. Wenn der *Abbau* so weit geht, daß die *Substanz* (= seine übliche körperliche, geistige, nervliche Kapazität) angegriffen wird, ist die Situation *over the limit* und muß – fast gewaltsam – sofort geändert werden.

Sein Leben – das öffentliche und private – pendelt daher tagein, tagaus an dieser Niveaulinie hin, wie an einem Wasserspiegel, mal drüber, mal drunter – mit darauffolgender Korrektur. Der Umfaller einer durchfeierten Nacht mit Alkohol und einer Menge Cigarillos (ja, wirklich!) bringt natürlich eine derart steile Zacke in die Linie, daß das Timing stimmen muß. *Ventil-Aufmachen* nennt er das, *weil sonst wirst narrisch.* Den Zeitpunkt des Ventil-Aufmachens wählt er mit Bedacht (und grimmiger Vorfreude).

Die Umwelt muß sich nach den Lade- und Entlade-Phasen richten. Damit ist das Privatleben, auch die Ehe, voll in den Sport integriert, und alle passen sich dem Betriebszustand des Generators an.

In seinen eigenen Worten wird dieser Zustand am besten deutlich, wenn man ihm ein Stirling-Moss-Zitat hinwirft und seine Meinung dazu wissen will: *Meine Vorliebe für den Rennsport ist eine Besessenheit, die meine persönlichen Beziehungen zerstört hat.*

Lauda: *Das Wort Besessenheit klingt schlecht, zu negativ. Ich bin nicht besessen vom Sport, aber er taugt mir, und er taugt mir SEHR. Das Wort Besessenheit sagt vielleicht das Richtige aus, hat aber einen schlechten Unterton. Davon abgesehen, kann ich mir das Zerstörtwerden von persönlichen Beziehungen sehr gut vorstellen. Bei mir beginnt es damit, daß ich nie frei bin. Ich schlepp immer einen Rucksack mit, jetzt zum Beispiel folgenden: Ich weiß, die Rennen werden noch schwieriger werden, ich muß nächstes Jahr noch mehr geben, muß mich also steigern. Aber ich hab ja schon dieses Jahr hundert Prozent gegeben – woher nehm ich jetzt diese Steigerung? Ich muß mein ganzes Leben drauf einstellen, um zu dieser Verbesserung fähig zu sein. Es beginnt bei so simplen Dingen wie: An 17 Sonntagen im Jahr darf ich nicht verkühlt sein. Wenn ich mich zwei Wochen vor einem Rennen verkühle, freu ich mich: Jö fein, das geht sich aus. Wenn ich mich aber eine Woche vor dem Rennen verkühle, wird's kritisch, daher muß ich mich zeitweise benehmen wie ein überspannter Opernsänger: Net zu warm, net zu kalt, nur keinen Luftzug undsoweiter.*

Ich kann nicht verrückt spielen, wanns mir paßt. Wenn ich am Abend fortgehe und spät heimkomme, geht mir der Schlaf ab. Zumeist bin ich aber ohnedies so kaputt, daß ich nur das Notwendigste tue. So oder so: Der Sport ist immer dabei und überschattet alles. In dieser Zeit ist es für den Menschen, der mit mir lebt, natürlich schwer, mit mir auszukommen. Da braucht man eine besondere Frau. Das mit der „besonderen" Frau ist mir einmal rausgerutscht, dann habe ich drüber nachgedacht und finde es jetzt richtig. Ich war einmal mit einem Mädchen in einem Lokal, in dem ich noch mitten in der Nacht um Autogramme gebeten wurde. Alle paar Minuten ist einer an den Tisch gekommen und hat uns gestört — wie es ja leider üblich ist. Das Mädchen hat dauernd geraunzt: Ein Wahnsinn ist das mit dir, man hat ja keine Ruh, mit dir halt ich das nicht aus — dabei hab ich ganz genau gemerkt, wie geil sie auf die Publicity war. Dann hat sie noch gesagt: Mit einem Mann wie du es bist könnte ich nie verheiratet sein, daraufhin wollte ich endlich meine Ruhe und sagte: „Jetzt ist Schluß. Besondere Männer brauchen besondere Frauen — und du gehörst nicht dazu."

Ich habe keine Reserven, die ich woanders hinlenken kann. Wenn ich eine Frau habe, die das Besondere meines Berufs nicht akzeptiert und mich nicht so nimmt, wie ich bin, dann geht das schief. Das ist bei Moss schiefgegangen, beim Jim Clark schiefgegangen und ist bei mir selbst schiefgegangen. Der Rennsport hat noch immer Vorrang vor der Frau.

Die Vorrang- und Nachrang-Regelung hat sich im Haus Lauda aber zu einer recht gemütlichen österreichischen Lösung ausgewachsen, deren Praxis viel lässiger und „normaler" aussieht als die Theorie klingt. Marlene hat etliche äußerlich erkennbare Eigenschaften, die dem Zusammenleben mit einem „besonderen“ Mann recht dienlich sind: Sie ist heiter, unkompliziert, nicht besitzergreifend und genügend unabhängig, um für Stunden, Tage oder Wochen völlig eigene Wege zu gehen.

Marlene stammt aus der Ehe eines österreichischen Kunstmalers mit einer Spanierin. Das Paar lebte viel auf Wanderschaft und kam auf diese Art zu einer multi-nationalen Kinderschar: Das erste Kind wurde in Spanien geboren, das zweite (Marlene) in Venezuela, das dritte und vierte in Chile. Neben der jeweiligen Geburtsland-Staatsbürgerschaft bekamen die Kinder natürlich auch noch die väterliche österreichische Staatsbürgerschaft. Marlene über ihre südamerikanische Jugend: *Über Nacht entschloß sich mein Vater, Farmer statt Maler zu sein. Er kaufte Land in Chile und begann mit Viehwirtschaft. Beim Zurückdenken sehe ich als erstes Bild nur Tiere vor mir, alle Arten von Tieren, von der Vogelspinne bis zum Puma. Wir fuhren im Ruderboot zur Schule und waren drauf trainiert, alles selbst zu machen. Ein schweres Erdbeben zerstörte Valdivia, die Stadt in unserer Nähe, daraufhin wurde mein Vater noch stärker zum Landleben motiviert. Er war sprunghaft in seinen Projekten: Einmal kaufte er einen sündteuren Maschinenpark zur Gewinnung von Eukalyptus-Öl, dann stimmte irgendwas nicht, und das ganze Zeug verrostete. Dann ließ er einen Stall für 200 Kühe bauen, am Ende hatten wir zehn Kühe und ein paar hundert Fledermäuse drin. Nach und nach verloren wir alles Vieh, das meiste durch Diebstähle. Die Familie verstand einfach nicht genug von der Landwirtschaft.*

Als Andenken an die spanische Mutter und Kindheit in Südamerika hat Marlene eine seltsame Färbung ihres Deutsch behalten, ohne daß man einen konkreten ausländischen Akzent heraushören könnte. Spanisch ist noch immer ihre „erste“ Sprache, und ihr Deutsch läuft immerhin in spanischer Geschwindigkeit ab. Die deutschen Worte sind für das Stakkato des Abfeuerns aber zu sperrig, so daß es immer wieder vorkommt, daß sich ein paar Silben das Haxl stellen, es folgt eine halbe Sekunde Pause zur Wiederherstellung der Ordnung, Rekapitulation der letzten Worte, dann geht's weiter: Deutsch auf spanische Art.

Nach dem Tod des Vaters errichtete der Clan auf Ibiza sozusagen ein Basisquartier, das nach Belieben besucht und verlassen wird. Von dort macht sich beispielsweise Marlenes (chilenischer) Bruder Tilly (24) alle paar Monate auf, um mit einer BMW-Beiwagenmaschine (Baujahr 1951, hervorragend in Schuß) auf Reisen zu gehen — oft auch zur Schwester nach Salzburg. Niki mag den Schwager und hat ihm in der obersten Etage des Hauses ein großes Atelier mit viel Glas und freiem Blick überlassen: Tilly malt. Momentan ist Tilly auf Urwald spezialisiert, da malte er vorerst aus seiner Phantasie, dann flog er nach Malaysia, um *die Natur zu überprüfen,* und befand: *Stimmt alles. Was immer man erfindet — Blumen, Blätter, Bäume — existiert dann auch im Dschungel.* Er sagt, er sei als Maler erfolgreich, seine Bilder würden gute Preise erzielen, der Absatz sei nur wegen der schleppenden Produktion etwas limitiert.

Anfangs, als Lauda Marlene und deren Familie kennenlernte, war sein Lieblingskommentar: *Die sind alle so locker.* Locker, locker, locker, das faszinierte den ein bisserl verkrampften Niki, der sieben Jahre lang mit einer sehr disziplinierten jungen Dame gelebt hatte. Manchmal hat der zufällige Zeuge von Marlenes kleinen *lockeren* Aktionen fast den Hauch eines Verdachts, es sei eine kleine Show, bloß um Niki zum Lachen zu bringen und die Angespanntheit zu durchbrechen, die ihn tatsächlich oft umgibt. Denn soviel scheint klar zu sein: Niki ist nicht *easy,* aber er würde gern *easy* sein und mag Leute, die sich *easy* geben oder *easy* sind.

Daher sind Leute mit eingebauter Wichtigkeit oder gar Rennfahrer, die über Rennen als etwas Wichtiges reden, als Lauda-Freunde ungeeignet. Was er braucht, sind *Typen,* aber nicht allzu intellektuell, weil sonst wird der Kontakt anstrengend – und kostet Substanz. Unter den (sehr positiv ausgelegten) Begriff *Typen* fallen für Niki jene Leute, die auf irgendeine Weise interessant sind und ihre Identität vis à vis dem Star nicht verlieren, also: ihn nicht auf besondere Weise behandeln, weil er der berühmte Rennfahrer ist. Das allein wäre zu einfach – die Anforderungen gehen noch weiter. Die *Type* darf zwar nicht ihm gegenüber buckeln, muß sich aber selbstverständlich unterordnen – auf entsprechend souveräne und unauffällige Art. Zum Beispiel „der Bertl": Ein fröhlicher KTM-Angestellter und Freund des Millionärs Walter Wolf. Bertl hat gegenüber Lauda keine Funktion, was ein enormer Vorteil ist, dadurch kann er nicht *lästig* werden, er hat keine *Wünsche.* Und: *Der Bertl ist eine Persönlichkeit, und wenn ich ihn ein Arschloch nenne, sagte er nicht Entschuldigen, Herr Lauda, sondern tuscht mir eine. Bertl ist ja nicht der einzige, vor allem unter den Fliegern finde ich viele Leute, die mich exakt so nehmen wie jeden andern. Drum fahre ich gern ins Fliegerbeisl auf den Salzburger Flughafen.*

Bertl Wimmer machte – ohne eigentliche Funktion – fast den ganzen Grand-Prix-Zirkus des Jahres mit, teils als Wolf-Trabant, teils als Lauda-Mann. Lauda schien echt Wert drauf zu legen, Bertl in seiner Nähe zu haben, und nahm zusätzliche Schwierigkeiten auf sich (Abholung, Transport, Zimmerbeschaffung). Ein Mann aus seiner Profi-Truppe, der seinen Paß in New York verliert, würde Lauda bloß ein geknurrtes *Hätt-er-aufgepaßt* kosten, beim Bertl beschäftigte er sich selbst mit dem Problem.

Drei, vier dieser Männer, allesamt sehr „natürlich", erd-

 Bitte lesen Sie weiter auf Seite 209

ZUM FOLGENDEN FARBBILDTEIL
Idee und Fotos: Carl Imber

Das Thema des Farbbildteils ist nicht die Person Niki Laudas, sondern die Welt seines Berufslebens, des Grand-Prix-Sports im allgemeinen.

Unter den besten Motorsportfotografen der Welt wählten wir den Schweizer Carl Imber, von dem sämtliche Fotos auf den nächsten 16 Seiten stammen. Imber schrieb dazu auch die folgenden Erklärungen, die dem Leser einen Vergleich zwischen den Überlegungen des Fotografen und dem Endresultat, dem veröffentlichten Bild, ermöglichen.

1 Die gleiche Hauptfrage an jedem Renntag: Von wo fotografiere ich heute den Start? Einerseits will man jedesmal einen neuen Blickwinkel haben, andererseits wollen die Kunden lieber einen „handelsüblichen" Start als eine Aufnahme von hinten oder verzoomt. In Hockenheim sind die privilegierten Plätze der Fotografen oft ungünstiger als die normalen Zuschauerräume. Für diese Aufnahme stand ich auf einer Bierkiste hinter der letzten Reihe der Zuschauertribüne. Die Motorkamera hielt durch das 300-mm-Tele den Rammstoß gegen Regazzoni und dessen Ausscheiden fest. Die Menschen an den Boxen wirken wie Ameisen, allerdings nicht so gut organisiert

2 Unter allen Sportarten ist es der Motorsport, bei dem man die schönsten und interessantesten Frauen fotografieren kann. James Hunt, Carlos Reutemann und John Watson haben dagegen sicher nichts einzuwenden

3 Oberes Bild: Wieder das klassische, simple, ungeschnörkelte Bild eines Starts, diesmal in Zandvoort. Die Kamera-Position ergibt sich von selbst: Oberhalb der Tarzan-Kurve.

Unteres Bild: Zweikampf in der Tarzan-Kurve: Peterson und Jarrier sind fast deckungsgleich. Ich berücksichtige drei Faktoren: Welche Verschlußzeit bringt mir den schönsten verwischten Hintergrund? Soll ich den roten Feuerlöscher im Vordergrund mit ins Bild einbeziehen? Außerdem muß ich abwarten, ob sich aus dieser Situation nicht eine dramatische Szene ergibt. Ich muß mit der Kamera mitgehen, um für den Fall eines Crashes am Kurvenausgang parat zu sein. Der Redakteur liest den Agenturbericht, da steht was von Kollision in der soundsovielten Runde – und wo ist das Bild?, fragt er mich

4 Noch ein Beitrag zum Thema Damen, diesmal werden Niki Lauda, Hans Stuck und Jacques Laffite umrahmt. Die Lady rechts unten auf der Hafenmauer von Monaco ist Nina Rindt

5 Die Startrunden in Monaco (oben, Scheckter in Front) und Jarama (wir erkennen Andretti, Laffite, Reutemann, Scheckter, Hunt, Watson. In der zweiten Gruppe liegt Regazzoni vor Mass und Depailler). Monaco ist der gefährlichste Boden für Rennsport-Fotografen, trotz aller Vorsichtsmaßnahmen

6 Schöner Rahmen für Peterson & Scheckter, Rupert Keegan, Emerson Fittipaldi und Patrick Depailler

7 Niki Lauda in Jarama. Das ist eine Stelle, die ich jedes Jahr wieder aufsuche. Mit einem 500-mm-Spiegel-Tele versuche ich, den Ferrari aus der Umgebung herauszulösen, um so die Dynamik des Wagens zu erhalten, sozusagen die Geschwindigkeit einzufrieren

8 Technik und Mechaniker, Farben, Formen und Menschen – zwischen zwei Trainingsperioden im Fahrerlager

9 Mario Andretti. Der Versuch, eine Kurvenfahrt fotografisch zu interpretieren: Schwarz, Gold und Geschwindigkeit. Das Bild

stammt aus der Bahnhofskurve von Monaco – an keiner anderen Stelle des Grand-Prix-Zirkus kommt man derart nah an die Autos heran. Aus zwei Meter Entfernung und erhöhter Position habe ich mit einer langsamen Verschlußzeit (1/15 sec) mitgezogen und gleichzeitig das Zoom vom Weitwinkel bis zum Telebereich durchgezogen (von 35 auf 90 mm)

10 Letzte Vorbereitungen an Laudas Ferrari. Unten: Lauda (vorn) und Patrick Depailler in den letzten Sekunden vor dem Start. Am Tyrrell ist die „Luke" gut zu sehen, die dem Fahrer den Blick auf die Vorderreifen ermöglicht, was manchmal zur Kontrolle des Reifenzustands wichtig ist

11 John Watson im Kurvengeschlängel. Der Yachthafen von Monaco gibt eine großartige Kulisse ab. Diese Strecke ist ein wohltuender Gegensatz zu den modernen synthetischen Rennstrecken, auf denen man die Umwelt nicht ins Bild miteinbeziehen kann, weil sie nur aus Leitplanken und Drahtzäunen besteht

12 Was alles dazugehört – zum Beispiel Show und Bewachung (symbolhaft für den Argentinischen Grand Prix). Siesta: Depailler, Konversation: Rega – Fitti. Wir Wunderkinder: Lauda – Cecotto. Warten: Hunt, Teddy Mayer und – verträumt – ein Gast: Barry Sheene

13 Die Angst des Fotografen vor schlechtem Licht läßt im Moment nur Konzentration auf lichtstarke Objektive und richtige Verschlußzeiten zu. Die Emotionen kommen erst beim Anschauen des fertigen Bilds: Lieber Himmel, es muß Überwindung kosten, bei solchen Verhältnissen zu fahren!

14 Diese Aufnahme mit dem 400-mm-Objektiv ergibt ein Bild, wie es der Zuseher an der Piste nie sieht. Das starke Teleobjektiv verändert die Perspektive so, daß sie der Wirklichkeit nicht mehr

entspricht. In Wahrheit sind der Lotus und der Tyrrell gar nicht so eng beisammen, aber das Tele dramatisiert die Situation, mindert dadurch den Nachteil des „stehenden“ Bildes und vermittelt im Endeffekt einen richtigen Eindruck

15 Oberes Bild: Niki Lauda, in Gold gefaßt. Mit Hilfe des völlig verschwommenen Vordergrundes, wie ihn Blumen in Monaco ergaben, läßt sich die Schönheit des Rennwagens, die Schönheit von Technik schlechthin, manipulieren, der Fotograf kann Emotionen provozieren
Unteres Bild: Scheckter saugt sich an das Heck von Stuck. Auch diese Aufnahme ist absichtlich mit dem langen Tele geschossen, um die Kampfstimmung zu unterstreichen. Auf einer leblosen Strecke wie Jarama bleibt einem nichts anderes übrig, als sich mit allen möglichen Tricks auf die Wagen zu konzentrieren – ansonst gibt es hier nur Zäune und Leitplanken. Man findet nicht einmal Grashalme, die man vielleicht als verwischten Vordergrund in das Bild miteinbeziehen könnte

16 Grand Prix – ein Sport für die Masse, mit unglaublichen Zuschauerzahlen und all den Konsequenzen von Massenspektakel, mit all der Hysterie, Überdrehtheit und Grellheit der Werbung. Irgendwann kommt jeder in die Lage, daß er kurz die Augen schließt und die Ohren zuhält – und durch sein Hirn huscht dann vielleicht ein Bild wie das untere . . .

1

CHAMPION

John Player Special
11
15
26

GOODYEAR
FIRST NATIONAL CITY
TRAVELERS CHECKS
elf 3

TEAM

GITANES

Castrol
Wolf
Castrol

John Player Special
GITANES
Castrol
Castrol
Valvoline
Valvoline
Marlboro

NOMEX

BRA

GOODYEAR

GOODYEAR
Agip
HEUER
Agip
Agip

ROTHMANS INTERNATIONAL
march
FORMULA 1
NPP 133M

TEAM
TISSOT ENSIGN
Castrol

RACE SPARE

STUCK
AMON
OFF

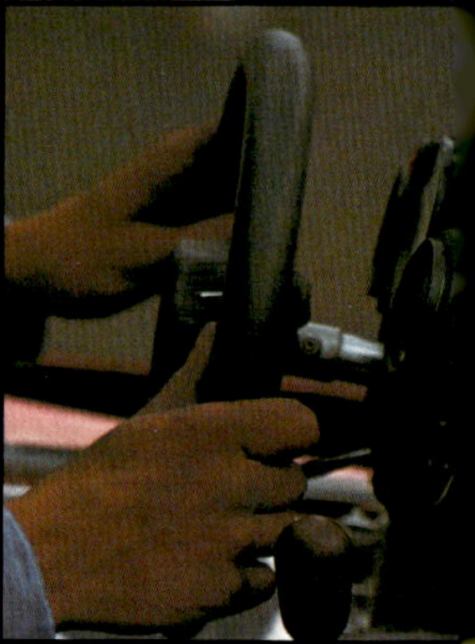

GOODYEAR
4
elf

Valvoline
John Player

elf elf elf
TRAVELERS

FINA
MARTINI
BRABHAM
alfa romeo
GOODYEAR
CHAMPION
FINA

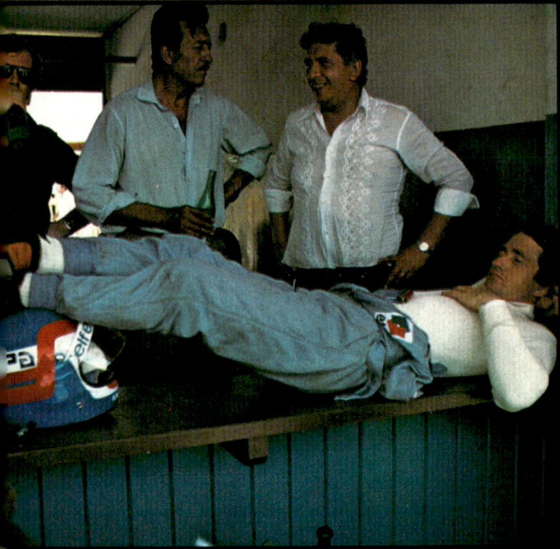

Marlboro

JAMES
HUNT

GOODYEAR
DEPAILLER
FIRST NATIONAL CITY
elf 4
elf

elf
elf
GOODYEAR
John Player Special

Agip
GOODYEAR
11
Lauda
FIAT
arexons

Racing
GOODYEAR
Wolf
Castrol

Marlb
GOOD YEAR
Tyrrell
GOOD YEAR
1
Niki Lauda
3
elf
GOOD YEAR
GOOD YEAR
25

verbunden und unterhaltsam, stellen Laudas engsten Freundeskreis dar – trotz Nikis gestörter Beziehung zum Wort „Freund". Manchmal legt er Wert drauf, keinen Freund zu besitzen (es geht nur um den Ausdruck, um das Wort an sich), fragt nach der Definition des Wortes („Was ist ein Freund?") und gibt sich ratlos („Nenn alle meine Bekannten Freunde, wenn du willst"). Dahinter steht offensichtlich das Mißtrauen eines Mannes, der Angst vor dem Ausgenützt-Werden hat. Da gab es beispielsweise einen Bekannten, der sich jahrelang Laudas „Freund" nennen durfte. Lauda empfand aber immer weniger für ihn und wurde richtiggehend wütend, als jener bei ihm reklamierte: *Wieso sagst du in einem Interview, du hättest keinen Freund? Ich bin doch dein Freund!* Daß einer einen Anspruch auf den *Titel* Freund geltend machen könnte, stört Lauda so sehr, daß er das Wort lieber unter den Teppich kehrt. Der Bertl, der Schurl, der Helmut, die „taugen" ihm, die „mag" er, die kann er „gut leiden", und damit basta.

Geld, Würden und gesellschaftlicher Rang sind keine Qualifikation, um von Lauda als interessant empfunden zu werden. Seine Gleichgültigkeit gegenüber Berühmtheiten, die ihm quasi auf dem Goldteller präsentiert werden, ist ehrlich, ohne Show oder Koketterie. Noch öfter interessiert es ihn, einen berühmten Menschen kurz kennenzulernen, um sich eine Meinung bilden zu können. Zumeist wird der andere dann *abgehakt,* der Fall ist erledigt, der Mann interessiert ihn weiter nicht. Lauda hat nichts gegen das Fürstenpaar von Monaco, aber das Bedürfnis, als Privilegierter die Nähe der Herrschaften erleben zu können, ist unterdurchschnittlich gering. Wenn es dem Sport auch nur ein Quentchen nützt, auf ein Diner mit dem Fürsten zu verzichten, bleibt Lauda im Hotelzimmer, wie 1977, als er sich zwischen den Trainingstagen im *Minus* fühlte und sich *aufbauen* wollte. Und zum Aufbau ist Willy Dungl (vor allem aber dessen Schlafbad) noch allemal besser als der Fürst, somit war es gar keine Frage, wie Lauda entscheiden würde. Drauf angesprochen, ob es ihm nicht leid getan habe, auf einen Abend mit Rainier zu verzichten, sagte er: *Ich weiß ja gar nicht, ob der Fürst ein klasser Kerl ist. Sein social life interessiert mich nicht. Vielleicht finde ich eines Tages raus, daß er ein lieber und sympathischer Mensch ist, dann wäre es fein, ihn näher zu kennen. Ansonst würde ich aber meine Zeit besser nützen, wenn ich mit dem Maurer-Schurl in die Kantine auf ein Bier gehe.*

Lauda schätzt Walter Wolf (den Multimillionär), sagt aber: Nicht wegen des Geldes, nicht einmal wegen des Erfolgs eines Selfmade-Mannes. Er habe nie Leute des Geldhabens wegen bewundert, eingeschlossen seine eigene Familie. Bei Wolf ist es wieder die *Typenhaftigkeit*, die ihm gefällt: *Die Leute halten ihn für einen arroganten Trottel, aber er hat einen guten Kern, und mir gefällt seine Art, den Rennsport zu sehen. Er kann nicht einmal Cosworth aussprechen, sagt Cosmot statt dessen, und wenn er Brabham meint, sagt er Braaa-ham. Er hat eine ungewöhnliche Art, Probleme anzugehen, und ich schau ihm gern dabei zu. Wenn ich weiß, daß er sich in einen Blödsinn verrennt, sage ich ihm meine Meinung, vielleicht verwendet er das, vielleicht auch nicht.*

So sehr er Sachkenntnis an jenen Leuten schätzt, mit denen er arbeiten muß, so wenig schätzt er die sogenannten Benzingespräche. Andere Rennfahrer interessieren ihn überhaupt nicht, mit der Ausnahme des James Hunt, denn der ist eine *Type.* Eine Zeitlang glaubte er, auch Jody Scheckter sympathisch zu finden, aber das änderte sich. Zum Teil ist einfach Laudas Introvertiertheit schuld an dem minimalen Kontakt mit anderen Rennfahrern – so hat er etliche (jüngere) Formel-1-Fahrer noch nicht einmal *kennengelernt*, beispielsweise seinen Nachfolger bei Ferrari, den Kanadier Gilles Villeneuve: *Ich kann nichts über ihn sagen, ich kenn' ihn ja gar nicht.*

Angesprochen auf die früher so übliche Bildung von Rennfahrer-Cliquen oder auch richtiggehenden Freundeskreisen (beispielsweise Jackie Stewart – Jochen Rindt – Piers Courage): *Früher hatten die Rennfahrer ein leichteres Leben. Es gab weniger Rennen, viel weniger Testarbeit, man hatte einfach mehr Zeit. Wenn ich einmal fünf Minuten Zeit habe, will ich lieber meine Frau sehen als irgendeinen Rennfahrer. Die Fahrer, die damals in der Schweiz alle nebeneinander gewohnt haben, jeder auf einem anderen Hügel, sind in der Sonne gesessen und haben auf den Genfer See geschaut, dem Rindt war fad, dem Stewart war fad und dem Courage war auch fad, da haben sie sich halt zusammengehockt. Aber heute ist es ja leider nichts mehr mit dem Fadsein.*

Daß sich darauf eine Menge sagen ließe, ist nicht zielführend. Jeder lebt anders, und Niki liebt sein Schneckenhaus in hohem Maß: Eine gewisse Reserviertheit, in manchen Bereichen fast Isolation, entspricht seinem Naturell, und über diesen Schatten kann und will er nicht springen – er wird es auch dann nicht tun, wenn er einmal nur noch Ex-Weltmeister und weniger berühmt ist. Marlene pflegt zwar zu sagen, daß sich Niki öffnen könne, wenn man ihn nur richtig behandle, aber Lauda schränkt ein: *Das Öffnen fällt mir schwer – manchmal sogar gegenüber meiner eigenen Frau.*

*

Interesse für die Behausungen von Rennfahrern gibt es spätestens seit dem Stirling-Moss-Buch, in dem Ken Purdy das Moss'sche Haus derart begeistert beschreibt, daß ich Moss später um ein Interview bat, nur um dieses bemerkenswerte Haus betreten zu dürfen. Die *sophistication*, die Moss aufwand, um im innersten Kern der Londoner Innenstadt und trotzdem stilvoll (sogar ruhig) leben zu können, ist tatsächlich bemerkenswert. Sein Haus liegt so, daß er zwar die TV-Antenne des Hilton mitbenützen kann, sich aber den Luxus eines Innen-Gärtchens leisten darf. Daß er schon vor 15 Jahren an der Eingangstür eine Videokamera hatte, die sich beim Klingeln automatisch einschaltete und das Bild des Besuchers auf alle TV-Apparate des fünfstöckigen Hauses übertrug, war nur der Anfang einer Orgie von elektronischen Verspieltheiten, die Moss ganz gern herzeigt (enttäuscht war ich bloß vom Klo: Ich finde, wenn einer aus Überzeugung Klosett-Brillen innenbeheizen läßt, sollte er nicht beim Gäste-Klo sparen).

Die Beschreibung des Lauda-Hauses fällt weniger drollig aus: Ohne Verspieltheiten, ohne Gags – außer daß sich in der Waschmaschine feuerfeste Unterhosen drehen, aber das ist ja auch wieder normal in diesem Fall. Das riesige Haus (zehn Kilometer östlich von Salzburg) sieht von der Fuschler Bundesstraße fast wie ein Hotel aus, so nüchtern und streng, gewinnt aber aus der Nähe. Die Lage ist unschlagbar: Am Rücken eines Hügels, freier Blick in alle Richtungen, nach Osten auf den Fuschler See. Ringsherum nur Wiesen, auf einer Seite klopft der Wald ans Küchenfenster. Das einzige Nachbarhaus, hundert Meter weg und tiefer liegend, ist ein Bauernhof und gehört dem Enzinger-Wastl, der ganz gern dem Nachbarn zu den Rennen folgt und dort natürlich in der Lauda-Box sitzt. Und wenn Niki Weltmeister geworden ist, läßt sich der Wastl nicht lumpen und kommt mit einer lebenden Sau anmarschiert.

Trotz der Nähe zu Bundesstraße und Autobahn (jeweils durch ein sanftes Tal getrennt) ist die Zufahrt nicht ganz so einfach, die letzten hundert Meter sind ein Privatweg, von dem nur mit Verbotstafeln dreifach abgeschreckt wird – es gibt keine Zäune oder Gitter. Das würde die Landschaft verschandeln, meint Niki, und der Schutz vor Neugierigen würde ja bald nicht mehr nötig sein – *wenn ich nicht mehr Rennen fahre, schert sich kein Mensch um mich.*

Daß es ursprünglich die Idee eines richtigen Eingangs, Entrees, an der Vorderseite des Hauses gegeben hat, wird durch die Existenz einer Tür an der „richtigen" Stelle und einen entsprechenden Fußweg bewiesen. In der Praxis geht man aber in jedem Fall durch die Garage an der Schmalseite am Ende des Zufahrtsweges. Die Garage mußte gekachelt werden, um eigenhändiges Autowaschen *in domo* zu ermöglichen (Niki ist angewidert von dreckigen Autos), in der Praxis ist dafür aber der Gustl zuständig, von dem später die Rede sein wird. Die Annahme, daß vier Garagenplätze den Bedarf der Familie Lauda decken würden, hat sich inzwischen als lächerliche Absurdität erwiesen. Bestandsaufnahme aus den letzten Oktobertagen 77: Ein Bentley Jahrgang 1961 (Niki: *Den hab ich nur, weil ich alte und gepflegte Autos mag. Ich fahre praktisch überhaupt nicht damit, weil sonst die Leute glauben, ich bin der Udo Jürgens*), ein Jaguar XJ 12 5,3 mit Autotelefon, ein Alfetta GT mit Autotelefon, ein Fiat 132 2-Liter, ein Alfasud Kombi, ein VW-Käfer-Cabrio (Marlenes Auto). Dazu kommen eine Honda 550 und eine KTM. Rechnet man dazu noch den Vauxhall der Haushälterin und den Scirocco des (Hausmeister spielenden) Logisgastes Luigi, genügen natürlich ein oder zwei Gästeautos, um den Garagenvorplatz wie eine Kurzparkzone aussehen zu lassen. Wenn Sie vom Wort „Zweitauto" weiterzählen, kommen Sie irgendwann zum „Siebtauto", das wäre theoretisch jener Ferrari 308 GTB, der ihm bis Vertragsende als Dienstauto zur Verfügung stand, den Lauda aber praktisch nie benutzte (*ein schö-*

ner Wagen, aber zu anstrengend. Formel-1-Weltmeister rollen am liebsten in lautlosen Automatik-Limousinen). Die Wagen des Lauda-Fuhrparks sollen immer gewaschen sein und in allen Details in Ordnung. Was Autos betrifft, kommt eine wahre Buchhalterseele bei Lauda durch: Ein kaputtes Radio in einem der sechs Wagen kann ihm die Laune verderben, wobei ihm auch die Möglichkeit, für diesen Tag eines der anderen fünf Autos zu wählen, nicht drüber hinweghilft. Da winters die Straßenverhältnisse seiner Zufahrt hin und wieder den gesamten Fuhrpark außer Funktion setzen, wird dringend ein Range Rover benötigt, der dann allerdings die Rückgabe des geliebten Jaguar erfordert (für Autos *Geld* auszugeben, müßte ihm wie Onanie vorkommen; der Bentley ist deshalb eine Ausnahme, weil er mehr als Spielzeug denn Automobil angesehen wird). Für den Normalfahrer mag interessant sein, nach welchen Kriterien der kompetenteste Autofahrer der Welt die Qualität eines Pkw mißt: 1. Funktionieren des Autotelefons, 2. Qualität der Stereoanlage, 3. Niedrigkeit des Motorgeräusches, 4. Sitzkomfort, 5. Äußere Form. Daß Details wie Motorleistung, Straßenlage und Bremsen dem Standard entsprechen, wird als Selbstverständlichkeit angenommen. Diese Rangfolge entspricht den geänderten Fahrgewohnheiten Laudas: a) fliegt er per Privatjet, wenn es irgend möglich ist, b) fährt er wesentlich braver als noch vor zwei Jahren (was er damals *flüssig Fahren* nannte, war im Grunde nur *Training,* vor allem in Italien, wo er den Gegenverkehr als *dritte Schikane von Monza* bezeichnete). Heute benützt er die Zeit des Fahrens hauptsächlich zum Telefonieren (aus einer Reihe von vorgespeicherten Nummern läßt sich jeder gewünschte internationale Anschluß durch simplen Knopfdruck wählen) oder Musikhören.

Man betritt also das Haus durch die Garage, die über die

ganze Breite des Hauses reicht, geht vorbei an Heizraum und einer Art Multi-Werkstatt zu einem kleinen Foyer. Geht man geradeaus weiter, kommt man zu Gästezimmern, dem Hundezimmer, Marlenes Dunkelkammer, zur Sauna und schließlich zum Swimming-pool-seitigen Ausgang.

Der normale Weg allerdings führt von jenem Foyer über eine freie Wendeltreppe in den ersten Stock, das Hauptgeschoß. Wenn noch ungefähr sechs Stufen der Wendeltreppe zu besteigen sind, taucht am Oberdeck mit tödlicher Sicherheit einer der riesigsten Hunde Österreichs auf und macht sich bereit, dem Besucher mit einem einzigen Schwung seiner Zunge eine volle Gesichtswaschung zu geben. Es wäre kleinlich (außerdem sinnlos), die angeborene Freundlichkeit der Dogge durch mißverständliche Handbewegungen enttäuschen zu wollen. Sobald der Hund den Aufstieg freigegeben hat (oft setzt er zu einem Nachschlag der Begrüßung an), ist man im oberen Vorraum. Richtung Swimming-pool liegt der (nochmal separierte) Schlafzimmer-Teil, auf der anderen Seite der Salon. An den Breitseiten dieses Stiegenraums sind die Zugänge zum Arbeitszimmer und (gegenüber) zur Küche. Die Wendeltreppe führt zu einem weiteren Geschoß, das oberhalb des Salons aber nur aus einem Balkongang besteht (die Höhe des Wohnzimmers reicht also bis zum Dach). Der übrige Teil des obersten Stockwerks enthält weitere Gäste- und Badezimmer und einen großen Raum, der bei Tillys fallweisen Besuchen dessen Atelier abgibt.

Eindeutiges Zentrum des Hauses ist somit der große Salon, der durch Stufen und Ecken dreigeteilt ist in einen Veranda-Raum, einen Kaminplatz und einen Eßraum. Seine Wirkung bekommt die ganze Einheit durch die Höhe des Raumes und die riesigen Glasfronten mit Blick auf Wiesen, Wälder und Fuschlsee. Soll man den Salon beschreiben, fällt — beim ordnenden Blick – die Mischung von Gegenständen auf, die normalerweise überhaupt nicht zusammenpassen, in dieser Vielfalt aber den Gesamteindruck von großzügiger Wohnlichkeit geben. Das dahinterstehende System dürfte liebevolle Detailabstimmung sein – gewiß nicht von Niki, der sich nur am Resultat erfreut, aber keine Hand zum Einrichten hat. Am kühnsten ist die Eßgarnitur mit starkem Akzent auf Goldfarben. Das Geschniegelte der strengen Messingkanten müßte – allein für sich – eiskalt wirken, hier in der Gesamtheit paßt's aber.

Wo die Wände nicht aus Glas bestehen, sind sie mit Bildern geradezu bepflastert: Durchwegs kleinformatige Bilder, rund fünfzig Stück, Aquarelle, Strichzeichnungen, ein paar Reproduktionen berühmter Werke, ansonst nur Originale aus der Familie Knaus, entweder von Marlenes Vater oder ihrem Bruder Tilly. Themen und Techniken sind unterschiedlich, auch die Anordnung verrät kein System, wieder zählt der Gesamteindruck: Hübsch, interessant, mutig, souverän – wie's jeder sehen will.

Vom Eßraum dieser großen Einheit führt eine Tür zur Küche, die allen Automatik-Schnickschnack hat, selbstverständlich, aber vor allem ein riesiges Fenster, das die Zweige der kecksten Tannen am Hereinwachsen hindert – ein unvergleichlicher Platz zum Schnitzelklopfen.

Die Dimension des Eßtisches – sechs Plätze – deutet die Grenzen an, die Lauda von vornherein für Dinner-Parties zieht. Daß die Logis-Kapazität der Gästezimmer für zehn Personen reichen würde, wird von Lauda bestritten: *Das ist sozusagen nur für extreme Notfälle.*

Wenn sich die Laudas im Wohnzimmer aufhalten, läuft praktisch dauernd Plattenmusik. Da die Lautsprecherboxen auf der Höhe des Obergeschosses stehen, ist der ganze Raum gleichmäßig mit Sound „gefüllt“, zumeist in Untermalungs-Lautstärke. Stilrichtung: Soft-Pop der obersten Klasse, oft im Grenzbereich zum Jazz, offensichtlich sehr gezielt ausgewählt, wie die Präsenz von nicht-so-gängigen Interpreten und Titeln zeigt. Laudas Nummer Eins ist Randy Newman, dahinter kommen Bill Withers, Rod Stewart und Stevie Wonder. Wenn im Hause Lauda Klassik gespielt wird, handelt es sich um eine Exklusiv-Vorstellung für Marlene.

Ein Fernsehapparat (samt Video-Anlage) ist zwar vorhanden, kommt aber selten zu Ehren. Das danebenstehende Regal ist fast schon voll mit bespielten Video-Bändern, grundsätzlich wird jede Übertragung eines Rennens aufgezeichnet. Die Beschriftung der Kassetten gehört zu den wenigen Anzeichen, die in diesem Raum den Beruf des Hausherrn verraten könnten. Dazu gehören noch die Motorsportbücher auf den Regalen und zwei Fotos, die Niki im Overall zeigen (nicht in Sieger-Pose, bloß freundlich grinsend), aber keine einzige Trophäe irgendwelcher Art stört die Idylle vom wohlhabenden Normalbürger.

Nikis Arbeitszimmer deutet schon mehr auf Profession und Hobby, bereits mit der neuen Wertung: Fotos von Flugzeugen nehmen an der Wand mehr Platz ein als von Autos, die Ehrenplätze gehören aber Marlene. Der Schreibtisch – eine massive Glasplatte auf Metall-Böcken – ist zumeist leicht belegt mit Papierzeug – als würde zwar immer etwas auf Erledigung warten, aber nicht zuviel. Auf einer Ablage neben dem Schreibtisch steht der einzige Siegespokal, der in diesem Haus einen fixen Platz gefunden hat – er stammt vom Rennen in Jarama 1974, Laudas erstem Grand-Prix-Sieg. Niki erlaubt sich aber nicht einmal diese kleine Sentimentalität, er sagt, der Pokal stünde nicht deshalb hier, um an den ersten Sieg zu erinnern, sondern er sei so praktisch wegen der vielen Verschnörkelungen, an denen man Kleinigkeiten wie Klebebänder und Scheren aufhängen könne. Tatsächlich baumelt Kleinzeug von den diversen Nippeln des üppig wuchernden Topfes.

Die übrigen Pokale, Schüsseln, Schalen, Töpfe, Skulpturen, Rauch- und Eßgarnituren, Bilder, Gläser, Repliken und Plastiken von den Erfolgen aus zehn Rennjahren sind nicht existent. Teilweise hat Lauda sie überhaupt am Ort der Übergabe stehen gelassen oder gleich dort verschenkt, teilweise an Bekannte verteilt – oder dem Gustl gegeben.

Gustl ist der Pächter der Shell-Tankstelle am östlichen Ende der Ortschaft Hof, knapp zwei Kilometer von Laudas Haus entfernt. Wo andere Tankstellen Zubehör zur Schau stellen, zeigt der Gustl die Original-Trophäen des Weltmeisters, und am Tag nach Laudas Hockenheim-Sieg kamen die Stammgäste mit der selbstverständlichen Aufforderung: Zeig den neuen Topf her! Seit Gustl so viele Pokale hat, läßt er seine beiden Schäferhunde auch über Nacht am Tankstellengelände, was Lauda eindeutig zuviel des Aufwandes findet: *So wichtig sind die Häferln wirklich nicht.* Als Gegenleistung für die Häferln werden an Gustls Tankstelle sämtliche Lauda-Autos gewaschen, und zwar mit jener Akribie und Sorgfalt, auf die der Champ beim Autowaschen soviel Wert legt. Ein fairer Handel: So profitieren beide Seiten von den Ehrengaben des Rennsports.

Lauda hatte auch schon versucht, den Pokalen auf andere Art praktischen Sinn abzugewinnen, beispielsweise als „Napf mit Stiel" für den Hund. Da die meisten Trophäen aber verschnörkelt sind, hat der Hund ungebührliche Schwierigkeiten beim Rausfangen der letzten Fleischbrocken. Lauda: *Für mich sind die Pokale wertlos, weil man lauter Scheiß bekommt. Zwei oder drei Dinge gefallen mir, die habe ich von Ghedini aufbewahren lassen, die hole ich mir irgendwann. Zum Beispiel gab's in Amerika eine riesige silberne Schüssel, ganz glatt, da kann man etwas reinstellen, vielleicht Blumen. Aber 90 Prozent aller Preise sind unbrauchbar und daher wertlos. Genausogut könnte man einem eine faule Kartoffel in die Hand drücken und sagen Herzlichen Glückwunsch zum Sieg. Bei jedem Rennen sind die Bräuche anders, aber manchmal steht man dort, hat schon Arme und Schultern voll mit Pokalen, da drängt sich von hinten noch ein alter Mann durch und schiebt einem noch eine Schüssel hin. Da ist überhaupt nichts Erhebendes dabei, man wird bloß mit Kitsch bombardiert, ohne tieferen Sinn, ohne ehrliche Gefühle, daher empfinde ich nichts für die Pokale und behalte sie nur, wenn sie Sinn haben: Entweder durch Schönheit oder durch Funktionalität — aber das ist sehr, sehr selten.*

Richtig ratlos machte ihn jene Ehrengabe, die er als Sieger des Großen Preises von Holland 1977 bekam, einen kleinen Quader mit einem aufgeklebten Glasperlenmotiv, ein Auto darstellend, und einigen Inschriften. Das Zeug war reiner Kitsch, und Lauda war drauf und dran, es sofort loszuwerden, als ihn jemand drauf aufmerksam machte, es dürfte sich bei den Glasperlen um echte Brillanten handeln, Gesamtwert ein paar hunderttausend Schilling. Daraufhin stellte Lauda das Ding immerhin auf ein Regal, um täglich daran erinnert zu werden. Dort steht es heute noch, und Niki pflegt jede Woche einmal zu Marlene zu sagen: *Man sollte es von einem Juwelier anschauen lassen.* Marlene pflichtet bei.

Wenn aus seiner Einstellung zu Ehrenpreisen — und jeder Art von Ehrungen und Zeremonien — hervorgehen sollte, daß Lauda ein *praktischer* Mensch ist, dürfte das stimmen. Typisch ist, was dem Masseur Willy Dungl an einem Renntag auffiel: Lauda hatte den Großen Preis von Holland 1977 gewonnen, hatte all die üblichen Ehrungen freudlos über sich ergehen lassen und zeigte nur an einem einzigen Detail spontane Freude: Als die Polizisten, die seinen Wagen zum Flughafen von Amsterdam eskortierten, ihm den Weg in der falschen Richtung einer Einbahn freimachten, um eine verstopfte Straße zu vermeiden. Da war er begeistert, das *taugte* ihm: Da weiß man, wozu man einen Grand Prix gewonnen hat – man darf gegen die Einbahn fahren, das ist sozusagen keine hohle Zeremonie, sondern eine Ehrung mit praktischem Wert.

*

Eine zentrale, man könnte fast sagen dominierende Rolle im Lauda-Haushalt spielt der Hund. Lauda wollte ursprünglich einen Boxer, war aber dann glücklich, als Marlene im Frühjahr 1976 mit einem Doggen-Baby angerückt kam. Der Name Baghira ergab sich aus der Panther-Ähnlichkeit des schwarzen Tieres (mit weißen Flecken an Pfoten, Brust, Schwanz und Zipfel). Baghira wuchs sich programmgemäß zu einem Riesenexemplar aus, was Niki okay findet: Großer Grund, großes Haus, großer Hund. Lauda hängt an dem Tier, verbringt eine Menge Zeit mit ihm und gerät regelrecht in Panik, wenn Baghira ausreißt – besonders nach Androhung eines Jägers, „beim nächsten Mal" das Tier zu erschießen. Da rast Lauda sofort mit der Geländemaschine hinterher und fährt fürs erste zu jenen Stellen, an denen er am ehesten einen Jäger befürchtet. Der Gedanke, dem Hund könnte was zustoßen, kommt ihm manchmal auch ohne Zusammenhang. Einmal beschrieb er die psychologische Belastung innerhalb des Ferrari-Teams, den nervlichen Kleinkrieg, und als er nach einem ganz krassen Beispiel suchte, sagte er: *Es ist fast so, als ob sie mir knapp vor dem Start eines Rennens ins Ohr flüsterten: Dein Hund ist tot.*

Die Verspieltheit und das Temperament des jungen Viehs bringen Tempo ins Haus, der Hund ist allgegenwärtig. Niki behauptet, Baghira sei halbwegs gut erzogen (bis auf das Abschlecken der Besucher, was ihm bisher noch nicht abzugewöhnen gewesen sei), die entsprechende Beweisführung geht aber zumeist in Heiterkeit unter. Marlenes VW-Cabrio wurde im Lauf der Monate von innen fast ausgehöhlt, Baghira frißt alles, von der Tapezierung bis zum Schaltknauf, würde sich solches Benehmen beim Jaguar allerdings nicht trauen (auch in den Fiat beißt er nur selten rein).

Das Haus wird von Marlene und einer Haushälterin in Schuß gehalten, sehr oft ist auch Nikis Kindesfreund Luigi als „arbeitender Gast" in der Rolle eines Edel-Hausmeisters. Der große Grund, der zum Haus dazugehört, wird nur zum kleinsten Teil gepflegt – einige Ziersträucher rund um Garagenvorplatz und beim Swimming-pool, ein paar Blumenbeete, Marlenes kleines Gemüsegärtchen –, den Rest macht die Natur oder der Enzinger Wastl, der hin und wieder die Wiesen mäht.

Die Ruhe des ländlichen Lebens wird eigentlich nur durch das Telefon gestört. Gäste sind eher selten, da Lauda enormen Wert darauf legt, das Haus als zentralen Ruhepunkt, als Schneckenhaus, zu erhalten. Da nimmt er viel lieber in Kauf, für einen einzigen Termin nach Salzburg zu fahren, um den Besprechungspartner in neutraler Umgebung zu treffen, als ihn ins Private vordringen zu lassen. Besonders allergisch ist Lauda gegen das Daheim-fotografiert-Werden – die zwei, drei Ausnahmen geschahen nur für dieses Buch oder gegen enormes „Schmerzensgeld", und selbst das, sagt er, werde ihn in Zukunft nicht dazu bringen, daheim zu posieren. Sein öffentliches Leben sei exakt an der Grenze seines Grundstükkes zu Ende.

Übernachtungs-Einladungen für den „engeren Kern", zu dem beispielsweise der Montezemolo-Clan, Ghedini und Helmut Marko gehören, hängen von Nikis Verfassung ab: Grundsätzlich ist er großzügig, dann befällt ihn aber Panik, *wenn's zugeht wie im Hotel,* dann schmeißt er auch Luigi raus.

Als Ehrenbürger der Gemeinde Hof (wenn auch zum überwiegenden Teil des Jahres auf Reisen) ist Lauda natürlich eine Attraktion, doch hat sich längst herumgesprochen, daß ihn alles andere als „Normalbehandlung" irritiert. Er hat sich auch tadellos ins Gemeinleben integriert, geht mal in die Kneipe, dann zu einem der Bauern, dann zum Waldfest und läßt es geduldig geschehen, wenn einmal im Jahr eine „Weltmeister-Ehrung" im Ort stattfindet – zur höheren Ehre der redenschwingenden Politiker und beispielsweise einer neueröffneten Raiffeisenkasse.

Somit: Ein fast schon kitschiges Bild vom perfekten Idyll in schlechthin unüberbietbarer Lage in einer der prächtigsten Gegenden Europas, zehn Minuten Autobahnfahrt zur Stadt Salzburg und zum Flughafen, der Drehangel seines Lebens. Der Lohn für den harten Job ist also sehr offensichtlich. Welchen Stellenwert haben Geld und Besitz für ihn?

Lauda: *Natürlich ist es schön, in großzügigem Rahmen zu leben. Aber ich hänge nicht vom Materiellen ab. Wenn ich heute über Nacht nicht mehr fahren könnte, out of business wäre, und wenn gleichzeitig das Haus abbrennen würde, würde ich eben in einer kleinen Wohnung leben, wie ich es jahrelang gemacht habe. Mein Leben würde nicht dran scheitern, wenn ich meinen Besitz aufgeben müßte. Es ist meine Art, hart zu arbeiten und an die Spitze des Erreichbaren zu kommen. Wenn ich Schuster wäre, würde ich versuchen, ein unheimlich guter Schuster zu sein, und damit wäre ich zufrieden – ich würde nicht von der Yacht des Onassis träumen. Viel Geld zu verdienen ist mit dem Erfolghaben im Rennsport automatisch verbunden. Das ist angenehm — aber nicht das Entscheidende.*

*

Niki, erzähl', wie du dir einen idealen Tag deines Privatlebens vorstellst, skizziere sozusagen einen optimalen arbeitsfreien Tag.

Wirklich arbeitsfreie Tage, ich meine VÖLLIG arbeitsfrei, sind eine unheimliche Rarität. Wie ein solcher Tag abläuft, hängt prinzipiell davon ab, ob ich im Plus oder im Minus stehe. Wenn ich auf Minus stehe, also von den Strapazen der letzten Tage noch nicht erholt bin, kann's schon kein optimaler Tag mehr werden. Da schleppe ich mich lustlos in der Gegend herum, will nur Ruhe haben und möglichst viel schlafen. Wenn ich ausgeruht bin, stehe ich wahrscheinlich um neun auf, fahre um die Zeitungen, frühstücke langsam, ruf irgend jemanden an, den Bertl oder den Helmut, und frage, ob er mit mir motorradfahren will. Auf der Honda entspanne ich mich gut. Wenn ich weiß, daß wir länger herumfahren werden, ziehe ich mich ordentlich an, mit Ledergewand und Helm und allem Drum und Dran, dadurch bin ich überdies inkognito, obwohl einigen Leuten natürlich der Helm bekannt vorkommt. An solchen Tagen fahren wir im ganzen Salzkammergut herum, sogar bis in die Linzer Gegend. Wir fahren ziemlich schnell.

Oder ich stell mich ganz auf Marlene ein — da heg' und pfleg' ich sie, weil ich sonst ohnedies immer viel zu wenig für sie tue. Natürlich bekommt auch der Hund was ab an einem solchen Tag, ich kann stundenlang mit ihm spazieren gehen. Manchmal, wenn ich ihn viel rennen lassen will, begleite ich ihn auch auf der KTM. Dann gibt's natürlich die Bauern in der Umgebung, die ich besuchen kann. Dann gibt's das Fliegerbeisl in Salzburg, wo ich gern am späten Nachmittag bei ein paar Bier versumpfe. Andererseits gebe ich mir auch immer wieder neue Aufgaben. Seit Jahren lerne ich für die Fliegerei, das geht immer weiter, endlos.

Die Sehnsucht des Prominenten nach ruhigem Leben – laut Niki ist sie nur an einer Handvoll Tagen des Jahrs erfüllbar. Eindeutig in der Überzahl sind die hektischen Tage – jene, an denen er *im Minus* ist und noch weiter *ins Minus* kommt. Da wird die entscheidende Rolle des *Schlafens* im Leben eines Gestressten deutlich. Niki: *In den Tagen nach einem Rennen ist die Hektik am ärgsten. In der Nacht nach dem Rennen schlafe ich fast immer schlecht, manchmal nehme ich Schlafmittel, aber ich will nicht abhängig werden. Eigentlich sollte ich die folgenden zwei Tage nur regenerieren, dann wäre ich Mittwoch früh wieder richtig fit, aber dazu kommt es nie. Beispiel: Am Montag zum Fernsehen nach Wien, Dienstag irgendwelche Tests, zu denen man schon um sechs Uhr früh wegfliegen muß, dazwischen ins Büro, Termine, Besprechungen, Interviews undundund. Plötzlich wird es mir zuviel, dann sag ich AUS AUS AUS und storniere die nächsten Termine. Ich kenne genau die Grenze zum Überdreht-Sein, das merke ich am Schlaf. Wenn ich nur noch vier oder fünf Stunden pro Nacht schlafe und das dann sogar noch normal finde, ist es kritisch. Jeder Mensch hat andere Bedürfnisse – was mich betrifft, ist es falsch, das Leben so einzuteilen, daß ich mit fünf Stunden Schlaf auskomme, denn eigentlich würde ich zwischen acht und zehn Stunden brauchen. Wenn ich zu früh aufwache, muß ich mich zur Ruhe zwingen. Da lege ich mich am Nachmittag nieder und schlafe drei Stunden wie ein König. Danach bin ich natürlich sehr fit und renne mit dem Hund herum oder geh in die Sauna, dadurch werde ich wieder müde und schlafe daher wieder gut – auf diese Art schraube ich mich auf „normal“ zurück. Im letzten Jahr ist es immer schwieriger geworden, die Arbeit soweit zurückzudrängen, daß genug Zeit zum Kraftholen blieb.*

Was der Manager, der moderne Stress-Kranke schlechthin,

von Lauda lernen kann: Das Ziehen von Grenzen, das Erkennen des Raubbaus an Körper und Nerven – und die Konsequenz der Gegenmaßnahmen. Der Mann, den sie Computer nennen, beobachtet seinen Körper mit dem Argwohn einer alten Jungfer. Er weiß, daß sein vielgepriesener Intellekt einen Schmarrn wert ist, wenn die primitiven Funktionen rückgebildet sind. Das klare Analysieren der jeweiligen Situation im Körper-und-Gemüt-Haushalt ist zumindest *eine* Komponente der üblicherweise geäußerten Ansicht, daß Lauda mehr denke als die anderen Grand-Prix-Fahrer.

Der Mann, der hinter den unglaublichen Heilerfolgen bei Laudas Unfallsverletzungen (Traktor, Nürburgring) steht, ist der Wiener Masseur und Sportbetreuer Willy Dungl, 40. Sein Befund: *Lauda ist nicht der Typ des Spitzenathleten, sondern hat die Muskulatur eines Durchschnittsmenschen. Daß er trotzdem Außerordentliches leisten kann, liegt an seiner Selbstdisziplin, seiner Bereitschaft zu Ausdauertraining und seinem hoch belastbaren Kreislauf. Vier Wochen nach dem Nürburgring-Unfall war er noch recht schwach, als wir die ersten Messungen machten. Bereits nach fünf Tagen Training hatte er recht gute Werte, und als er eine Woche später vor die Ärztekommission in Mailand kam, hielt er den sogenannten Stufentest länger durch als die Stimme des Ansagers – uno-due-tre. Allerdings hatten wir wirklich perfekten Aufbau in der Meeresluft von Ibiza hinter uns, deswegen konnte ihn die Ärztekommission nicht im geringsten beeindrucken.*

Lauda muß immer das WARUM wissen, sagt Dungl: *Wenn er den Sinn einer Sache versteht, bringt er Unglaubliches zuwege. Wenn man ihm aber nicht erklären kann, in welchem Zusammenhang diese oder jene Übung mit dem angestrebten Ziel steht, blockiert er. Er macht zum Beispiel ungern Krafttraining, er ist einfach nicht der Typ dazu. Nach seinem Startverzicht in Spanien 1977 war mir aber klar, daß er eine Stärkung der Zwischenrippenmuskulatur brauchte. Als ich ihm das auseinandergesetzt hatte, akzeptierte er extremes Krafttraining und plagte sich bis an den Rand der Selbstvernichtung.*

Überdies ist er für einen Masseur ein wunderbares Objekt, weil er die Gabe hat, sich in kürzester Zeit völlig zu entspannen. Er kann sich zwischen zwei Trainingsperioden derart relaxen, daß man jeden einzelnen Muskel durchmassieren kann.

Lauda will von Betreuern nicht abhängig werden, weder von Fitness-Guru Günther Traub noch von einem ständigen Masseur. Außer einem größeren Aufbauprogramm pro Jahr und einigen Routine-Checks aktiviert er Dungl daher nur, wenn es eine kritische Situation gibt. Zu einer ständigen Einrichtung ist hingegen die Präsenz des brasilianischen Arztes Grajales bei allen Großen Preisen geworden. Grajales, ursprünglich nur für Fittipaldi unterwegs, steht nun auch Lauda zur Verfügung. Sein Hauptjob: Genau Bescheid zu wissen über die Krankenhaus-Verhältnisse der Umgebung, über die diversen Möglichkeiten der Kliniken, über Erreichbarkeit der in Frage kommenden Spezialisten, somit alle Arten von Notfällen im Geist vorprogrammiert zu haben.

*

Bemerkenswert ist Laudas Kampf gegen die Parkinsonsche Gesetzmäßigkeit. „Schaffe einen Schreibtisch, und es wird sich Arbeit dafür finden" wird bei Lauda umgedreht: Jede eingesparte Sekretärin erspart auch dem Chef Zeit. Lauda Inc. ist folgendermaßen organisiert: Niki hat einen Cousin, Jenzy, dieser hat ein Büro in Salzburg, dort gibt's ein Mädchen, das sich in Sachen Lauda besonders gut auskennt und das Wie-Wann-Wo des Vielgesuchten kennt. Dort kann man Nachrichten hinterlassen, Wünsche deponieren — die Erledigung geschieht formlos. Lauda hat zumeist nicht einmal ein ordentliches Briefpapier zur Verfügung, da reicht ein blanker Wisch, links oben wird mit der Schreibmaschine Niki Lauda getippt, rechts unten ist die Unterschrift – reicht doch, oder? Solcherart wird wirklich nur Wichtiges erledigt; Unbedeutendes muß am System – besser Un-System – abprallen.

Es ist amüsant, Lauda in dieser Hinsicht mit Jochen Rindt zu vergleichen. Jochen war zwar auch ein formloser Typ, aber immerhin lebte er schon längst am Genfer See, bevor er noch wirklich *oben* war, und seine Korrespondenz, auch das Routine-Zeug, ließ er von einer Wiener Rechtsanwalts-Kanzlei erledigen.

Nikis System, den Alltags-Job auf die jeweils einfachste, formloseste und schmerzloseste Art zu meistern, hat ein kleines Loch. Er ist natürlich ein Credit-Card-Mensch und versucht, auf Reisen alle Zahlungen per Credit Card abzuwikkeln. Er besitzt nur die Diners-Club-Karte und kommt damit in der ganzen Welt sehr gut zurecht, aber letzten Endes doch nicht hundertprozentig – in manchen Fällen würde er American Express brauchen. 1970 oder 1971 hatte Lauda sowohl bei Amexco als auch Diners Club um Aufnahme angesucht, Diners hatte akzeptiert, Amexco nicht – unter Hinweis auf die schlechte Bankauskunft, die es damals über den Millionenschuldner Lauda gab. Da er inzwischen recht deutlich aus dem Minus heraus ist, stünden seine Chancen bei einem neuerlichen Antrag an Amexco sicherlich nicht schlecht – aber dazu kann er sich nicht überwinden. Jetzt, so geht seine Logik, *würde ich denen ja einen Dienst erweisen, wenn ich ihre Karte verwende, denn wenn der Lauda mit Amexco zahlt, ist das für Amexco was Positives.* Daher bleibt er hart und bestraft Amexco für das seinerzeitige mangelnde Vertrauen *(sicher, meine Bankauskunft war schlecht, aber wenn die wirklich gut gewesen wären, dann wären sie eben flexibler gewesen, ein gewisses Risiko ist in diesem Geschäft ja zwangsläufig drin)* — und bestraft sich selbst: *Ich ärgere mich immer wieder, wenn irgendeiner sagt, nein, bedaure, wir nehmen Diners Club nicht, aber Sie haben doch sicherlich eine American-Express-Karte? Dann muß ich Geld wechseln oder einen Scheck schreiben, beides ist unnötiger Zeitverlust.*

Apropos Zeit: Sowohl privat als geschäftlich ist Lauda pünktlich. Er verzeiht Unpünktlichkeit bei anderen nicht und leistet sie sich auch selbst nicht. Das ergibt manchmal eine Steigerung der üblichen Hektik, weil er ja in der Planung Termine gnadenlos zusammenpreßt, um eben alles schnell hinter sich zu haben — aber im schlechtesten Fall kann man immer noch mit einem Anruf rechnen: *Tschuldigung, ich werde mich um zehn Minuten verspäten.* Die erzieherische Wirkung solchen Vorbilds ist nicht abzustreiten — Marlene: *Er hat mich pünktlich gemacht.*

*

Das unvermeidliche Thema: Welche Hobbies hat ein Weltmeister? Fliegen, sagt er, sein einziges Hobby sei das Fliegen. Ansonst könne er sich beim Motorradfahren gut entspannen, auch würde er gern skifahren, wenn nicht der Wert seiner Knochen so prohibitiv teuer wäre. Musik, sagt er noch, aber nur nebenbei. Somit paßt alles ins Klischee der „neuen Rasse", der „Computer-Generation": Die Einseitigkeit, das Desinteresse an fast allem Nicht-Technischen. Und die Frage, die Helmut Zwickl schon anläßlich der „Degeneration" der Clark-Gurney-Surtees-Generation aufgebracht hat, steht wieder im Raum: „Gibt es für sie noch grüne Bäume und ein Abendrot, empfinden sie Musik noch als schön und ein Buch noch erbauend?" Niki würde wahrscheinlich sagen, *Abendrot ist okay, solange es nicht blendet, Musik kann ich als schön empfinden, und für erbauende Bücher habe ich keine Zeit.* Der Rennsport mit allem Drum und Dran lasse ihm einfach keine Zeit für irgendwas anderes, es sei denn das Fliegen. Niki war niemals vielseitig, auch früher nicht, als das Fliegen noch nicht seine Restzeit aufgefressen hatte. Er nimmt es als Tatsache, daß neben Sport und Fliegen kein Platz für anderes in seinem Zeitablauf ist. Er hat nicht das Gefühl, etwas zu versäumen, er bedauert nichts, er deutet höchstens an, daß es schon denkbar wäre, daß er nach seinem Rücktritt Interesse für Theater oder Konzert bekäme, daß er dann Bücher lesen würde, aber es ist kein Thema, das ihm unter die Haut geht.

Also das Fliegen. Als wir Anfang November 1977 die letzten Zeilen dieses Buches schrieben, stand Niki knapp vor der Prüfung zum Blindflug-Berufspilotenschein, er hat sich also innerhalb von knapp vier Jahren derart in seinem Hobby verbissen, daß Ernst draus geworden ist — das Fliegen wird sein Leben nach seinem Rücktritt als Rennfahrer ausfüllen. Journalist und Selbst-auch-Flieger Helmut Zwickl über Laudas fliegerische Fähigkeiten: *Man merkt auch im Flugzeug seine Weltmeisterklasse, weil er mit den kompliziertesten Geräten rasch vertraut wird und seine Auffassungsgabe und Konzentrationsfähigkeit geradezu übernatürlich sind, das heißt, er hat selbst als einfacher Privatpilot das handwerkliche Niveau (nicht das Wissen) eines Airliner-Piloten. Sein Reaktionsvermögen ist so geschärft, daß er selbst in den überraschendsten simulierten Notsituationen intuitiv das Richtige macht.*

Er hat den Weg zur Beherrschung eines Klein-Jets mit der gleichen fast gewaltsamen Art erzwungen wie vorher den Aufstieg in die Formel 1 — nur daß er schon sein eigenes Geld und den Klang seines Namens einsetzen konnte, um unter dauernder Aufsicht von Spitzenpiloten von der Cessna

150 bis zur Citation zu stürmen, genauso atemlos immer schon die zweite Stufe nehmend, wenn er noch nicht einmal die erste hinter sich hatte. Es gehört zur Technik seines Lebens, den Anzug immer eine Nummer zu groß zu wählen, um dann um so schneller hineinzuwachsen.

Er, der sonst seine Zeit nur minutenweise einteilt und verkauft, rechnet in völlig anderen Größenordnungen, wenn es ums Fliegen geht. Es ruft ein Polsterer-Mensch an und fragt, ob er einen Charterflug nach Marokko (als zweiter Pilot) übernehmen könne. In fünf Sekunden rekapituliert Lauda, welche Termine er deswegen absagen müsse, und sagt zu – unbegreiflich für den Nicht-Infizierten. Er wird dauernd in die Nähe des Fliegens getrieben – und sei es nur zum Tratsch in die Flughafen-Kneipe. Und so verkrampft und unruhig er manchmal am Erdboden ist – im Flieger ist er sofort gelöst, sein Gemütsspiegel hebt sich um zwei Oktaven. *Erklären* kann er die Lust am Fliegen nur unbefriedigend, zumindest für den, dem das Flugzeug nur Mittel zum Zweck ist (Lauda läßt ja selbst für eine Platzrunde über dem Salzburger Flughafen alles liegen und stehen): *Je schwieriger die Technik wird, um so mehr reizt mich das Fliegen. Je mehr Systeme ein Flugzeug hat, um so mehr taugt es mir, sie alle zu kennen. Es geht mir um optimales Beherrschen der Materie, sonst nichts.*

Walter Wolf und dessen Hubschrauber machen ihn manchmal ganz unruhig. Gegengeschäfte: *Ich geh einen ganzen Nachmittag Autogrammschreiben nach St. Koloman (Wolfs Heimatgemeinde), wenn du mir zwei Stunden Hubschrauber-Unterricht gibst.* Hinterher erzählt er: *Ich werde wild, wenn ich das Ding nicht beherrsch'. Ich komme in Situationen, in denen ich sagen muß, übernimm du, sonst stürzen wir ab – und das ärgert mich. Das gibt's doch nicht, daß ich es nicht zuwege bring, mit dem Ding zu fliegen. Jetzt kann ich schon abheben und landen . . .* und dabei redet er mit

Händen und Füßen und ganz lebhaften Augen wie ein kleiner Formel-Ford-Fahrer – in seiner Sprache ein sogenannter Wixer –, der eben schildert, wie er zum ersten Mal einen anderen Wixer driftend überholt hat . . .

Fliegen um des Fliegens willen: Daß er überdies noch an jene Orte gelangt, zu denen er hinmuß, ist ein erfreulicher Nebeneffekt. Die Geographie ist beim Fliegen genauso abstrakt wie beim Rennfahren, wo man stundenlang nirgendwo hinfährt. Was ihm hier eine Einflugschneise, ist ihm dort eine Schikane – es gibt zwar konkrete Bezeichnungen für beide, aber im Grund könnten sie überall sein, es spielte keine Rolle. Das trifft übrigens auch für die Orte der Rennen zu: WO ein Grand Prix stattfindet, ist egal; die Umwelt, die dazugehörige Stadt, das Land werden abstrahiert, sind austauschbar. Nur das Klima ist nicht austauschbar: März in Kyalami, Jänner in Buenos Aires, da wird man jede Minute daran erinnert, daß man in der Wärme ist. Lauda freut sich über gute Hotels (Kyalami) und registriert Trostlosigkeit (Mosport, Kanada), er reist am liebsten nach Zeltweg (kürzeste Strecke) und am wenigsten gern nach Tokio (da muß er einen Airliner benutzen mit all dem Zwang des Wartens, Anstellens, In-der-Masse-Seins, der Kontrollen und der Eingeschränktheit). Ansonst ist ihm die weite Welt egal: Er meidet die Niagara-Fälle, auch wenn seine normale Route nur drei Kilometer daran vorbeiführt, und er will tags darauf, in Toronto, nicht auf den höchsten Turm der Welt fahren. *Wozu,* sagt er, *ich fahre auf den höchsten Turm der Welt und denk nur an das Rennen, was soll's?*

Automobil-Weltmeister Andreas Nikolaus Lauda, Symbol des technischen Zeitalters: Er fährt gern, er fliegt gern, aber er mag nicht reisen.

*

Ein „enthemmter", über die Stränge schlagender Lauda ist zwar eine Seltenheit, aber es gibt ihn. Da kommt es durchaus vor, daß er Wein und Whisky in sich hineinschüttet, dazu raucht er dauernd grausige Cigarillos, die aussehen wie gebräunte Grasstengel und süßlich schmecken. Zu solchen Zeiten ist er für jeden Blödsinn zu haben, in der Klischee-Sprache würde man sagen: Der Computer refüsiert das eingegebene Programm und sagt ÄTSCH. Lauda-Umfaller finden nie innerhalb der „Branche" – etwa nach einem Grand Prix – statt, und es bedarf nie eines Anlasses, Lauda würde also nicht sagen: Heute begieß' ich den Weltmeistertitel. Die Atmosphäre von Ibiza dürfte seine Ausgelassenheit fördern, jedenfalls schwärmt Marlene von der *Lockerheit* ihres Niki auf Ibiza, wo er ganze Nächte durchtanzt. Marlene: *Er ist ein guter Tänzer, mit einem ganz eigenen Charme in den Bewegungen. Manchmal wie ein Junge, der sich geniert, wenn ihn die Leute beobachten. Ich mag seine Art des Tanzens.*

*

Nicht nur für Marlene, auch für seine Freunde und jene Bekannten, die ihn öfter sehen, hat der Nürburgring-Unfall längst seinen Stellenwert verloren. Wenn man öfter mit Lauda zu tun hat, nimmt man die Verbrennungen in seinem Gesicht überhaupt nicht mehr wahr, man hat sich an das Pergamentene von Teilen seiner Gesichtshaut vollkommen gewöhnt. Nur durch Bemerkungen von Außenstehenden wird man daran erinnert, daß Laudas Gesicht „anders" ist. Auf diese Art kann man sich leicht vorstellen, daß auch ihn selbst die Folgen des Unfalls überhaupt nicht mehr bewegen, er hat sich längst an sein neues Gesicht gewöhnt und registriert eher unbeteiligt, daß sich die verbrannten Stellen von

Monat zu Monat besser an die heilgebliebene Haut anpassen. Er plant auch keine weiteren kosmetischen Operationen, schert sich nicht um das verbrannte Ohr, das ohnedies unter dem langen Haar verschwindet, ebenso wie die ursprünglich übel zugerichtete Kopfhaut.

Was also ist durch seinen Unfall anders geworden?

Niki selbst hat darauf in diesem Buch schon geantwortet, hat gesagt, härter, reifer geworden zu sein, „bewußter" zu leben.

Und Marlene, hat sie eine Veränderung registriert? *Ja, sein Körper ist stämmiger geworden, Niki ist stärker gebaut als vorher. Auch seelisch ist er „stärker" geworden, reifer. Er kapselt sich nicht mehr so stark ab wie früher, er geht lieber unter Leute, er ist meistens besserer Laune als früher. Was immer der Unfall geändert hat, es sind Änderungen zum Positiven.*

Also: Die restlose Bewältigung des 1. August 1976.

*

Lauda hat sich noch keine Gedanken über seinen Rücktritt gemacht – zumindest nicht über den Zeitpunkt. Er läßt die Dinge an sich herankommen und arbeitet weiterhin an seinem „zweiten Bein", der Fliegerei, mit allen sich daraus ergebenden Berufsmöglichkeiten – als Unternehmer, Promotor oder Pilot. Nach dem Stil seiner bisherigen Aktionen müßte man eigentlich einen überraschenden Termin für seinen Rücktritt erwarten. Niki: *Ich könnte mir gut vorstellen, daß es irgendwann eine plötzliche Entscheidung gibt – über Nacht, zack, zack.*

Als Jackie Stewart zurücktrat, gab es in London ein Gala-Diner für 400 Personen, inklusive Princess Anne und jeder Menge von Prominenz. Wie stellt sich Niki seine Abschiedsparty vor?

Grundsätzlich genauso, bloß mit vier statt vierhundert Personen. Und statt der Prinzessin lade ich vielleicht den Bertl oder den Schurl ein, weil die taugen mir mehr. Aber so genau weiß ich das eigentlich noch nicht.

III. TEIL

Von NIKI LAUDA und HERBERT VÖLKER

DIE FRÜHEN JAHRE

Nachtrag eines Aufstiegs:
Die umgelenkte Karriere eines jungen Mannes
aus gutem Haus

Das Beispiel einer Karriere: Ist irgendwas draus zu lernen, ist ein Funken von So-wurde-ich-Millionär-Weisheit drin? In gewissem Sinn ja, aber: Das Rezept ist nicht nachvollziehbar, es funktionierte nur in diesem Land, zu jener Zeit, mit diesem Mann, mit seiner Härte, seiner Konsequenz, seiner Chuzpe.

Das Eigenschaftswort, das die Zeugen seines Aufstiegs am häufigsten auf ihn anwenden, ist „unauffällig". Indes: Das „innere System" des ruhigen Jungen war ein fast gewaltsames Erzwingen der jeweils nächsten Stufe. Er erinnert an einen Spieler, der in jeder Runde knapp dran ist, alles zu verlieren, und im letzten Moment den Einsatz verdoppelt. Und den doppelten Einsatz zahlt er mit jenem Geld, das er in der nächsten Runde gewinnen wird.

*

Der Background des herrschaftlichen Elternhauses: Lauda hat sicherlich Stil, Manieren und Dimensionen mitbekommen. Es ist nicht mehr zu klären, ob der Name der österreichischen Top-Familie Lauda nicht doch ausschlaggebend war, um in drei, vier auf der Kippe stehenden Fällen seine frühen Mäzene zum Positiven zu bewegen. Außerdem: Ein Nikolaus Strzlbycki, aufgewachsen in einer Floridsdorfer Zimmer-Kuchl-Wohnung, hätte wahrscheinlich gar nicht die Vorstellungskraft gehabt, um vom ersten Tag der Karriere an Schulden einzugehen und in Dimensionen zu planen, die von Anfang an vergleichsweise weltbürgerlich waren. Hypothesen, natürlich, und Niki wirft ein: *Vielleicht hätte ich als Nikolaus Strzlbycki ein Jahr länger gebraucht, wenn ich den Willen zu einer Karriere gehabt hätte ... aber vielleicht hätte ich den Willen dann gar nicht gehabt.* Jedenfalls: Wo der normale Anfänger in Tausendern denkt, setzte Niki schon Zehntausender ein, die ihm nicht gehörten. Solche Großzügigkeit läßt sich eher durch den Background seiner Herkunft als durch einen Hang zu Hochstapelei oder gar Unseriosität erklären.

Die Tatsache, daß Niki in seiner Familie kein Verständnis und (vergleichsweise) wenig Bares für seine Renn-Karriere fand, darf also nicht den potentiellen Wert dieses Familiennamens für einen Karriere-Anfänger überspielen, schon gar nicht in Wien mit seiner Cliquen-Verflechtung der Habenden und Führenden.

Bohrt man Niki an, ein paar Schlaglichter aus seiner Kindheit zu skizzieren, fällt ihm zuerst nur jenes Bild ein, das er schon in seinem ersten Buch[1] verwendete:

Ich mußte, auch wenn es nicht sehr kalt war, Schal und Mantel tragen und einen Steirerhut aufsetzen. Mein Bruder war immer genau gleich angezogen, wir kamen daher wie zwei kleine Deppen. Ich sehe eine Situation noch haargenau vor mir. Ich war ungefähr elf oder zwölf und mußte zum Zahnarzt wegen der Regulierung. Ich stand mit meiner Mutter an der Ecke beim Forum-Kino und wartete auf die Straßenbahn. Ich schaute nur auf den Kanaldeckel: Immer wenn ein Auto drüberfuhr, machte es tack-tack. Wenn ich mich jetzt bemühe, mir vorzustellen, wie ich damals an der Ecke stand, im Mantel, mit Schal und Steirerhut: Ich glaube, ich war ein ziemliches Seicherl.

[1] Niki Lauda: Formel 1. Technik und Praxis des Grand-Prix-Sports. Verlag Orac, Wien, und Motorbuch Verlag, Stuttgart. 1975.

Wenn du nachdenkst, welches Szenenbild aus deiner Jugend fällt dir dann als nächstes ein?

Trapp-trapp, trapp-trapp, das Pferd kommt aus der Box. Ich habe reiten lernen müssen, wie es in den guten Familien üblich war. Jedesmal, wenn ich in die Reitschule gekommen bin, hat mich schon der Geruch angewidert. Und wenn dann das Pferd rausgeführt worden ist und ich das trapp-trapp gehört habe, ist mir schlecht geworden. Ich hab einen richtigen Druck in der Hose gespürt und bin in den ersten Stock raufgeschossen, zum Klo.

Er dürfte damals ungefähr zehn gewesen sein, später hat er seine Abneigung überwunden und tadellos reiten gelernt, wie der Stand eines Lauda es befahl. Er hat es als Erwachsener wieder probiert, es hat ganz gut funktioniert, aber nicht eindrucksvoll genug, um es öfter zu tun.

*

Der Einstieg des 19jährigen in den Motorsport spielte sich vor dem Hintergrund von Familien-Opposition und Geldschwierigkeiten ab – und Schul-Ärger, natürlich: Der lausige Schüler mußte in eine Maturaschule geschickt werden. Jedenfalls tauchte er im Frühjahr 1968 mit einem gutpräparierten Mini Cooper S auf, der noch mit 40.000 Schilling Schulden belegt war. Die Schulden würde Lauda mit den Preisgeldern der Saison zahlen, man darf also sagen: Lauda glaubte an Lauda. Dieser Mini war hauptsächlich für Bergrennen geeignet – und Bergrennen waren damals in Österreich eine durchaus taugliche Disziplin, um sich auf Größeres vorzubereiten.

Lambert Hofer, fünf Jahre älter als Lauda und ebenso Mitglied der Wiener Jeunesse Dorée, erlebte Nikis erste Saison aus nächster Nähe:

Er war nicht ernstzunehmen, als er erzählte, er habe sich den Mini Cooper gekauft. Er hatte keine Ersatzteile, keinen Mechaniker, kein Schleppfahrzeug, nicht einmal einen Hänger. Der Mini stand in der Villengarage in Pötzleinsdorf und wirkte wahnsinnig deplaciert. Niki hat sehr viel Zeit gehabt, er hat seine Maturaschule ‚more or less' betrieben, meistens ‚less' und ist viel in meiner Garage herumgelungert, wo zwei Mechaniker an meinem Auto arbeiteten. Er war ein ganz normaler Fan, er las die ganzen einschlägigen Zeitungen, sprach gern über Motorsport und war auf Rennen fixiert wie wir alle. Für sein erstes Bergrennen lieh ihm ein Onkel einen dicken Achtzylinder-BMW zum Schleppen des Mini. Ich fuhr damals schon nach dem Training heim und hörte dann, daß er Zweiter in der Klasse bis 1300 cm³) geworden sei. Auffallend daran war aber folgendes: Niki kam zurück und erzählte, er hätte wahrscheinlich auch gewinnen können, wenn er den Drehzahlbereich voll ausgenützt hätte. Der Vorbesitzer seines Mini Cooper habe ihm aber geraten, nicht über 8000 Touren zu drehen, und daran habe er sich gehalten, anstatt die üblichen fast 9000 U/min zu verwenden. Das erstaunte mich damals maßlos, wie einer von den jungen Verrückten so diszipliniert sein konnte, sich an diesen Rat zu halten. Ich kann mir nicht vorstellen, daß sich ein anderer Anfänger in seiner Position zu dieser Motorschonung hätte überwinden können.

Der typische Lauda von damals war unauffällig. Was ihn von den meisten rennfahrenden Altersgenossen unterschied, war seine Kultiviertheit, da schlug sein Elternhaus natürlich deutlich durch. Die meisten der übrigen reichen Söhne — Quester und eine Menge anderer — waren deutlich älter und schon ein bis zwei Stufen weiter als er. In seiner Altersklasse war er das einzige ‚Söhnchen', aber er mixte sich sehr gut mit den ‚normalen' Nachwuchsfahrern, die natürlich ein lauteres und rauheres Auftreten hatten als er.

In den nächsten drei Bergrennen gewann Lauda seine Klasse knapp. Er war schnell, aber nicht sensationell, nur

Zehntelsekunden schneller als die anderen Österreicher auf gleichen Autos. Schon zur Mitte der Saison tauschte Lauda den noch immer nicht ausbezahlten Mini Cooper S gegen einen noch viel weniger bezahlten Porsche 911. Als „Sicherstellung“ genügte ein Blick auf die elterliche Villa.

Lambert Hofer: *Typisch für diese Zeit war, daß das jeweilige Auto immer sein einziger Besitz war, und auch dieser ‚Besitz‘ war immer schwerstens schuldenbelastet. Ein einziger Unfall, und alles wäre aus gewesen. Versicherung konnte sich damals natürlich keiner von den Jungen leisten. Es war aber selbstverständlich, daß Lauda seine Schulden irgendwann doch bezahlte, da gab es nie den geringsten Zweifel unter seinen Gläubigern, sicherlich auch nicht für ihn selbst. Irgendwann ist es sich immer ausgegangen. Mit dem Porsche 911 wurde die Sache natürlich kritisch. Niki war von Beginn an Perfektionist und wollte materialmäßig immer das beste haben. So ließ er den 911 bei Gerhard Mitter tunen und bestellte jeweils die optimale Behandlung. Da kam es durchaus vor, daß er das Auto nicht abholen konnte, weil er das entsprechende Geld nicht hatte. Da mußte er sich eben irgendeine Feuerwehr-Aktion einfallen lassen und machte ein neues Loch auf. Wir sind dann zusammen Langstreckenrennen gefahren. Er war ein guter Partner, weil er verläßlich war und Hirn hatte. Für mich war ja das Risiko ähnlich: Alles, was ich besaß, steckte in meinem Auto, und wenn er oder ich es hinausgefeuert hätte, wäre alles aus gewesen. Für ein Rennen auf dem Nürburgring trainierten wir eine volle Woche. Einer chauffierte, der andere war Beifahrer, nach ein paar Runden wurde gewechselt, dazwischen hatte sich aber meist der Beifahrer angekotzt.*

Die Anschaffung des 911 rentierte sich insofern, als Lauda genügend auffiel, um 1969 für Kurt Bergmanns Formel-Vau-Team („Kaimann“) fahren zu können. Anfang der Saison hatte Lauda seinen ersten Unfall – beim Flugplatzrennen in Aspern bei Wien. Laudas Erinnerung:

Ich war verrückt, geil aufs Fahren, zu geil, und hab überhaupt nicht nachgedacht. Ich wollte überholen, wo man nicht überholen kann, wie der Andretti, und hab mich gleich überschlagen.

Ob er im Zusammenhang mit diesem ersten Unfall Angst verspürt habe, daran kann er sich nicht mehr erinnern. Er weiß nur, daß er gleich wieder fahren wollte, um den Fehler gutzumachen.

Österreichs späterer Formel-1-Fahrer Helmut Marko erinnert sich aus dieser Zeit, wie ihm Lauda zum ersten Mal auffiel:

Es war bei einem völlig unbedeutenden Bergrennen, wir fuhren beide für das Kaimann-Team. Er war ein unbekanntes Bürscherl, aber wahnsinnig schnell im ersten Training, sogar Schnellster. Als ich dann mit ihm geredet habe, hat sich rausgestellt, daß er den Berg vorher nicht nur abgefahren, sondern abgekrochen ist. Er kannte jedes kleine Hupferl, hat jede Unebenheit registriert und so weiter. Damals war er noch nicht so vif wie heute, drum hat er mir verraten, wo er seine Zehntelsekunden holt, und da ist mir schon aufgefallen, daß er mehr denkt als alle anderen. Er hat sich bei diesem kleinen Rennen vorbereitet, als ginge es um das Finale der Berg-Europameisterschaft. Solcher Ernst war damals bei den jungen Fahrern eigentlich nicht üblich, wir haben grundsätzlich immer viel Hetz gehabt.

Sein Teamchef Kurt Bergmann über den 20jährigen Lauda: *Es blieb ihm nichts geschenkt. Ja, er durfte in Finnland fahren — aber nur, wenn er das Auto selbst raufschleppte. Er war der erste, der am Nürburgring in der Formel Vau unter 10 Minuten fuhr, aber im Rennen drängte ihn Marko bei einem Sprunghügel ins Gras. Er war drauf und dran, in Hockenheim zu gewinnen, in den letzten paar Kurven wechselte dreimal die Führung zwischen ihm und Breinsberg, bis ihm Breinsberg in der letzten Kurve über die Schnauze fuhr und gewann. ‚So ein Rotzbua', schimpfte Breinsberg nachher, ‚was sich der einbildet!'*

Lauda hatte technisch überhaupt keine Ahnung, aber er hatte Instinkt, ein sehr gutes Gefühl, das er aber nicht erklären und schon gar nicht theoretisch untermauern konnte. Sein Leben war total auf Motorsport ausgerichtet. Er fragte mich, ob er ein guter Fahrer sei, oder ob ich glaube, daß er ein guter Rennfahrer werden würde. Ich hatte das Gefühl, er könnte zur österreichischen Spitze kommen und eventuell ein recht brauchbarer Formel-2-Fahrer werden. Für Größeres gab es damals keine Anzeichen. Vor allem aber hatte ich das Gefühl, er würde am Finanziellen scheitern, denn Geld war entscheidend für den Aufstieg. Er war ja ohnedies zu allen Tricks bereit und hatte eine unglaubliche Hartnäckigkeit gegenüber Leuten, von denen er sich irgendwas erhoffte, aber trotzdem: Ich sah einfach für ihn keine Chance, soviel Geld aufzutreiben, wie damals nötig war, um wirklich rasch weiterkommen zu können, beispielsweise in die Formel 2. Da half auch nicht, daß er privat sehr bescheiden lebte, er hatte immer das gleiche Gewand an und leistete sich nichts außer dem Motorsport.

Was Laudas Fahrstil betraf, machte Bergmann schon damals eine interessante Bemerkung: *Ich kam drauf, daß Lauda mit jeder nächsthöheren PS-Klasse immer besser wurde. Wenn die heutigen Formel-1-Autos nur 200 PS hätten, wäre Lauda nicht Weltmeister, aber wenn alle Grand-Prix-Wagen 1000 PS hätten, wäre er noch überlegener, als er heute ist. Je mehr es darauf ankommt, viel Kraft mit subtilem Einfühlungsvermögen auf den Boden zu bringen, um so deutlicher wird die Klasse Laudas. Damit war er recht konträr zu Jochen Rindt, der sich mit Wildheit durchsetzte.*

1970 war das Jahr, in dem sich im österreichischen Motorsport alles um Jochen Rindt drehte – es war das Jahr seines Weltmeistertitels und seines Todes. Lauda hatte eine weitere finanzielle Großleistung hinter sich, er hatte aus allen möglichen Ecken Sponsorgelder zusammengekratzt und damit einen Porsche 908 finanziert. Sportwagenrennen, so fand er aber bald heraus, waren unnötig für den Weg zur Formel 1, sie waren eine Sackgasse mit eigenen Gesetzen. Der logische Weg hinauf hieß: Formel 3, Formel 2, Formel 1. Also Formel 3. Und Lauda hielt dieses fast atemlose Drängen in die jeweils nächste Spielklasse weiter durch: Auf preisgünstige Art konnte er für das McNamara-Formel-3-Team fahren. Es wurde ein Jahr des Sich-Abschleifens, ein Crash-Jahr. Der erste Unfall passierte schon in den ersten fünf Minuten seiner Formel-3-Karriere, im ersten Training in Nogaro (Südfrankreich). Er und Pankl waren die einzigen Österreicher gegen 30 verrückte Franzosen, man half einander also im Training durch Windschattenfahren. Als Lauda gerade dabei war, sich im Windschatten anzusaugen, um dann auszuscheren und vorbeizugehen, setzte der Motor des Vordermannes aus. Lauda fuhr mit dem linken Vorderrad gegen Pankls rechtes Hinterrad, wurde in die Luft geschleudert, flog über einen Streckenposten, landete vor einer Leitschiene, verlor sämtliche Räder und rutschte hundert Meter an der Leitschiene entlang. *Vom Auto blieb nichts Erwähnenswertes übrig* erinnert sich Lauda. In einem der nächsten Rennen – Nürburgring – schmiß er das Auto weg, einfach so, er weiß bis heute nicht warum. Dann – fast erleichternd – nur ein Getriebeschaden im nächsten Rennen, dann Brands Hatch mit einem typischen Fehler der jungen Wilden: Er versucht einen Gegner außen auszubremsen, schneidet die Ecke, der andere knallt gegen sein Hinterrad, Lauda fliegt raus, Ende.

Und dann jenes Rennen Anfang September in Zolder, das Lauda als „Anti-Rennen“ einer „Anti-Saison“ bezeichnet und das zu einem Schlüsselerlebnis seiner Karriere wurde. Einen Tag zuvor war Jochen Rindt in Monza tödlich verunglückt. Lauda schildert das Rennen von Zolder in seinem ersten Buch:

Es war der Gipfelpunkt des Verrückten. Dritte Runde: Ein Unfall – Hannelore Werner – irgendwo auf der Strecke. Wir kamen in Formation über die Kuppe, mit Tempo 210. Da war plötzlich der Ambulanzwagen mit Tempo 50 vor uns. Die ersten drei haben sich rechts vorbeigezwängt, Hunt war dabei und Birrell. Dann wollte noch einer rechts vorbei, der hat's aber nicht mehr geschafft, begann zu kreiseln. Daraufhin wollte ich links vorbei, inzwischen kreiselte der eine Wagen aber nach links, wir kollidierten, ich drehte mich, der nächste Wagen schoß mich volley ab. Alles spielte sich mitten auf der Fahrbahn ab, ich stand da mit meinem zerlemperten Auto, da kam die nächste Gruppe über den Hügel. Inzwischen waren schon die gelben Fahnen draußen, es gab jede Menge Signale, aber die Meute blieb voll am Gas. Ich konnte nur warten, auf welcher Seite sie mich abschießen würden. Einer flog über meine Schnauze, dann sprang ich raus und rannte einfach weg.

Lauda analysierte die Situation und kam drauf, daß er zwar Rennfahren wolle mit allen Konsequenzen, aber nicht *ein Wahnsinninger in einem Feld von 20 Wahnsinnigen* sein wolle. Die Formel 3 war damit für ihn gestorben. Es folgte eine typische Lauda-Aktion: Er hatte eine ziemlich erfolglose Saison hinter sich und verdoppelte daraufhin den Einsatz: Er wollte in die Formel 2.

Das war natürlich nur mit Geld möglich, denn Lauda hatte sonst ja noch nicht viel vorzuweisen – nach wie vor war an seinem Fahrkönnen nichts Außergewöhnliches. March brauchte Geld – eine Formel-2-Saison kostete rund eine halbe Million Schilling für einen Mann von der Unbekanntheit Laudas. Allerdings spielte Niki schon damals sehr geschickt nach PR-Regeln und hatte die March-Leute mit guten Referenzen überhäuft. March rechnete mit Lauda als Nummer-zwei-Pilot hinter Peterson, während Niki in Österreich noch immer dem Geld hinterherrannte. Diesmal stimmte nicht einmal die Größenordnung: Die erforderliche Summe war nicht annähernd irgendwo zu vermuten. Trotzdem unterschrieb Lauda bei March, sich solcherart dazu *zwingend*, das Geld aufzutreiben, auf die Art: Kommen *wird*, was kommen *muß*. Sein Sponsor Bosch brachte ein Zehntel auf, aber der (Wiener) Bosch-Sportchef, Graf Schönborn, kannte überdies den Generalsekretär der Ersten Österreichischen Spar-Casse und erreichte, daß Lauda ein Kredit in der notwendigen Höhe gegeben wurde. Schuldenhaben gehörte inzwischen schon zum Lebensstil des Aufstrebenden, da war weiter nichts dabei.

In dieser Formel-2-Saison bei March (1971) konnte sich Lauda erstmals relativieren, er bekam zum ersten Mal direkten Vergleich zur Weltklasse. Und die hieß für ihn hauptsächlich Peterson, da sein schwedischer Teamkollege natürlich der alles dominierende Mann der Lauda-Welt war.

Lauda über den Peterson von 1971: *Er galt als* das *Talent schlechthin. Seine Fähigkeit, mit schlecht liegenden Autos zu fahren, war enorm. Er hatte eine ganz besondere Gabe, unter allen Umständen voll zu fahren, verwendete aber keine Mühe darauf, die* Umstände *zu ändern, wenn sie schlecht waren. Ein Beispiel war das Formel-2-Rennen von Rouen. Die March-Leute hielten damals unseren kleinen Flügel für die richtige Lösung, daher hatte Ronnie einen kleinen, ich einen großen (denn der kleine war ein Einzelstück). Im Training hatte Ronnie eine bessere Zeit als ich gefahren, hauptsächlich deshalb, weil er einfach mehr riskierte und extremer fuhr. Im ersten Durchgang des Rennens erlebte ich aber die Überraschung, daß Ronnie mir nicht davonfahren konnte, ich lag ziemlich mühelos hinter ihm (mit meinem größeren Flügel lag das Auto in den Kurven wesentlich besser). Irgendwann hatte ich die verwegene Idee: Warum fährst du dem Kerl nicht einfach vor? Ich wartete noch ein bißchen, dann überholte ich meinen Nummer-eins-Fahrer. An der March-Box dreh-*

ten sie durch und hielten mir eine Tafel raus, ich solle Peterson vorlassen, was damals einzusehen war, schließlich gab es ja noch einen zweiten Lauf, und dafür sollte unser Star natürlich die optimale Ausgangsposition haben. Die Tafel wäre gar nicht notwendig gewesen, denn Ronnie war um soviel erfahrener und risikofreudiger als ich, daß er mich auf jeden Fall in einer der letzten Kurven gepackt hätte. Immerhin bekamen die Leute den Eindruck, ich hätte Peterson absichtlich vorbeigelassen, was mein Image kräftig aufwertete. Aber das Typische an der Situation war, daß Peterson durch extremen Einsatz mit ungünstigen Umständen (kleiner Flügel) fertig wurde, anstatt von vornherein durch eine richtige Entscheidung bessere Umstände zu schaffen.

Im Lauf des Jahres orientierte sich Lauda immer intensiver an Peterson, analysierte dessen (schnellere) Zeiten, rechnete nach, wo jener sich die Zehntelsekunden holte, und lernte die Überwindung extremen Fahrens – wo es notwendig war. Ansonst ging die Saison ohne besondere Höhepunkte zu Ende – und damit war auch das an March bezahlte Geld verbraucht. Offen waren aber noch zwei Drittel des Kredits.

Im Herbst begann Lauda neuerlich zu rotieren, um Geld heranzuschaffen. Sportlich war ja alles klar: Eine mittelmäßige Formel-2-Saison konnte ihn nicht entmutigen, wieder einmal zu „verdoppeln" und die Formel 1 anzustreben. March bot ihm eine Formel-2- und Formel-1-Kombination für 1972 zum Preis von etwas mehr als zwei Millionen Schilling an. Logischer Lauda-Versuch: Aufstockung des Kredits. Nun wurde der glänzende Familienname Lauda zum ersten Mal ein Nachteil: Nikis Großvater verwendete sich beim Präsidenten der Bank, einem Freund, dafür, diesen aufgestockten Kredit nicht zu gewähren – *um den Buben zur Vernunft zu bringen.* Die Cliquen-Verständigung klappte, die Spar-Casse sagte Nein. Für Niki war das der endgültige Bruch mit seiner Familie, in seiner Karriere konnte er sich aber keinen Bruch erlauben: In dieser Situation nur mit Schulden und ohne Auto übrigzubleiben, hätte ja bedeutet, daß er in einen bürgerlichen Beruf gehen müßte, um seine Schulden abzahlen zu können.

Immerhin war die Auswahl der anzusprechenden Firmen nicht mehr sehr schwierig – für die nunmehr notwendig gewordenen Beträge kamen nur noch Banken in Frage. Eine davon „hielt“ tatsächlich: Die Raiffeisenkasse mit einem Kredit von 2,5 Millionen Schilling, mit einer Lebensversicherungspolizze als Sicherstellung. Davon zahlte Lauda fürs erste seine Schulden bei der „Ersten“, den Rest – gut zwei Millionen – trug er zu March. Damit hatte er sich eine kombinierte Formel-1/Formel-2-Saison erkauft: Das Jahr 1972. Niki Lauda erzählt:

March-Testtage in Jarama, gut eine Woche vor dem Großen Preis von Spanien. Ich hatte zwei Grand Prix hinter mir, Argentinien und Südafrika, einen elften und siebenten Platz, ich war der kleine Benjamin des Teams, schön leise und brav, selbst als Leutnant für Ronnie Peterson eine Nummer zu klein. March hat das neue Wunderauto hergebracht, den 721 X (mit dem Getriebe vor dem Differential). Ronnie Peterson testet zwei Tage lang, ich darf brav zuschauen. Zur gleichen Zeit testet auch Jackie Stewart seinen Tyrrell. Beim Zeitvergleich stellt sich heraus, daß Peterson fast so schnell wie Stewart war, die March-Leute sind überglücklich und euphorisch: Endlich haben wir das Wunderauto. Daß Stewart zwischendurch von der Strecke gerutscht ist, daß er während des ganzen Tests Probleme gehabt hat, wird einfach unter den Tisch gekehrt, auch die mögliche Überlegung, daß Jarama vielleicht eine ungünstige Strecke für den Tyrrell sein könnte. Die March-Leute sehen nur, daß Ronnie fast so schnell wie Jackie ist – und sind überglücklich. Im Hotel ist Feierstimmung, ich sitz still dabei, ich hab ja noch nicht einmal einsteigen dürfen in das neue Wunderding. Am letzten Tag darf ich auch. Daß die Schaltung keine definierten Ebenen hat, haben sie mir schon gesagt, es gab irgendeine Faustregel, ich glaube: Wenn zwischen Schalthebel und Monocoque Platz für drei Finger war, war's der vierte Gang, bei zwei Fingern der fünfte. So etwas wie eine seitliche Rückholfeder gab's nicht. Ich fuhr los und fand keinen Gang, ich rührte um und verschaltete mich dauernd. Nach drei Runden drehte ich mich schon, obwohl ich damals so wahnsinnig drauf bedacht war, einen guten Eindruck zu machen und mir nur ja keinen Fehler zu erlauben. Aber abgesehen vom Schalten: Das Ding lag fürchterlich schlecht, mir war unbegreiflich, wie man mit einem solchen Scheißhaus Rennen fahren konnte. Ich fuhr so ungefähr fünfzehn Runden, kam auf keinen grünen Zweig, stieg aus und erlaubte mir, Robin Herd zu sagen: „Ich weiß, Ronnie ist gleich schnell wie Stewart, aber wenn du mich fragst: Ich komme mit dem Wagen einfach nicht zurecht." Daraufhin sprach March-Direktor und -Designer Robin Herd: „Wenn du einmal soviel Erfahrung hast und so gut fahren kannst wie Ronnie Peterson, wirst du das auch schaffen." Er sprach ziemlich langsam und dozierend, ich habe mir jedes einzelne Wort gemerkt und immer wieder durch mein Hirn gehen lassen. Ich verstand mich und die Welt nicht mehr, ich hatte doch geglaubt, ich sei ein guter Rennfahrer, und nun träumte ich wohl: Bei mir lag das Auto schlecht, es hüpfte und reagierte schlecht — und Ronnie Peterson sagte, es sei ein gutes Auto und fuhr damit so schnell wie Jackie Stewart. Zwischen diesen Testtagen und dem Trainingsbeginn in Jarama lag eine ganze Woche, und ich fuhr mit Mariella auf Ferien nach Marbella, um die Zeit totzuschlagen. Die ganze Woche ging mir durch den Kopf, was Robin Herd gesagt hatte. Wie konnte ich so falsch liegen? Was für ein Zauberer war Ronnie, daß er mit diesem Auto schnell fahren konnte und ich nicht?

Als wir zurückkamen und beide mit unseren neuen Autos im offiziellen Training fuhren, sah es nicht mehr ganz so großartig aus: Peterson kam nur auf die neuntbeste Trainingszeit, ich war überle-

gener Letzter, sechseinhalb Sekunden langsamer als Jacky Ickx, der damals auf Pole Position stand. Für die March-Leute war das kein Grund zum Revidieren ihrer Meinung: Für Petersons vergleichsweise schlechte Position hatte man die Begründung eines störenden Einflusses durch einen Dreher, und mein letzter Platz bedurfte nicht vieler Erklärungen: Ich konnte es eben nicht besser. Im Rennen fielen wir beide aus, und zwar so früh, daß es wieder wenig Rückschlüsse auf die Klasse der Konstruktion des 721 X gab.

Das nächste Rennen war Monaco. Daß ich nur die 22. Startposition erreichte, war weniger peinlich als Petersons 15. Rang — Peterson, der Held von Monaco, der Spezialist auf dieser Strecke! Im Rennen selbst wurden wir Elfter bzw. Sechzehnter, und Ronnie sagte zum ersten Mal, daß das Auto ganz schlecht liege und daß es eine Katastrophe sei. Robin Herd war noch immer nicht kuriert, wir mußten auch das nächste Rennen, den Großen Preis von Belgien in Nivelles, mit dem 721 X fahren. Allerdings ersetzte man in Ronnies Auto das Alfa-Getriebe gegen eine normale Hewland-Box, aber die vierzehntbeste Trainingszeit war auch nicht gerade das, was man für einen Ronnie Peterson angemessen hielt. Unter diesen Umständen spielte es nicht mehr soviel Rolle, daß ich wieder auf dem letzten Platz stand — vom vorletzten um fast zwei Sekunden getrennt. So überlegene letzte Plätze sind wirklich eine Rarität, aber es war kein Wunder, ich kam kaum um die Ecken, so irrsinnig untersteuerte das Ding. Ich hatte mich mehrmals während des Trainings bei Robin Herd beschwert, und einmal hatte er gesagt „Jetzt tu ich was gegen das Untersteuern" und ließ einen Liter STP ins Differential schütten. „So", sagte er, „jetzt ist es in Ordnung." Im Rennen waren Ronnie und ich derart weg vom Fenster, daß endlich auch der Dümmste begriff: Dieser March 721 X war eine Totgeburt, ein kompletter Versager, ein rundum schlecht konstruiertes Auto. Der Typ wurde dann eingezogen, die Autos wurden wohl verschrottet.

Für mich ergaben sich einige Lehren aus diesem Debakel: Wenn

Ronnie Peterson erst so spät erkannt hatte, daß das Auto schlecht war, so gab ihm das kein gutes Zeugnis. Solche Fehler kann man nicht einmal durch wahnsinniges Fahren gutmachen, soviel hatte sich gezeigt. Außerdem war mein allererster Eindruck der richtige gewesen, ich verlor daraufhin Respekt vor Technikern und Konstrukteuren, die uneingeschränkt an ihre Produkte glauben und allen anderen ihre Meinung aufzwingen wollen. Und letzten Endes ärgerte ich mich über meine eigenen Zweifel an mir selbst, über jene Woche in Marbella, in der ich fast schon überzeugt gewesen war, ein Doch-nicht-so-guter-Rennfahrer zu sein. Gesamthaft war das 721-X-Debakel ein sogenannter Härtungsprozeß für mich.

Auch mit dem normalen March, dem G-Modell, war in diesem Jahr kein Staat zu machen, nicht einmal für Ronnie Peterson. Er, das *überragende Fahrertalent der Formel 1, wurde Neunter in der Weltmeisterschaftswertung, ich kam auf keinen einzigen Punkt.*

Ich lebte von der Hoffnung auf die Zukunft. Ich hatte ja dazwischen gute Resultate in der Formel 2, bei Sport- und Tourenwagen gehabt, manche Leute glaubten also noch an mich, und es schien so, als ob auch Robin Herd an mich glauben würde — immerhin mußte ja er wissen, wie schlecht sein Auto war. Es schien festzustehen, daß ich im nächsten Jahr einen March bekommen würde, ohne dafür zahlen zu müssen — immerhin hatte ich ja kein Geld mehr, nur unglaubliche Schulden. Anläßlich des Neunstundenrennens in Südafrika im Herbst erzählte mir Robin Herd über die Pläne für das nächste Jahr, welche Farbe mein Wagen haben würde, wie der Schalthebel aussehen würde und weiß der Teufel. Im Dezember fuhr ich nach Bicester zu March, wo mir Max Mosley erklärte: Wir haben kein Geld, um dich in der Formel 1 fahren lassen zu können, aber du kannst Formel 2 fahren und die Testarbeit in der Formel 1 übernehmen. Ich war fixfertig: March wollte Chris Amon haben, und ich sollte für ihn das Testen besorgen, das war der Klartext dieses „Angebots" — daß ich im Testen gut war, hatten die March-Leute mittlerweile mitgekriegt.

Ich war niemals vorher und niemals nachher in meinem Leben so verzweifelt wie damals, als ich von Bicester nach Hause fuhr. Sogar der Gedanke, mit dem Wagen in irgendeine Mauer zu fahren, war gar nicht so absurd. Ich war am Ende: Ich hatte zwei Millionen Schilling Schulden (500.000 von der ursprünglichen Summe hatte ich inzwischen durch Startgelder und Tourenwagen-Preisgelder zurückbezahlt), also zwei Millionen Schulden und kein Auto, keinen Vertrag für nächstes Jahr. Die ganze Rechnung hatte ja nur dann eine Chance, aufzugehen, wenn ich in meiner Karriere weiterkam — wie sollte ich je diese Summe aus einem „normalen" Beruf zurückzahlen? Ich rechnete mir aus, wie lang ich zurückzahlen würde, hätte ich irgendeinen Schreibtischjob: Wenn man Zinsen und ein Existenzminimum als Eigenverbrauch berücksichtigte, ergab sich irgendwas zwischen vierzig und siebzig Jahren, je nach Grad des Optimismus. Allein dieses Durchrechnen zeigte mir, daß Resignation die schlechteste Lösung war, denn sie bot im Grund keinen Ausweg. Die einzige Chance war, in der „Branche" zu bleiben, nur dort könnte sich möglicherweise Begründung für die Hoffnung abzeichnen, meine Schulden innerhalb vernünftiger Zeit zurückzuzahlen und außerdem das Ziel nicht aus den Augen zu verlieren: Ein etablierter Formel-1-Mann zu werden.

Nachdem ich das alles durchgerechnet und durchdacht hatte, war ich wieder etwas gefaßter und bereitete die nächste Aktion vor. Fest stand: Ich mußte eine „bargeldlose" Lösung finden, denn eine weitere Aufstockung meines Kredits war undenkbar.

Ich machte mich an BRM-Chef Louis Stanley heran, der an mir nur dann interessiert war, wenn ich ihm Geld brächte. So erweckte ich den Eindruck, weitere Sponsorgelder von der Raiffeisenkasse bekommen zu können. Immerhin durfte ich zu Testfahrten nach Paul Ricard kommen und machte genügend gute Figur, um Stanleys beiläufiges Interesse an mir wachzuhalten. Er bot mir dann tatsächlich einen Vertrag an: Mein „Sponsor" (den ich ja nicht hatte) mußte schweres Geld an BRM zahlen, dafür würde ich Start- und Preisgelder von

BRM bekommen. Ich unterschrieb, da ich ja keine andere Wahl hatte, und änderte die Zahlungsbedingungen des „Sponsor"-Geldes dahingehend, daß die beiden ersten Raten erst zu jenen Terminen fällig wurden, zu denen BRM mir einige Startgelder zahlen mußte. Ich nahm also das Geld, das ich von ihm bekam, und schickte es postwendend im Namen meines „Sponsors" zurück. Die Ausgaben fürs Leben und die Kreditrückzahlungen bestritt ich dazwischen von Einnahmen aus Tourenwagenrennen. Die ganze Rechnung hatte einen Haken: Die dritte „Sponsor"-Rate an BRM würde sich beim besten Willen nicht ausgehen, da wartete im Juni ein riesiges Loch auf mich. Da ich mich nun einmal zu so hohem Einsatz entschlossen hatte, konnte und wollte ich mich dadurch nicht abhalten lassen — vielleicht würde sich irgendein Wunder ereignen.

Die lukrativsten Nebenjobs des Jahres 1973 gab es in Tourenwagenrennen, wo der Kampf BMW gegen Ford immer stärker eskalierte, so daß man die besten verfügbaren Fahrer brauchte — bei manchen dieser Rennen waren ein Dutzend Grand-Prix-Piloten am Start. Lauda fuhr für das Team von ALPINA, dessen Einsatzleiter Dr. Fritz Indra sich erinnert:

Obwohl er sicherlich das Geld dringend gebraucht hat, war er auch unerhört geil aufs Fahren. Er kam beispielsweise zum Sechsstundenrennen auf dem Nürburgring mit dem Hauptziel, Hans Stuck zu verblasen. Stuck galt als größter Draufgänger am Ring und als perfekter Tourenwagenspezialist, und Niki fand es reizvoll, ihn zu entzaubern. Da auch Stuck einen BMW fuhr, gab es einen ziemlich brauchbaren direkten Vergleich.

Lauda fuhr am Samstagmorgen 8:17 Minuten, das war eine unglaubliche Fabelzeit für Tourenwagen (Zweiventiler damals!), Stuck war um glatte drei Sekunden langsamer, von den anderen gar nicht zu reden.

Der Journalist Dieter Stappert und der Fotograf Heinz-Dieter Finck über jenen Samstagmorgen:

Wir standen am Pflanzgarten. Lauda kam im vollem Flug daher, keines der Räder deutete in die Richtung, in die es eigentlich zeigen sollte, der ganze BMW schien verwunden zu sein unter dieser Belastung des Extremfahrens. Mit einem Driftwinkel jenseits des Vorstellbaren verschwand er aus unserem Blickfeld. Wir hatten dieselbe Reaktion: Einpacken und Wegfahren, es schien uns sinnlos zu sein, noch auf irgendein anderes Auto zu warten, es würde farblos wirken.

Interessant, daß Lauda einmal ein richtiger Spezialist für den Nürburgring war und das Fahren in der Eifel auch sehr zu genießen schien. Was veränderte seine Haltung gegenüber dieser Rennstrecke, die er ja noch vor seinem schweren Unfall als zu gefährlich ablehnte?

Lauda: *Einfach die Tatsache, daß ein junger Fahrer einige Zeit braucht und einige Dinge erlebt haben muß, bis er aufwacht, wie ich das ja an anderer Stelle in diesem Buch beschrieben habe. Außerdem ist natürlich ein enormer Unterschied zwischen einem BMW-Coupé und einem Formelwagen — mit einem Tourenwagen hat man eigentlich bei jedem Unfall noch eine Chance, solange man eine Frontalkollision vermeiden kann.*

Fritz Indra über Laudas Stärken im Jahr 1973: *Er wirkte motivierend für das ganze Team. Wie er die Mechaniker behandelte, wie er sich um die Vorbereitung der Wagen kümmerte, das elektrisierte alle Beteiligten. In jenem Jahr fuhr beispielsweise auch Jacky Ickx für uns. Der kam eine Viertelstunde vor dem Training, setzte sich ins Auto und stellte fest, daß er nicht vernünftig sitzen könne, da mußten erst einmal Sitz und Pedale umgebaut werden — Dinge, um die sich Niki schon Tage vorher gründlich gekümmert hatte. Und was das Fahren betraf, konnte er sich zu unglaublichem Kampfgeist steigern, vor allem auch an Stellen, an denen es ein großes Herz erforderte, voll stehen zu lassen. Daß er sich einmal besonders um die Sicherheit auf Rennstrecken kümmern würde, davon war damals noch gar nichts zu merken, er fuhr auch auf so unsicheren Strecken wie Brünn mit dem letzten Drücker, er war völlig unbelastet. Bemerkenswert war, wie clever er seine Höchstleistungen ‚einteilen' konnte. Er ließ sich oft Reserven, beispielsweise im Training, und wartete auf den günstigsten Zeitpunkt, um dann wirklich absolut voll zu fahren. Er hat überhaupt mehr nachgedacht als die anderen, er hat sich auch in der Vorbereitung das Hirn zerbrochen. Er war ernster als die meisten seiner Gegner — aus dem Blödelzirkus rund um Stuck und Quester hielt er sich raus, so gut es ging.*

Techniker Indra über die technischen Fähigkeiten Laudas: *Man soll sich keine Illusionen über das technische Wissen der Grand-Prix-Fahrer machen. Fast keiner von ihnen hat eine profunde Idee von technischen Zusammenhängen. Auch mit Laudas theoretischem Wissen ist es nicht weit her, aber er kann sich wahrscheinlich von allen Spitzenfahrern am präzisesten gegenüber dem Techniker ausdrücken. Wenn er den Grund für Schwierigkeiten mit ‚links vorne' angibt, kann man hundertprozentig sicher sein, daß dort tatsächlich der Hund liegt. Daher kommt man mit ihm schneller zu einer Behebung eines unbefriedigenden Zustands. Ohne wirklich fundiert Bescheid zu wissen, hat er mehr ‚technisches feeling' als wahrscheinlich alle anderen Fahrer.*

Als Tourenwagenpilot verdiente Lauda prächtig. Er fuhr alles, was Geld einbrachte, sogar so grimmige Läufe wie ein 24-Stunden-Rennen auf dem Nürburgring. Er bekam 5000,— DM Startgeld und weitere 5000,— Siegesprämie — und er gewann eine Menge, manchmal zwei Rennen an einem Wochenende. Das war auch dringend nötig, um die Kredit-Rückzahlungen zu leisten und das doch recht aufwendige Leben-aus-dem-Koffer zu finanzieren. Da blieb praktisch nichts übrig, um es für die immer drohender werdende dritte „Sponsor"-Rate an BRM abzuzweigen. Immerhin zeichnete sich aber eine sportlich etwas erfolgreichere Saison als bei March ab.

Niki Lauda über seinen Saisonbeginn bei BRM, Frühjahr 1973: *Ich war in Argentinien und Brasilien recht brav gefahren und sollte nun in Südafrika zum ersten Mal ein eigenes Auto bekommen, bislang hatte ich jeweils jene Gurke gehabt, die nach dem Training übriggeblieben war. Wir fuhren sogar Tests in Kyalami, und da kam auch tatsächlich mein ‚eigenes' Auto aus England. Als die Testfahrten losgingen, war ich schneller als Regazzoni, der damals bei BRM die Nummer eins war. Ich blieb den ganzen Tag schneller als er, und die BRM-Leute fingen an, dumm zu schauen: Was ist los mit dem Benjamin? Daraufhin sagte Regazzoni, sein Auto liege schlecht, er wolle das meine haben. Dagegen war natürlich nichts zu machen, ich konnte gar nicht schnell genug schauen, schon war ich mein Auto los. Im offiziellen Training fuhr ich mit Regazzonis Auto, das tatsächlich schlecht zu fahren war, weil es extrem untersteuerte. Ich ließ ein paar Verstellungen vornehmen, und im Handumdrehen war der Wagen recht brauchbar. Ich war dann wieder während des ganzen Trainings schneller als meine Teamkollegen Regazzoni und Beltoise, bis Firestone mit speziellen „Qualifikationsreifen" rausrückte — natürlich nur für Regazzoni und Beltoise. Dadurch waren die beiden in der Startaufstellung vor mir, obwohl ich der schnellste Mann des Teams gewesen war. Im Gegensatz zu den beiden hatte ich aber einen blendenden Start und fuhr in der Spitzengruppe mit, bis mir nach einem Drittel der Strecke der Motor zerplatzte. Dazwischen hatte es noch jene Kollision gegeben, bei der Regazzoni fast ums Leben gekommen wäre, hätte ihn nicht Hailwood aus dem brennenden Wagen gezogen. Jedenfalls: Das Rennen von Südafrika veränderte meine Position innerhalb des Teams, zwar vorerst noch ohne merkliche Konsequenzen, aber man begann, mich besser einzuschätzen. Dann gab's einen fünften Platz in Zolder und damit die ersten Weltmeisterschaftspunkte meines Lebens, vierzehn Tage später stieg eines der Schlüsselrennen meiner Karriere: Grand Prix von Monaco 1973.*

Der Wagen ging damals ziemlich gut, und ich fühlte mich wohl.

Im Samstagtraining war ich schnell wie noch nie: Zweitbeste Zeit hinter Cevert, also noch vor Stewart und den übrigen Astronauten. Wegen der außergewöhnlichen Hitze war dieser ganze Tag aber langsamer als der erste, so daß sich daraus nicht der zweite Startplatz ergab, aber immerhin stand ich auf dem sechsten — neben Fittipaldi, sehr erhebend für mich. Vom Rennen habe ich drei Bilder noch deutlich vor mir. Zuerst den Start, den ich zwar nicht verhaute, aber trotzdem kam Regazzoni aus der hinteren Reihe an mir vorbei. Das hat mich sehr geärgert, weil ich damit wirklich nicht gerechnet hatte. Im nächsten Szenenbild sehe ich Cevert, wie er an den Randstein knallt und dabei eine Felge beschädigt. Dann gab's einen monumentalen Verbremser von Regazzoni, ich glaube, seine Bremsen waren nicht in Ordnung, und dann sehe ich mich schon auf dem dritten Platz — hinter Stewart und Fittipaldi, direkt vor Jacky Ickx. Zum ersten Mal fuhr ich für längere Zeit inmitten der Weltklasse mit. An das Gefühl erinnere ich mich noch genau: Keine Begeisterung, nur Konzentration, ich hab mir immer eingeredet PASS AUF, PASS AUF, ich wollte unter keinen Umständen einen Fehler machen. Ich fühlte mich also nicht wie ein Kämpfer, sondern wie einer, der um Himmels willen nichts verpatzen will. Es war erstaunlich, daß Ickx hinter mir nie richtig unangenehm wurde. Nach einem Drittel des Rennens war der ganze Traum plötzlich aus — Differentialschaden, was damals für BRM sehr überraschend kam. Ich war zwar irrsinnig enttäuscht, aber ich spürte, daß ich meine Show gehabt hatte, daß ich zum ersten Mal in großem Stil aufgefallen war.

Dieses Rennen hatte eine direkte Konsequenz für mich und schuf überdies einen Zeitzünder: Stanley nahm mich mit sofortiger Wirkung als nicht-zahlenden Fahrer in sein Team auf, Enzo Ferrari hatte von da an insgeheim den Plan, mich für nächstes Jahr zu verpflichten — bloß dauerte es noch zwei Monate bis zum ersten Kontakt.

Was Stanley betraf, so kam die Rettung im richtigen Moment — ich hätte nicht gewußt, wie ich die dritte „Sponsor"-Rate hätte auf-

treiben sollen. Der neue Vertrag mit BRM beinhaltete, daß ich Start- und Preisgelder bekommen würde, als Gegenleistung mußte ich ihm eine Option auf mich für die nächsten Jahre einräumen (mein Glück war, daß er mich nach einigen Rennen nicht mehr bezahlen und ich mich aus der Option rauswinden konnte).

Der alte Stanley war ein seltsamer Kauz. Die eindruckvollste all der kleinen Geschichten und Schnurren, die ich mit ihm erlebte, spielte sich etwa zu Mitte der Saison im „Dorchester" in London ab. Stanley hatte mich zum Tee geladen, alles war wahnsinnig distinguiert. Zu dieser Zeit war ich schon die inoffizielle Nummer eins im Team, Stanley setzte jedenfalls stärker auf mich als auf Regazzoni oder Beltoise. Ich nützte die Gelegenheit und sagte ihm eine wichtige Wahrheit, nämlich daß die BRM-Motoren hoffnungslos seien — „es fehlen uns 50 PS, Mr. Stanley!" Das war sicherlich richtig, denn es war peinlich, wie uns alle anderen um die Ohren fuhren. Stanley erhob sich mit einer kurzen Entschuldigung und blieb etwa zehn Minuten draußen. Als er wiederkam, sagte er, er habe einen Anruf vom „Test House" gehabt, wo man ihm mitgeteilt habe, es seien 25 PS gefunden worden — und zwar im Auspuffsystem. Ich kannte damals noch nicht alle Facetten des Louis Stanley, und so glaubte ich ihm für kurze Zeit, bis ich das nächste Mal im Auto saß und natürlich feststellte, daß sich nicht das geringste geändert hatte. Rückblickend bin ich ziemlich sicher, daß Stanley einfach pinkeln gegangen war und daß ihm am Klo die Geschichte mit den 25 PS „im Auspuffsystem" eingefallen war.

Die Situation bei BRM wurde immer trostloser, wir waren allesamt erfolglos, überdies blieb das versprochene Geld aus. Ich war natürlich glücklich über meine mittlerweile gesicherte Zukunft bei Ferrari und wollte bei BRM noch halbwegs mit guten Vorstellungen über die Runden kommen. Bei einem Defekt in Monza, offensichtlich Radbruch, flog ich in die Leitschienen. Dann folgte ein — was mich betrifft — groteskes Rennen: Großer Preis von Kanada in Mosport. Die BRM waren nicht besser oder schlechter als sonst. Regazzoni war von Stanley bereits auf Eis gelegt, statt ihm fuhr Gethin. Ich war im Training schnellster BRM-Fahrer auf dem achten Platz, Beltoise war Sechzehnter. Der Lauf wurde als Regenrennen gestartet, ich hantelte mich von Anfang an Position um Position nach vor. Ja, was machen die denn, dachte ich, was ist denn los, wieso fahren die alle so langsam? Ich überholte wie der liebe Gott, fuhr auch außen vorbei — und war auf einmal in Führung. Niki Lauda erstmals an der Spitze eines Grand-Prix-Feldes. Natürlich war mir inzwischen klargeworden, daß weder ich noch der BRM dieses Wunder bewirkt hatte, sondern daß es einfach die Firestone-Reifen waren, die im Regen um soviel besser wirkten als die Goodyear der Konkurrenz. Es war grotesk, wie meine Führung immer größer wurde — da hinten tauchte keiner auf, keiner attackierte, statt dessen fuhr ich immer weiter davon. Dann trocknete es auf, ich mußte zum Reifenwechsel rein, alles funktionierte in der üblichen Geschwindigkeit — bloß fuhr ich mit falschen Reifen los. Damals gab es noch die „Intermediates", und unser Teammanager Parnell hatte mir solche vorbereitet, obwohl die Piste jetzt schon soweit aufgetrocknet war, daß man bloß normale Slicks brauchen konnte. Prompt waren die Reifen auch nach ein paar Runden kaputt, ich mußte wieder an die Box, um diesmal die richtigen Reifen auszufassen, und im letzten Viertel des Rennens kam das Unausweichliche: Defekt. Diesmal war's die Benzinpumpe.

Louis Stanley zu erklären, daß ich die nächste Saison nicht mehr für ihn fahren würde, war mein schwierigster Job in jenem Herbst, ich habe ihn mit vielen Nachwehen hinter mich gebracht.

*

Bleibt eine Frage im Raum: Niki, wie sieht die „Vorfinanzierung einer Karriere mittels Krediten" im Rückblick aus?

Lauda: *Ein Wahnsinn. Die Situation hat es damals erfordert, alles zu riskieren. Ich habe Glück gehabt, aber heute würde ich es nicht mehr so machen. Stünde ich noch einmal vor der gleichen Entscheidung, würde ich wahrscheinlich gar nicht mehr Rennfahrer werden. Die Chance, im Rennsport wirklich hinaufzukommen, ist so unglaublich klein, daß es Wahnsinn ist, sie mit geborgtem Geld erzwingen zu wollen. Einsatz und Erfolgschance stehen in einem schiefen Verhältnis zueinander.*

Aber das soll doch nicht bedeuten, daß du es bedauerst, die Karriere „mit Gewalt" geschafft zu haben?

Nein, um Himmels willen, ich bin glücklich. Aber es war eben soviel Glück nötig, daß der Weg von damals nicht nachzuvollziehen ist. Es war ein unglaublicher Einzelfall, ich glaube nicht, daß man ihn auf ähnliche Art wiederholen kann.

ANHANG

187 Rennen in 10 Jahren: Alle Starts Niki Laudas

1968

Bergrennen Bad Mühllacken, A, 15. 4.
Cooper 1300, Platz 2
Klassensieger Herbert Grünsteidl, A, Cooper
Gesamtsieger Richard Gerin, A, Porsche 906

Bergrennen Dobratsch, A, 28. 4.
Cooper 1300, Klassensieg
Gesamtsieger Rudi Lins, A, Porsche 906

Bergrennen Alpl, A, 5. 5.
Cooper 1300, Klassensieg
Gesamtsieger Richard Gerin, A, Porsche 906

Bergrennen Engelhartszell, A, 26. 5.
Cooper 1300, Klassensieg
Gesamtsieger Gerhard Krammer, A, Brabham-Alfa

Bergrennen Kasten-Viechtenstein, A, 9. 6.
Porsche 911, ausgefallen (Unfall)
Gesamtsieger Dieter Schmied, D, Lotus 23

Flugplatzrennen Tulln-Langenlebarn, A, 14. 7.
Porsche 911, Ausfall (Motor)
Gesamtsieger Klaus Reisch, A, Alfa Romeo GTA

Koralpe-Bergrennen, A, 23. 6.
Porsche 911, Klassensieg
Gesamtsieger Richard Gerin, A, Porsche 906

Bergrennen Tauplitzalm, A, 4. 8.
Porsche 911, Klassensieg
Gesamtsieger Giulio de Guidi, CH, Cooper-ATS

Bergrennen Stainz, A, 11. 8.
Porsche 911, Klassensieg
Gesamtsieger Jochen Rindt, A, Brabham Formel 2

Bergrennen Walding, A, 15. 8.
Porsche 911, Klassensieg
Gesamtsieger Peter Peter, A, Porsche 906

Flugplatzrennen Zeltweg, 25. 8.
Porsche 911, Gesamtsieg

Flugplatzrennen Aspern, A, 6. 10.
Porsche 911, Platz 3
Sieger Ernst Furtmayer, D, BMW 2002
Kaimann Formel Vau: Platz 8
Sieger Erich Breinsberg, A, Kaimann

Bergrennen Dopplerhütte, A, 27. 10.
Porsche 911: Platz 8
Kaimann: Platz 9
Gesamtsieger: Rudi Lins, A, Porsche 910

1969

Hockenheim, D, 12. 4.
Kaimann Formel Vau, Platz 4
Sieger Gerold Pankl, A, Austro Vau

Flugplatzrennen Aspern, A, 13. 4.
Kaimann Formel V, Ausfall
Sieger Peter Peter, A, Austro Vau

Belgrad, YU, 20. 4.
Kaimann Formel Vau, Platz 2
Sieger Gerold Pankl, A, Austro Vau

Budapest, H, 11. 5.
Kaimann Formel Vau, Platz 4
Sieger Alfred Vogelberger, D, Olympic

Hockenheim, D, 25. 5.
Kaimann Formel Vau, Platz 2
Sieger Erich Breinsberg, A, Kaimann

Mantorp Park, S, 29. 6.
Kaimann Formel Vau, Ausfall (Benzinpumpe)
Sieger Bertil Roos, S, RPB

Sopron, H, 6. 7.
Kaimann Formel Vau, Sieger

Flugplatzrennen Tulln-Langenlebarn, A, 13. 7.
Opel 1900, Ausfall (Motor)
Sieger Peter Huber, A, Ford Escort TC
Kaimann Formel Vau, Platz 3
Sieger Peter Peter, A, Austro Vau

Österreichring, A, 27. 7
Kaimann Formel Vau, Platz 8
Sieger Helmut Marko, A, McNamara

Nürburgring, D, 3. 8.
Kaimann Formel Vau, Platz 2
Sieger Helmut Marko, A, McNamara

Österreichring, A, 10. 8.
Lauda/Stuppacher, A, Porsche 910, Platz 21
Sieger Siffert/Ahrens, CH/D, Porsche 917

Salzburgring, A, 21. 9.
Kaimann Formel Vau, Platz 3
Sieger Dieter Quester, A, Kaimann

Flugplatzrennen Innsbruck, A, 5. 10.
Kaimann Formel Vau, Platz 2
Sieger Erich Breinsberg, A, Kaimann

Salzburgring (Donaupokal), A, 12. 10.
Kaimann Formel Vau, Ausfall
Sieger Gerold Pankl, A, Austro Vau

Flugplatzrennen München-Neubiberg, D, 26. 10.
Opel 1900: Ausfall
Kaimann Formel Vau: Sieger

1970

Nogaro, F, 29. 3.
Formel-3-McNamara, Ausfall (Unfall)
Sieger Jean-Pierre Jaussaud, F, Tecno

Magny Cours, F, 3. 5.
Formel-3-McNamara, Platz 5
Sieger Jean-Pierre Jaussaud, F, Tecno

Hockenheim, D, 10. 5.
Formel-3-McNamara, Ausfall (Unfall)
Sieger Hermann Unold, D, Tecno

Österreichring, A, 17. 5.
Formel-3-McNamara, Platz 6
Sieger Freddy Kottulinsky, Lotus

Brünn, CS, 24. 5.
Formel-3-McNamara, Platz 2
Sieger Jürg Dubler, CH, Chevron

Norisring, D, 28. 6.
Porsche 908, Platz 8
Sieger Jürgen Neuhaus, D, Porsche 917

Hockenheim, D, 5. 7.
Porsche 908, Platz 12
Sieger Vic Elford, McLaren-Chevy
Formel-3-McNamara, Platz 5
Sieger Gianni Salvati, I, Tecno

Brands Hatch, GB, 17. 7.
Formel-3-McNamara, Ausfall (Unfall)
Mike Beuttler, GB, Brabham

Flugplatzrennen Diepholz, D, 19. 7.
Porsche 908; Sieger

Karlskoga, S, 9. 8.
Formel-3-McNamara, Platz 5
Sieger Peter Hanson, GB, Chevron

Knutstorp, S, 16. 8.
Formen-3-McNamara, Ausfall (Unfall)
Sieger Ulf Svensson, Brabham, S

Keimola, SF, 23. 8.
Porsche 908, Ausfall (Lagerschaden)
Sieger Gijs van Lennep, NL, Porsche 917

Zandvoort, NL, 30. 8.
Formel-3-McNamara, Platz 4
Sieger Jürg Dubler, CH, Chevron

Zolder, B, 6. 9.
Formel-3-McNamara, Ausfall (Unfall)
Sieger James Hunt, GB, Lotus

Imola, I, 13. 9.
Lauda/Kottulinsky, A/S, Porsche 908, Platz 5
Sieger Brian Redman, GB, Porsche 917

Thruxton, GB, 20. 9.
Porsche 908, Platz 5
Sieger Jürgen Neuhaus, Porsche 917

1000-km-Österreichring, Marken-WM, A, 11. 10.
Lauda/Peter, A, Porsche 908, Platz 6
Sieger Siffert/Redman, CH/GB, Porsche 917

Nürburgring, D, 18. 10.
Porsche 908, Platz 3
Sieger Helmut Kelleners, D, March-Chevy

Österreichring (Martha Grand National), A, 25. 10.
Porsche 908, Sieger

1971

Mallory Park, GB, 14. 3.
Formel-2-March/Ford, Ausfall (Benzinpumpe)
Sieger Henri Pescarolo, F, March-Ford

Hockenheim, F-2-EM, D, 4. 4.
Formel-2-March/Ford, Ausfall (Kupplung)
Sieger Francois Cevert, F, Tecno-Ford

Thruxton, F-2-EM, GB, 12. 4.
Formel-2-March/Ford, Platz 10
Sieger Graham Hill, GB, Brabham-Ford

Nürburgring, F-2-EM, D, 2. 5.
Formel-2-March/Ford, Platz 6
Sieger Francois Cevert, F, Tecno-Ford

Jarama, F-2-EM, E, 16. 5.
Formel-2-March/Ford, Platz 7
Sieger Emerson Fittipaldi, BRAS, Lotus-Ford

Salzburgring, 2-l-EM, A, 23. 5.
Chevron-Ford (2-l-Sportwagen) Sieger

Crystal Palace, F-2-EM, GB, 31. 5.
Formel-2-March/Ford, nicht qualifiziert
Sieger Emerson Fittipaldi, BRAS, Lotus-Ford

Monza, I, 20. 6.
Formel-2-March/Ford, ausgefallen (Getriebe)
Sieger Dieter Quester, A, March-BMW

Rouen, F-2-EM, F, 27. 6.
Formel-2-March/Ford, Platz 4
Sieger Ronnie Peterson, S, March-Ford

Nürburgring, TW-EM, D, 11. 7
Lauda/Huber, A, Alpina-BMW-Coupé, Platz 3
Sieger Marko/Glemser, A/D, Ford Capri RS

Spa-Francorchamps, TW-EM, B, 24./25. 7.
Lauda/Larrousse, A/F, Alpina-BMW-Coupé, Ausfall (Getriebe)
Sieger Glemser/Soler-Roig, D/E, Ford Capri RS

Mantorp Park, F-2-EM, S, 8. 8.
Formel-2-March/Ford, Platz 13
Sieger Ronnie Peterson, S, March-Ford

Großer Preis von Österreich, Österreichring, 15. 8.
Formel-1-March, ausgefallen (Motor)
Sieger Jo Siffert, CH, BRM

Kinnekulle, S, 22. 8.
Formel-2-March/Ford, Platz 6
Sieger Ronnie Peterson, S, March-Ford

Brands Hatch, GB, 30. 8.
Formel-2-March/Ford, Platz 7
Sieger Ronnie Peterson, S, March-Ford

Tulln-Langenlebarn, F-2-EM, A, 1. 9.
Formel-2-March/Ford, Ausfall (Dreher, springt nicht an)
Sieger Ronnie Peterson, S, March-Ford

Albi, F-2-EM, F, 26. 9.
Formel-2-March/Ford, Ausfall (Vorderradaufhängung)
Sieger Emerson Fittipaldi, BRAS, Lotus-Ford

Vallelunga, F-2-EM, I, 10. 10.
Formel-2-March/Ford, Platz 7
Sieger Ronnie Peterson, S, March-Ford

1972

Großer Preis von Argentinien, Buenos Aires, 23. 1.
Formel-1-March, Platz 11
Sieger Jackie Stewart, GB, Tyrrell-Ford

Großer Preis von Südafrika, Kyalami, 4. 3.
Formel-1-March, Platz 7
Sieger Denny Hulme, NZ, McLaren-Ford

Mallory Park, F-2-EM, GB, 12. 3.
Formel-2-March/Ford, Platz 2
Sieger Dave Morgan, GB, Brabham-Ford

Oulton-Park, GB, 31. 3.
Formel-2-March/Ford, Sieger

Thruxton, F-2-EM, GB, 3. 4.
Formel-2-March/Ford, Platz 3
Sieger Ronnie Peterson, S, March-Ford

Hockenheim, F-2-EM, D, 16. 4.
Formel-2-March/Ford, ausgefallen (Motor)
Sieger Jean-Pierre Jaussaud, F, Brabham-Ford

Großer Preis von Spanien, Jarama, 1. 5
Formel-1-March, Ausfall (steckendes Gaspedal)
Sieger Emerson Fittipaldi, BRAS, Lotus-Ford

Großer Preis von Monaco, Monte Carlo, 14. 5.
Formel-1-March, Platz 16
Sieger Jean-Pierre Beltoise, F, BRM

Pau, F-2-EM, F, 7. 5.
Formel-2-March/Ford, Ausfall (Halbachse)
Sieger Peter Gethin, GB, Chevron-Ford

Brünn, TW-EM, CS, 21. 5.
Alpina-BMW, Ausfall (Motor)
Sieger Dieter Glemser, D, Ford Capri

Crystal Palace, F-2-EM, GB, 29. 5.
Formel-2-March/Ford, Ausfall (Kurbelwelle)
Sieger Jody Scheckter, ZA, McLaren-Ford

Großer Preis Belgien, Nivelles, 4. 6.
Formel-1-March, Platz 12
Sieger Emerson Fittipaldi, BRAS, Lotus-Ford

Hockenheim, F-2-EM, D, 11. 6.
Formel-2-March/Ford, Ausfall (Motor)
Sieger Emerson Fittipaldi, Lotus-Ford

Rouen, F-2-EM, F, 25. 6.
Formel-2-March/Ford, Ausfall (Motor)
Sieger Emerson Fittipaldi, BRAS, Lotus-Ford

Preis von Rom, Vallelunga, I, 18. 6.
Formel-1-March, Unfall im Training, nicht am Start
Sieger Emerson Fittipaldi, BRAS, Lotus-Ford

Großer Preis von Frankreich, Clermont-Ferrand, 2. 7.
Formel-1-March, Ausfall (Hinterradaufhängung)
Sieger Jackie Stewart, GB, Tyrrell-Ford

Österreichring, F-2-EM, A, 9. 7.
Formel-2-March/Ford, Ausfall (Motor)
Sieger Emerson Fittipaldi, BRAS, Lotus-Ford

Großer Preis von England, Brands Hatch, 15. 7.
Formel-1-March, Platz 9
Sieger Emerson Fittipaldi, BRAS, Lotus-Ford

Imola, F-2-EM, I, 23. 7.
Formel-2-March/Ford, Platz 3
Sieger John Surtees, GB, Surtees-Ford

Großer Preis von Deutschland, Nürburgring, 30. 7.
Formel-1-March, Ausfall (Leck im Öltank)
Sieger Jackie Ickx, B, Ferrari

Mantorp Park, F-2-EM, S, 6. 8.
Formel-2-March/Ford, Ausfall (Motorschaden)
Sieger Mike Hailwood, GB, Surtees-Ford

Großer Preis von Österreich, Österreichring, 13. 8.
Formel-1-March, Platz 10
Sieger Emerson Fittipaldi, BRAS, Lotus-Ford

Zandvoort, TW-EM, NL, 27. 8.
Lauda/Hezemans, A/NL, Alpina-BMW-Coupé, Platz 3
Sieger Mass/Soler-Roig, D/E, Ford Capri RS

Salzburgring, F-2-EM, A, 3. 9.
Formel-2-March/Ford, Platz 6
Sieger Mike Hailwood, GB, Surtees-Ford

Großer Preis von Italien, Monza, 10. 9.
Formel-1-March, Platz 13
Sieger Emerson Fittipaldi, BRAS, Lotus-Ford

Oulton-Park, GB, 16. 9.
Formel-2-March/Ford, Platz 2
Sieger Ronnie Peterson, S, March-Ford

Großer Preis von Kanada, Mosport, 24. 9.
Formel-1-March, Ausfall (disqualifiziert)
Sieger Jackie Stewart, GB, Tyrrell-Ford

Hockenheim, F-2-EM, D, 1. 10
Formel-2-March/Ford, Platz 9
Sieger Tim Schenken, AUS, Brabham-Ford

Großer Preis der USA, Watkins Glen, 8. 10.
Formel-1-March/Platz 17
Sieger Jackie Stewart, GB, Tyrrell-Ford

9-h-Kyalami, ZA, 4. 11.
Lauda/Scheckter, A/ZA, March-BMW, Platz 4
Sieger Regazzoni/Merzario, CH/I, Ferrari

1973

Großer Preis Argentinien, Buenos Aires, 28. 1.
Formel-1-BRM, Ausfall (Motor)
Sieger Emerson Fittipaldi, BRAS, Lotus-Ford

Großer Preis von Brasilien, Interlagos, 11. 2.
Formel-1-BRM, Platz 8
Sieger Emerson Fittipaldi, BRAS, Lotus-Ford

Großer Preis von Südafrika, Kyalami, 3. 3.
Formel-1-BRM, Ausfall (Motor/Pleuelschaden)
Sieger Jackie Stewart, GB, Tyrrell-Ford

Race of Champions, Brands Hatch, GB, 18. 3.
Formel-1-BRM, Ausfall (Batterie, Reifen)
Sieger Peter Gethin, GB, Chevron F 5000

4-h-Monza, TW-EM, I, 25. 3.
Lauda/Muir, Alpina-BMW-Coupé, Sieger

Flugplatzrennen Aspern, A, 1. 4.
BMW 2002, Gr. 1, Ausfall (Reifen)
Sieger Dieter Quester, A, BMW 2002/Gr. 1

Daily Express Trophy, Silverstone, GB, 8. 4.
Formel-1-BRM, Platz 5
Sieger Jackie Stewart, GB, Tyrrell-Ford

Großer Preis von Spanien, Barcelona, 29. 4.
Formel-1-BRM, Ausfall (Reifen)
Sieger Emerson Fittipaldi, BRAS, Lotus-Ford

Coupe de Spa, B, 5. 5.
Alpina-BMW-Coupé, Sieger

1000-km-Spa, Marken-WM, B, 6. 5.
Lauda/Stuck, A/D, Alpina-BMW-Coupé, Platz 7
Sieger Bell/Hailwood, GB, Gulf-Mirage-Ford

Großer Preis von Monaco, Monte Carlo, 3. 6.
Formel-1-BRM, Ausfall (Getriebe/Kupplung)
Sieger Jackie Stewart, GB, Tyrrell-Ford

Großer Preis von Belgien, Zolder, 20. 5.
Formel-1-BRM, Platz 5
Sieger Jackie Stewart, GB, Tyrrell-Ford

Großer Preis von Schweden, Anderstorp, 17. 6.
Formel-1-BRM, Platz 13
Sieger Denny Hulme, NZ, McLaren-Ford

24-h-Nürburgring, D, 23./24. 6.
Lauda/Joisten, A/D, Alpina-BMW-Coupé, Sieger

Großer Preis von Frankreich, Le Castellet, 1. 7.
Formel-1-BRM, Platz 9
Sieger Ronnie Peterson, S, Lotus-Ford

6-h-Nürburgring, TW-EM, D, 8. 7.
Lauda/Joisten, A/D, Alpina-BMW-Coupé, Platz 3
Sieger Stuck/Amon, D/NZ, BMW CSL

Großer Preis von England, Silverstone, 14. 7.
Formel-1-BRM, Platz 12
Sieger Peter Revson, US, McLaren-Ford

Flugplatzrennen Diepholz, D, 15. 7.
Alpina-BMW-Coupé, Ausfall (Motor)
Sieger Rolf Stommelen, D, Ford Capri RS

Großer Preis von Holland, Zandvoort, 29. 7
Formel-1-BRM, Ausfall (Reifen/Benzindruck)
Sieger Jackie Stewart, GB, Tyrrell-Ford

Großer Preis von Deutschland, Nürburgring, 5. 8.
Formel-1-BRM, Ausfall (Unfall)
Sieger Jackie Stewart, GB, Tyrrell-Ford

Großer Preis von Österreich, Österreichring, 19. 8.
Nicht am Start (Handverletzung vom Nürburgring-Unfall)
Sieger Ronnie Peterson, S, Lotus-Ford

Großer Preis von Italien, Monza, 9. 9.
Formel-1-BRM, Ausfall (Unfall)
Sieger Ronnie Peterson, S, Lotus-Ford

Großer Preis von Kanada, Mosport, 23. 9.
Formel-1-BRM, Ausfall (Differential)
Sieger Peter Revson, USA, McLaren-Ford

Flugplatzrennen Innsbruck, A, 30. 9.
Gruppe-1-BMW 2002; Klassensieger

Großer Preis von USA, Watkins Glen, 7. 10.
Formel-1-BRM, Platz 18
Sieger Ronnie Peterson, S, Lotus-Ford

Saisonfinale Österreichring, 14. 10.
Ford Capri RS, Klassensieger

1974

Großer Preis von Argentinien, Buenos Aires, 13. 1
Formel-1-Ferrari, Platz 2
Sieger Denny Hulme, NZ, McLaren-Ford

Großer Preis von Brasilien, Interlagos, 27. 1
Formel-1-Ferrari, Ausfall (Motor)
Sieger Emerson Fittipaldi, BRAS, McLaren-Ford

Race of Champions, Brands Hatch, GB, 17. 3.
Formel-1-Ferrari, Platz 2
Sieger Jackie Ickx, B, Lotus-Ford

Großer Preis von Südafrika, Kyalami, 30. 3.
Formel-1-Ferrari, Ausfall (Zündung)
Sieger Carlos Reutemann, ARG, Brabham-Ford

Tourenwagen-EM Salzburgring, A, 14. 4.
Lauda/Mass, A/D, Ford Capri RS, Ausfall (Motor)
Sieger Stuck/Ickx, D/B, BMW, 3,0 CSL

Großer Preis von Spanien, Jarama, 28. 4.
Formel-1-Ferrari, Sieger

Großer Preis von Belgien, Nivelles, 12. 5.
Formel-1-Ferrari, Platz 2
Sieger Emerson Fittipaldi, BRAS, McLaren-Ford

1000-km-Nürburgring (Marken-WM), D, 19. 5.
Lauda/Mass, A/D, Ford Capri RS, Ausfall (Rad verloren)
Sieger Beltoise/Jarier, F, Matra

Großer Preis von Monaco, Monte Carlo, 26. 5.
Formel-1-Ferrari, Ausfall (Zündung)
Sieger Ronnie Peterson, S, Lotus-Ford

Großer Preis von Schweden, Anderstorp, 9. 6.
Formel-1-Ferrari, Ausfall (Hinterradaufhängung)
Sieger Jody Scheckter, ZA, Tyrrell-Ford

Großer Preis von Holland, Zandvoort, 23. 6.
Formel-1-Ferrari, Sieger

Großer Preis von Frankreich, Dijon, 7. 7.
Formel-1-Ferrari, Platz 2
Sieger Ronnie Peterson, S, Lotus-Ford

6-h-Nürburgring (TW-EM), D, 14. 7.
Lauda/Glemser/Hezemans, A/D/NL, Ford Capri RS, Platz 2
Sieger Heyer/Ludwig, D, Zakspeed-Escort

Großer Preis von England, Brands Hatch, 20. 7.
Formel-1-Ferrari, Platz 9
Sieger Jody Scheckter, ZA, Tyrrell-Ford

Großer Preis von Deutschland, Nurbürgring, 4. 8.
Formel-1-Ferrari, Ausfall (Unfall)
Sieger Clay Regazzoni, CH, Ferrari

Großer Preis von Österreich, Österreichring, 18. 8.
Formel-1-Ferrari, Ausfall (Ventilfedern)
Sieger Carlos Reutemann, ARG, Brabham-Ford

Großer Preis von Italien, Monza, 8. 9.
Formel-1-Ferrari, Ausfall (Motor)
Sieger Ronnie Peterson, S, Lotus-Ford

Norisring, D, 15. 9.
Ford Capri RS, Platz 6
Sieger Hans-Joachim Stuck, D, BMW 3,0 CSL

Großer Preis von Kanada, Mosport, 22. 9.
Formel-1-Ferrari, Ausfall (Unfall)
Sieger Emerson Fittipaldi, BRAS, McLaren-Ford

Großer Preis von USA, Watkins Glen, 6. 10.
Formel-1-Ferrari, Ausfall (Stoßdämpfer)
Sieger Carlos Reutemann, ARG, Brabham-Ford

1975

Großer Preis von Argentinien, Buenos Aires, 12. 1.
Formel-1-Ferrari, Platz 6
Sieger Emerson Fittipaldi, McLaren-Ford

Großer Preis von Brasilien, Interlagos, 26. 1.
Formel-1-Ferrari, Platz 5
Sieger Carlos Pace, BRAS, Brabham-Ford

Großer Preis von Südafrika, Kyalami, 1. 3.
Formel-1-Ferrari, Platz 5
Sieger Jody Scheckter, ZA, Tyrrell-Ford

Großer Preis von Spanien, Barcelona, 27. 4.
Formel-1-Ferrari, Ausfall (Unfall)
Sieger Jochen Mass, D, McLaren-Ford

Großer Preis von Monaco, Monte Carlo, 11. 5.
Formel-1-Ferrari, Sieger

Großer Preis von Belgien, Zolder, 25. 5.
Formel-1-Ferrari, Sieger

Großer Preis von Schweden, Anderstorp, 8. 6.
Formel-1-Ferrari, Sieger

Großer Preis von Holland, Zandvoort, 22. 6.
Formel-1-Ferrari, Platz 2
Sieger James Hunt, GB, Hesketh-Ford

Großer Preis von Frankreich, Le Castellet, 7. 7.
Formel-1-Ferrari, Sieger

Großer Preis von Deutschland, Nürburgring, 3. 8.
Formel-1-Ferrari, Platz 3
Sieger Carlos Reutemann, ARG, Brabham-Ford

Großer Preis von Österreich, Österreichring, 17. 8.
Formel-1-Ferrari, Platz 6
Sieger Vittorio Brambilla, I, March-Ford

Großer Preis von England, Silverstone, 19. 7.
Formel-1-Ferrari, Platz 8
Sieger Emerson Fittipaldi, BRAS, McLaren-Ford

Großer Preis von Italien, Monza, 7. 9.
Formel-1-Ferrari, Platz 3
Sieger Clay Regazzoni, CH, Ferrari

Großer Preis von USA, Watkins Glen, 5. 10.
Formel-1-Ferrari, Sieger

1976

Großer Preis von Brasilien, Interlagos, 25. 1.
Formel-1-Ferrari, Sieger

Großer Preis von Südafrika, Kyalami, 6. 3.
Formel-1-Ferrari, Sieger

Großer Preis von USA/West, Long Beach, 28. 3.
Formel-1-Ferrari, Platz 2
Sieger Clay Regazzoni, CH, Ferrari

Großer Preis von Spanien, Jarama, 2. 5.
Formel-1-Ferrari, Sieger

Großer Preis von Belgien, Zolder, 15. 5.
Formel-1-Ferrari, Sieger

Großer Preis von Monaco, Monte Carlo, 30. 5.
Formel-1-Ferrari, Sieger

Großer Preis von Schweden, Anderstorp, 13. 6.
Formel-1-Ferrari, Platz 3
Sieger Jody Scheckter, ZA, Tyrrell-Ford

Großer Preis von Frankreich, Le Castellet, 4. 7.
Formel-1-Ferrari, Ausfall (Motor)
Sieger James Hunt, GB, McLaren-Ford

Großer Preis von England, Brands Hatch, 18. 7.
Formel-1-Ferrari, Platz 2
Sieger James Hunt, GB, McLaren-Ford

Großer Preis von Deutschland, Nürburgring, 1. 8.
Formel-1-Ferrari, Ausfall (Unfall)
Sieger James Hunt, GB, McLaren-Ford

Großer Preis von Österreich, Österreichring, 15. 8.
nicht am Start
Sieger John Watson, IRL, Penske-Ford

Großer Preis von Holland, Zandvoort, 29. 8.
nicht am Start
Sieger James Hunt, GB, McLaren-Ford

Großer Preis von Italien, Monza, 12. 9.
Formel-1-Ferrari, Platz 4
Sieger Ronnie Peterson, S, March-Ford

Großer Preis von Kanada, Mosport, 3. 10.
Formel-1-Ferrari, Platz 8
Sieger James Hunt, GB, McLaren-Ford

Großer Preis von USA/Ost, Watkins Glen, 10. 10.
Formel-1-Ferrari, Platz 3
Sieger James Hunt, GB, McLaren-Ford

Großer Preis von Japan, Fuji, 24. 10.
Formel-1-Ferrari, aufgegeben
Sieger Mario Andretti, USA, Lotus-Ford

1977

Großer Preis von Argentinien, Buenos Aires, 9. 1.
Formel-1-Ferrari, Ausfall (Benzineinspritzung)
Sieger Jody Scheckter, ZA, Wolf-Ford

Großer Preis von Brasilien, Interlagos, 23. 1.
Formel-1-Ferrari, Platz 3
Sieger Carlos Reutemann, ARG, Ferrari

Großer Preis von Südafrika, Kyalami, 5. 3.
Formel-1-Ferrari, Sieger

Großer Preis USA/Westküste, Long Beach, 3. 4.
Formel-1-Ferrari, Platz 2
Sieger Mario Andretti, USA, Lotus-Ford

Großer Preis von Spanien, Jarama, 8. 5.
Formel-1-Ferrari, nicht am Start (Rippenverletzung)
Sieger Mario Andretti, USA, Lotus-Ford

Großer Preis von Monaco, Monte Carlo, 22. 5.
Formel-1-Ferrari, Platz 2
Sieger Jody Scheckter, ZA, Wolf-Ford

Großer Preis von Belgien, Zolder, 5. 6.
Formel-1-Ferrari, Platz 2
Sieger Gunnar Nilsson, S, Lotus-Ford

Großer Preis von Schweden, Anderstorp, 19. 6.
Formel-1-Ferrari, aufgegeben
Sieger Jacques Laffite, F, Ligier-Matra

Großer Preis von Frankreich, Dijon, 3. 7.
Formel-1-Ferrari, Platz 5
Sieger Mario Andretti, USA, Lotus-Ford

Großer Preis von England, Silverstone, 16. 7.
Formel-1-Ferrari, Platz 2
Sieger James Hunt, GB, McLaren-Ford

Großer Preis von Deutschland, Hockenheimring, 31. 7.
Formel-1-Ferrari, Sieger

Großer Preis von Österreich, Österreichring, 14. 8.
Formel-1-Ferrari, Platz 2
Sieger Alan Jones, AUS, Shadow-Ford

Großer Preis von Holland, Zandvoort, 28. 7.
Formel-1-Ferrari, Sieger

Großer Preis von Italien, Monza, 11. 9.
Formel-1-Ferrari, Platz 2
Sieger Mario Andretti, USA, Lotus-Ford

Großer Preis von USA/Ost, Watkins Glen, 2. 10.
Formel-1-Ferrari, Platz 4
Sieger James Hunt, GB, McLaren-Ford

Großer Preis von Kanada, Mosport, 9. 10.
nicht am Start
Sieger Jody Scheckter, ZA, Wolf-Ford

Großer Preis von Japan, Fuji, 23. 10.
nicht am Start
Sieger James Hunt, GB, McLaren-Ford

Die andere Seite des Grand-Prix-Sports, die Technik in der Theorie und Praxis der Formel-1-Wagen, hat Niki Lauda in seinem ersten Buch beschrieben, das inzwischen zu einem Klassiker der Motorsport-Literatur aufgestiegen ist:

NIKI LAUDA FORMEL 1 Technik und Praxis des Grand-Prix-Sports

„Niemals zuvor wurden Technik, Wagen und Rennen so exakt geschildert", schrieb Sportkolumnist Martin Maier im Wiener „Kurier" über Nikis erstes Buch. Im folgenden ein Streifzug durch den Inhalt:

Zur Person
Niki Lauda im Gespräch mit Herbert Völker
„Völkers Interview mit Lauda ist etwas vom Besten, was in dieser Hinsicht je gedruckt worden ist. Kein Interview im Sinne des Worts, mehr ein Gespräch unter Freunden. Das Resultat: faszinierend." (Dieter Stappert in „Powerslide")

Technische Grundlagen
Die theoretische Basis für die folgende Praxis. Grundsätzliche Tatsachen des Formel-1-Baus und

die Begründungen aus der Theorie. Die Zusammenhänge, die das Fahrverhalten eines Autos bestimmen.

„Zusammen mit Dipl.-Ing. Dr. Fritz Indra, dem Journalisten Herbert Völker und dem Fotografen Heinz-Dieter Finck hat Lauda ein Buch verfaßt, das eigentlich jedes andere Werk über die Technik und Praxis des Grand-Prix-Sports überflüssig macht. Selten wohl ist das Phänomen Formelrennsport so anschaulich, verständlich und vor allem so nüchtern erläutert worden ..."

(Frankfurter Allgemeine Zeitung)

Technische Daten

Die Teile des Formel-I-Autos und wie ich damit lebe

Monocoque, Aufhängungen

„Niki Laudas Buch: Pflichtlektüre ... ein Formel-1-Brockhaus, ein exzellentes Nachschlagewerk, das sich liest wie ein Krimi, den man nicht zur Seite legen will."

(„Kronen-Zeitung")

Das Fahren

Anstarten und Aufwärmen — Anfahren — Geradeausfahren — Kurvenfahren — Kurvenkombinationen — Die zehn schwierigsten Kurven der heutigen Grand-Prix-Strecken

„Man hat die Fähigkeit des Umschaltens gewonnen. Ich lege einen Schalter in meinem Hirn um, und dann bin ich Rennfahrer und sonst nichts. Ein Rennfahrer ohne Ambitionen, das heißt auch ohne Angst. Da fährst du, ohne daß dich etwas anspringt. Die Frage ist dann, wie schnell es dir gelingt, den Schalter wieder in die Ausgangsstellung zu bringen, das heißt vom Rennfahrer zum Menschen zu werden.“ (Niki Lauda)

Testen und Training
Ferrari-Teststrecke — Grundlegende Tests — Abstimmungen — Reifentests — Defekte der letzten Jahre — Training — Pole-Position-Fahren
„Lauda hält, was Beckenbauer verspricht.“ (Frankfurter Allgemeine Zeitung)

Das Rennen
Start — Rennroutine — Überholen — Taktik — Veränderungen am Auto, an der Fahrbahn, an den Gegnern — Mein schönstes Rennen — Mein leichtester Sieg — Mein gefährlichster Moment
„Die Aufgabe reizte mich, die geänderten Gegebenheiten in einem Buch zu sammeln, neue Fragen aufzuwerfen und zu beantworten und jene Seite meines Sports nach vorne zu legen, die eigentlich den Ausschlag gibt: die technischen Zusammenhänge, die normalerweise in der Öffentlichkeit von der Grand-Prix-Show überdeckt werden.“ (Niki Lauda)

Niki Lauda
Formel 1
Technik und Praxis des Grand-Prix-Sports
256 Seiten mit 198 Abbildungen, davon 24 in Farbe, Format 17 x 21 cm, S 276,–, DM 32,–, Verlag Orac, Wien, Motorbuchverlag, Stuttgart.
In jeder Buchhandlung.

Aus NIKI LAUDA FORMEL 1

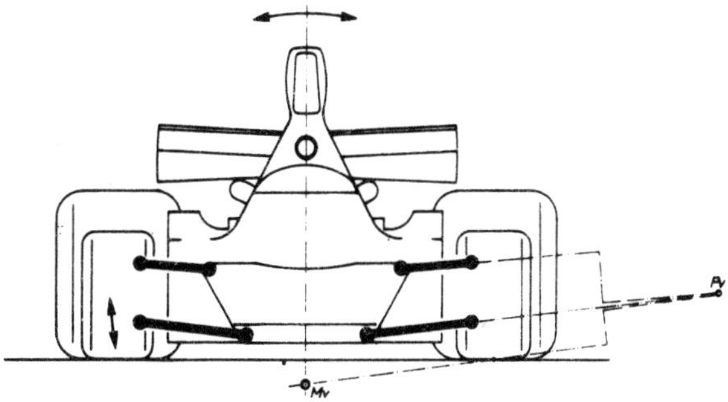

Die Verlängerungen der beiden linken Querlenker schneiden einander im Pol P_V. Um diesen Punkt bewegt sich das linke VORDERRAD beim Federn. Wird P_V mit dem Radaufstandspunkt verbunden, erhält man in Wagenmitte das Momentanzentrum M_V. Um diesen Punkt neigt sich der Wagenkasten bei Kurvenfahrt.

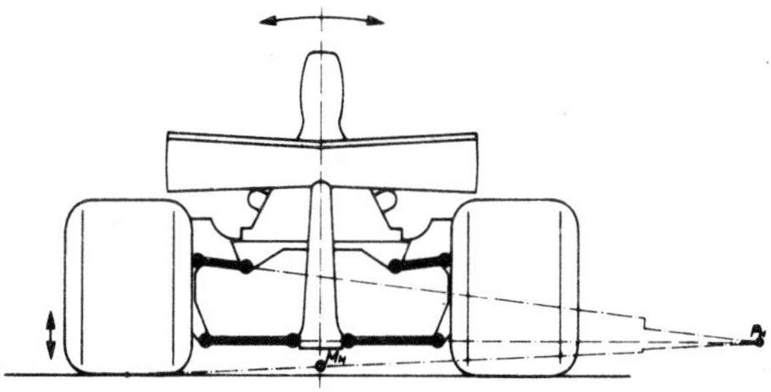

Die Verlängerungen der beiden linken Querlenker schneiden einander im Pol P_H. Um diesen Punkt bewegt sich das linke HINTERRAD beim Federn. Wird P_H mit dem Radaufstandspunkt verbunden, erhält man in Wagenmitte das Momentanzentrum M_H. Es ist jener Punkt, um den sich der Wagenkörper bei Kurvenfahrt neigt.